HUBERS BAIRISCHE WORTKUNDE

Gerald Huber

Hubers Bairische Wortkunde

Wissen woher Wörter kommen

Volk Verlag München

2. überarbeitete Auflage
Mit herzlichem Dank für vielfältige Hinweise an Prof. Dr. Ludwig Zehetner, Regensburg

Manche Texte erschienen unter dem Titel *Lecker derbleckt. Eine kleine bairische Wortkunde* im Jahr 2008 im Societäts-Verlag Frankfurt a.M. Für die vorliegende Fassung wurde dieses Buch nicht nur komplett überarbeitet, sondern auch beträchtlich erweitert und um ein Stichwortverzeichnis ergänzt.

Die Deutsche Bibliothek verzeichnet diese Publikation in der Deutschen Nationalbibliografie; detaillierte bibliografische Daten sind im Internet über http://dnb.ddb.de abrufbar.

Streitfeldstraße 19, 81673 München
Tel. 089 / 42 07 96 98 - 0, Fax 089 / 42 07 96 98 - 6
www.volkverlag.de

Gesamtherstellung: Volk Verlag, München
Druck: Kösel GmbH, Krugzell

ISBN 978-3-86222-107-3

INHALT

Jede Provinz liebt ihren Dialekt,
denn er ist doch das eigentliche Element,
in welchem die Seele Atem schöpft.

Johann Wolfgang von Goethe

Grosse Vergangenheit aber keine Zukunft?

Eine kleine Sprachgeschichte zur Einleitung

Sprache – mehr als Kommunikation

Kommunikation ist keine allein menschliche Eigenschaft. Auch Tiere kommunizieren selbstverständlich miteinander. Es gibt die Sprache der Bienen genauso wie die der Schimpansen oder der Delphine, um nur die bekanntesten Tiersprachen zu erwähnen. Aber die Arten verstehen sich auch untereinander. Wenn das Herrle was sagt, versteht es auch der Dackel. Ob er folgt, ist wieder eine andere Sache.

Keine Frage ist dagegen, dass kein Tier zu einer Sprache imstande ist, die der unseren vergleichbar wäre. Der Mensch ist eine Ausnahme, weil er mehr ist als nur Natur. Er hat sich daran gemacht, die Umweltbedingungen, die die Natur ihm bot, zu verändern und seinen Bedürfnissen anzupassen. Er hat die Kultur (von lateinisch *colere = anbauen, bebauen, pflegen*) erfunden. Das heißt zunächst die Agrikultur, die Landwirtschaft. Ihre Erfindung kennzeichnet den Schritt des Menschen, mit dem er endgültig die Grenze zwischen Natur und Kultur überschreitet. Jetzt muss der Mensch nicht mehr damit zufrieden sein, was ihm die Schöpfung, die Natur, bietet, er wird selbst schöpferisch und nimmt die Gestaltung seiner Umwelt in die eigene Hand. Er entwickelt eben Kultur.

Voraussetzung dafür ist allerdings, dass der Mensch im Großen und Ganzen weiß, wer er ist und was er tut. Das ist gar nicht selbstverständlich. Er muss es erst lernen – mit der Sprache. Wir alle erinnern uns umso weniger, je weiter wir in unsere Kindheit zurückgehen. Das hängt damit zusammen, dass uns in unseren ersten Jahren die Begriffe gefehlt haben, mit denen wir Erlebnisse in unserem Gedächtnis so hätten speichern können, dass wir sie heute formulieren können. Die Fähigkeit bewusst *nach*-zudenken, also uns an Ereignisse und Situationen zu erinnern, sie mit gegenwärtigen Ereignissen und Situationen zu vergleichen und daraus mehr oder weniger hilfreiche Schlüsse zu ziehen, das Nachdenken funktioniert erst in dem Moment, in dem das, was unser Gehirn gespeichert hat, nicht mehr nur ein dumpfes Gefühl ist, sondern eine echte Erinnerung. Eine Erinnerung, die ausgesprochen werden kann, weil wir ein Wort dafür haben; weil wir, das ist die Voraussetzung, Stimmbänder, Kehlkopf, Zunge und Lippen haben, wo die Laute dieses Wortes und die zig Laute für unendlich viele andere Wörter gebildet werden können. Eine Erinnerung, die, wenn sie ausgesprochen wird, mit den Erinnerungen anderer Menschen verglichen, ausgetauscht werden kann, wodurch ein Individuum vom anderen lernt. Nicht nur praktisch-natürliche Dinge, sondern eben auch abstrakt-kulturelle Sachverhalte: Der Mensch ist Mensch weil er spricht. Und weil er spricht, ist er, anders als seine Verwandten, die Affen, ein kulturelles Wesen geworden. Ein Wesen, das sich angeschickt hat, die Natur durch die Kultur zu zähmen. Und ein Wesen, das sich anschickt, über sich selbst und seine Geschichte nachzudenken.

Am Ende der letzten Eiszeit, vor rund 12.000 Jahren, sind die Menschen im sogenannten fruchtbaren Halbmond im Nahen Osten sesshaft geworden. Sie gaben die schweifende Lebensweise der Jäger und Sammler auf, um Bauern zu werden. Das System der Landwirtschaft entwickelte sich und war bald den herkömmlichen Lebensweisen auf dem eurasischen Kontinent derart überlegen, dass es sich innerhalb kürzester Zeit überallhin ausbreitete. Den letzten Anstoß gab dazu die riesige Überschwemmung, die vor 7.500 Jahren der Einbruch des Mittelmeers in das Schwarze Meer verursachte, das bis dahin ein großer Süßwassersee gewesen war.

Diese Überschwemmung ging als *Sintflut* in das kollektive Gedächtnis der Menschheit ein und gab den Anstoß zur sogenannten indoeuropäischen Wanderung: Ganze Völkerscharen flüchteten – nach Indien genauso wie in Richtung Europa. Im Gepäck hatten sie nicht nur ihre neue bäuerliche Lebensweise samt den domestizierten Pflanzenarten und Tierrassen, sondern auch ihre Sprache. Die Nachkommen dieser allerersten Landwirte nennt die Sprachwissenschaft deswegen *Indoeuropäer*, weil die meisten Sprachen zwischen Indien und Europa von der Sprache dieser Urlandwirte abstammen. Das indoeuropäische Volk, das vom Balkan über den ganzen Alpenraum bis zum Atlantik eine eigene Kultur aufbaute, waren die Kelten.

Zwischen 5000 und 2500 v. Chr. entwickelte sich, ebenfalls im Mittelmeerraum, die Schrift. Mit dem Fernhandel kam sie bald nach Mitteleuropa. Jetzt konnte man Wissen nicht nur persönlich weitergeben, sondern auch über räumliche und zeitliche Grenzen hinweg. 800 v. Chr. wurde das Eisen erfunden, neben der Landwirtschaft entstand die Industrie. Im Jahr 15 v. Chr. kamen die Römer in das Keltenland nördlich der Alpen und machten es zur römischen Provinz. Keltische und lateinische Einflüsse prägen die bairische Sprache bis heute.

Staaten und Sprachen

Sprachen entwickeln sich, entwickeln sich auseinander, weil die Menschen sich räumlich voneinander trennen. Später bilden die räumlich voneinander getrennten Menschen neue Staaten. Zum Beispiel das Römische Reich: Dort wurde, grob gesagt, eine Sprache gesprochen, das Lateinische – in verschiedenen Dialekten versteht sich, aus denen sich später dann, nach Untergang des Reichs und seinem Wiedererstehen unter Karl dem Großen im Mittelalter, die europäischen Sprachen entwickelt haben: Italienisch, Spanisch, Portugiesisch, Französisch, Rumänisch und, ja, auch Deutsch.

Obwohl also die Sprachen die Staaten bestimmen und nicht umgekehrt, wird von den Staaten (und den allermeisten Wissenschaftlern) oft so getan, als würden die Staaten die Sprachen bestimmen. Oder anders gesagt: Obwohl die Sprache, wie wir gesehen haben, zuallererst ein zutiefst menschliches und damit kulturelles Phänomen ist, wird meistens so getan, als sei Sprache politisch definiert. Plötzlich definieren national gesonnene Sprachwissenschaftler etwa ein *Schweizer Deutsch* oder ein *Österreichisches Deutsch. Bairisch* oder *Sächsisch* werden dagegen zu bloßen *Mundarten* qualifiziert. Wenn es aber ein einerseits ein Schweizer oder Österreichisches Hochdeutsch gibt, dann müsste es andererseits die Standardvarietät *Bundesrepublikanisches* oder *Deutsches Deutsch* geben. Noch ist davon bei den Sprachwissenschaftlern nicht die Rede, laienhaft wird aber mittlerweile sehr wohl ein Unterschied gemacht zwischen *deutschem* und beispielsweise *österreichischem* Deutsch. Ein völliger Unsinn, weil zwar die Schweiz, Österreich oder auch die Niederlande dialektal vergleichsweise homogen sind, in Deutschland aber alle deutschen Sprachgruppen zusammentreffen, die überhaupt existieren (und das sind viele).

Sprachwissenschaftler unterscheiden bekanntlich zwischen den sogenannten *hochdeutschen* Sprachen, also grob gesagt, den Regionalsprachen im hoch über dem Meeresspiegel gelegenen südlichen Teil Deutschlands, und den *niederdeutschen* Sprachen aus dem Tiefland im Norden. In der breiten Bevölkerung ist diese Unterscheidung nahezu unbekannt. Vielfach hört man immer noch, dass es doch die Norddeutschen seien, die *das reinste Hochdeutsch* sprechen. Aber dazu später mehr. Noch viel unbekannter als die Unterscheidung zwischen Hochdeutsch und Niederdeutsch ist die zwischen zwei anderen großen Sprachräumen, die in Deutschland aufeinandertreffen und besonders seit der Wiedervereinigung wieder heftig aufeinander einwirken: Einerseits die Regionalsprachen, die wie Fränkisch, Schwäbisch oder Bairisch nach der Völkerwanderung in ehemaligen römischen Provinzen oder zumindest stark römisch beeinflussten Gebieten im Süden und Westen Deutschlands entstanden sind, andererseits die sächsischen Sprachen im Norden und Osten Deutschlands, die viel weniger lateinisch beeinflusst sind, weil die Sachsen bekanntlich erst von dem Frankenkönig und nachmaligen römisch-deutschen Kaiser Karl dem Großen im Jahr 782 unterworfen wurden.

Die Regionalsprachen im heutigen Deutschland, die von der altsächsischen Sprache abstammen, haben mit dem Althochdeutschen zunächst einmal nichts zu tun. Das Althochdeutsche ist in den christlichen Zentren im Süden und Westen Deutschlands entstanden, also auf ehemals römischem Boden. Im Gegensatz zur lateinischen Sprache (aber wesentlich vom Latein beeinflusst) ist hier die *Volkssprache* entstanden. *Volk* heißt im Germanischen *Diut*. *Diutisk*, italienisch *tedesco*, ist also *so, wie das Volk spricht*. Der Name *Diet-Rich* heißt soviel wie *Volksherrscher*; und wenn einer *deut-lich* spricht, dann *deutscht* er aus und das Volk versteht ihn – hoffentlich. Daher kommt das Wort *deutsch*. Die deutschen Regionalsprachen sind also (im Gegensatz zu den ursprünglich sächsischen) ohne den Einfluss des Lateinischen unvorstellbar. Ganz besonders die bairische Sprache ist regelrecht eine Mischsprache zwischen romanischen und germanischen Elementen. Seit Jahrtausenden sind in unserem Landstrich die Verbindungen zum Mittelmeerraum wesentlich stärker als die, meinetwegen, zur Ostsee. Die Alpen mit ihren nord-südlich und umgekehrt ausgerichteten Tälern und den Pässen dazwischen wirkten nie trennend, immer verbindend.

Oft wird selbst von Sprachwissenschaftlern die Schriftsprache als *Sprache schlechthin* betrachtet. Dabei weiß eigentlich jeder, der sich damit beschäftigt, dass sich jede Schriftsprache zu einem nahezu eigenständigen System entwickelt hat, das mit der tatsächlich gesprochenen Sprache, die der Schrift ja um Jahrtausende vorausgeht, weitgehend nichts mehr zu tun hat. Das betrifft nicht nur die Aussprache. Die heutige deutsche Schriftsprache jedenfalls ist ein künstlich geschaffenes Produkt, entstanden im Lauf der letzten rund 500 Jahre seit der Erfindung des Buchdrucks. Sie wurde geschaffen, damit gedruckte

Werke überall in ganz Deutschland gelesen und verstanden werden. Nicht weniger – aber auch nicht mehr. Trotzdem ist zu beobachten, dass die künstliche Schriftsprache in mehreren großen Schüben Besitz ergriffen hat von den deutschen Sprechsprachen und sie mittlerweile komplett zu unterwerfen droht.

Anfangs gab es noch deutliche Unterschiede, etwa zwischen der niederdeutschen Schriftsprache der Hanse und der ober- oder hochdeutschen Schriftsprache der Wiener Kaiserkanzlei. Zeitgleich zur berühmten Bibelübersetzung Luthers übersetzte auch Luthers katholischer Gegenspieler, der Ingolstädter Theologieprofessor Dr. Johannes Eck die Bibel in einem lupenreinen südlichen Hochdeutsch. Letztlich aber setzte sich Luthers Hochdeutsch (seine Form der Bibel-*Ausdeutschung*) durch – vor allem auch deswegen, weil die niederdeutschen Länder die Reformation annahmen. Sie wollten jetzt auch die Lutherbibel lesen und lernten damit Hochdeutsch. Es dauerte einige Jahrhunderte, bis man in Norddeutschland letztlich auch die niederdeutsche Sprache in den Sprechsituationen des Alltags eliminiert hatte und durch ein mit niederdeutschem Akzent gesprochenes Hochdeutsch ausgetauscht hatte. Das sogenannte *Plattdeutsch* hat heute als Normalsprache der breiten Bevölkerung in Norddeutschland ausgedient. Nach angelsächsischem Vorbild gilt hier Dialekt nicht als ein regionales, sondern als soziales Phänomen: Je tiefer die soziale Schicht, desto mehr Dialekt. Eine solche Wertung war den süddeutschen Ländern bis in die jüngste Vergangenheit völlig fremd.

Der entscheidende Schub zur Vereinheitlichung des Deutschen ist gekennzeichnet durch die Reichsgründung 1871. Wenige Jahre danach, nämlich 1880, brachte Konrad Duden sein erstes orthographisches Wörterbuch heraus. Seither gibt es ein einheitliches und auch in Teilen rechtlich verbindliches Schriftdeutsch für alle Deutschen. Übrigens auch für die Deutschen in Österreich und der Schweiz, die aber besonders berücksichtigt werden. So kommt es, dass etwa mittelbairische Ausdrücke, die in Oberbayern genauso selbstverständlich sind wie in Niederösterreich, im Duden mit der Abkürzung *österr.* gekennzeichnet sind. Die Abkürzung *bair.* kennt der Duden in bewährter nationalistischer Manier bis heute nicht. Das muss man sich auf der Zunge zergehen lassen: Im Duden gibt es zwar die Abkürzung *ägypt.* für Wörter, die ägyptischen Ursprungs sind, aber die sprachwissenschaftlich korrekte Bezeichnung für die Sprache, die im weitaus größten Teil Österreichs gebräuchlich ist – Bairisch nämlich – kennt er nicht. Dafür setzt er den rein national motivierten Ausdruck *österreichisch.*

Auch der gesprochenen Sprache ging es Ende des 19. Jahrhunderts an den Kragen. An Duden und seine Orthographie angelehnt schuf Theodor Siebs 1898 eine deutsche Orthoepie, also eine verbindliche Sprechsprache, die Grundlage wurde für das, was heute im Theater oder im Radio als sogenanntes *Hochdeutsch* gesprochen wird. Beides, Dudens Orthographie und Siebs' Orthoepie, sind künstliche Festschreibungen der Sprache, regelrechte Kunstsprachen, motiviert vor allem durch die Gründung des zweiten deutschen Kaiserreichs. Sie sollten diesem Reich eine einheitlich geschriebene und gesprochene Sprache verschaffen. *Ein Volk, ein Reich, eine Sprache*, möchte man sagen, und es verwundert nicht, dass gerade in der zweiten großen nationalistischen Epoche seither, in der NS-Zeit, weitergebaut wurde an der künstlichen Sprechsprache, die ihrerseits an die künstliche Schriftsprache angelehnt ist. Dieser Druck ist 1945 und 1948 mit der Aufteilung und Regionalisierung Deutschlands zusammengebrochen, aber seit der Wiedervereinigung 1989/90 wieder deutlich spürbar. Es klingt ja auch so furchtbar logisch: Eine Nation – eine Sprache. Auch wenn es historisch und kulturell betrachtet absoluter nationalistischer Unfug ist. Solche, zumindest auf sprachlicher Ebene, nach wie vor krass nationalistischen Tendenzen widersprechen fundamental der subsidiar und bundesstaatlichen Verfassung der Bundesrepublik, sowie der verfassungsrechtlich verankerten Kulturhoheit der Länder – unter den Augen, mit Billigung und sogar mit Mitwirkung aller staatlichen Organe, vor allem der Kultusministerien der Länder.

Bairisch ist Hochdeutsch

Bayern vereint auf seinem Staatsgebiet die drei Regionalsprachen Fränkisch, Schwäbisch, resp. Alemannisch und Bairisch, also genau die drei Regionalsprachen, die konstituierend sind für das echte Hochdeutsche, eine Sprache, die noch unsere Klassiker, allen voran Goethe, geprägt hat. Der Geheimrat würde sich im Grab umdrehen, wenn er hören müsste, welche Sprache heute in Weimar, weiten Teilen Frankfurts oder auch Münchens gesprochen wird!

Im Allgemeinen teilt man das deutsche Sprachgebiet heutzutage in zwei große Teile: Das sogenannte *Niederdeutsche* im Norden – dazu gehören heute alle *plattdeutschen* Dialekte samt dem *Niederländischen*, das es zu einer regelrechten Standardsprache gebracht hat – sowie das sogenannte *Hochdeutsche* im Süden, wozu im Großen und Ganzen die ehemaligen germanischen Stammessprachen der Franken und der Alemannen zählen. Auch das Bairische gehört zu diesem hochdeutschen Sprachgebiet – allerdings handelt es sich dabei um keine alte germanische Stammessprache. Denn der Begriff *Stamm der Baiern* ist ein historisches Kunstprodukt. *Baiern,* so begann man um das Jahr 500 herum die Leute zu bezeichnen, die im ehemaligen Land der keltischen Norer und Boier immer schon lebten. Sehr bald auch fühlten sich, ganz ähnlich wie heute, Zugezogene aus aller Herren Länder als *Baiovarii,* als *Baiern.*

Baiern bis zur Donau, vielmehr die damalige römische Provinz Rätien, gehörte zuvor jahrhundertelang zu Italien. Neben den einheimischen Keltoromanen siedelte dort seit der Völkerwanderung ein buntes Völkergemisch, das bis weit ins Mittelalter lateinisch-romanisch geprägt war. Erst allmählich begann sich die romanische Sprache der angestammten Bevölkerung und die germanische der Neusiedler miteinander zu vermischen, was dazu geführt hat, dass das alte Bairisch in weiten Teilen eine Mischsprache zwischen romanischen und germanischen Elementen darstellt. Das in Teilen der Schweiz, Österreichs und Südtirols heute noch gesprochene *Rätoromanisch* ist ein Relikt der ehemals in ganz Rätien gesprochenen romanischen Sprache.

Die kulturell und sprachlich eigenständige Entwicklung des bairischen Raums, der von der Salurner Klause bis nach Eger und vom Lech bis über Wien hinaus reicht, endete erst, als Kaiser Karl der Große den königsgleichen Herzog Tassilo absetzte und das mehr oder weniger unabhängige bairische Herzogtum seinem fränkischen Reich eingliederte. Seit dem 12. Jahrhundert schließlich wurde das alte Baiern mehrfach geteilt. Das Erbe der staatlichen Selbständigkeit Baierns hat Österreich angetreten. Der Freistaat Bayern hat zwar den alten Namen behalten, in seinen Grenzen aber zu Beginn des 19. Jahrhunderts auch zahlreiche Gebiete aufgenommen, in denen nicht bairisch, sondern fränkisch oder schwäbisch gesprochen wird. Übrigens: Bayern mit *y* bezieht sich immer auf den heutigen (Frei-)*Staat* Bayern, in dem neben bairischen auch fränkische und schwäbische Dialekte gesprochen werden. Mit *Bairisch, Baiern* und dergleichen, meint die Sprachwissenschaft dagegen immer die im engeren Sinn *bairische Sprache*, die in Teilen Böhmens, Bayerns, Österreichs und im italienischen Südtirol gesprochen wird.

Politische Grenzen, wie gesagt, sind nicht zwangsläufig Sprachgrenzen. Schon allein aus diesem Grund gibt es kein *Niederbayerisch,* kein *Oberbayerisch* und erst recht kein *Österreichisch.* Der bairische Sprachraum teilt sich in drei große Dialektgruppen: *Mittelbairisch* wird (grob gesagt) gesprochen in Ober- und Niederbayern, dem Salzburger Land, sowie Ober- und Niederösterreich. Minimale dialektale Unterschiede von Ort zu Ort summieren sich dabei schließlich auf zu den größeren Unterschieden zwischen einem Münchner und einem Wiener, die beide trotzdem der mittelbairischen Dialektgruppe angehören. Im alten bairischen Nordgau nördlich der Donau und im Egerland (soweit als deutsche Sprachgruppe noch existent) wird, *Nordbairisch* gesprochen. Das Nordbairische kennt man beispielsweise an den sogenannten *gestürzten* Diphtongen: Wo Süd- und Mittelbaiern *Bruader* sagen, sagt der Nordbaier *Brouder.* Wo Süd- und Mittelbaiern außerdem aus *l* nach Vokalen ein *i* machen (*viel zuviel Gefühl = vui zvui Gfui*), bleiben die Nordbaiern beim *l*: *Vüll zvüll Gfüll.* Südbaiern dagegen sind (wiederum grob gesagt) die Steirer, die Kärntner, sowie die Nord-, Ost- und Südtiroler. Typisch für das Südbairische beispielsweise ist das sogenannte affizierte *k*: Südbaiern sagen *kchemma* statt *kemma* (=*kommen*) oder *Kchersch* statt *Kersch* (=*Kirschen*). Bairisch also ist eine komplette (Regional-)Sprache mit eigenen Dialektgruppen und Ortsdialekten, respektive Mundarten.

Der Freistaat Bayern hat auch als deutsches Bundesland seine kulturelle und sprachliche Eigenart immer gepflegt. Trotzdem erlebt das Bairische in den letzten Jahrzehnten einen rapiden Verfall. In den größeren Städten wächst mittlerweile eine Generation heran, die ihre eigenen Urgroßeltern kaum mehr verstehen würde. Im Gegenteil: Sie macht sich oft genug drüber lustig. Das aber hat Folgen. Goethe, der, wie er in seiner Autobiographie *Dichtung und Wahrheit* schreibt, *in dem oberdeutschen Dialekt geboren und erzogen* war, betont, er habe sein Frankfurterisch auch in Leipzig und Weimar immer wieder *mit Behagen hervor* gehoben, sich aber von den dortigen Gebildeten, die an die alleinseligmachende Sprache Luthers glaubten, *jedesmal einen strengen Verweis* zugezogen, so dass er schließlich völlig verunsichert war: *Ich fühlte mich in meinem Innersten paralysiert und wusste kaum mehr, wie ich mich über die gemeinsten Dinge zu äußern hatte.*

Es ist zwar nur ein schwacher Trost, zu hören, dass selbst Goethe unter der völlig ungerechtfertigten Sprachdominanz einer gesellschaftlichen Mehrheit zu leiden hatte, zeigt aber, wie wichtig Sprache für den Menschen ist, für seine Psyche, sein Selbstbewusstsein, sein ganzes Ich. Dieses Buch möchte dazu beitragen, die Schönheit und den Wert einer der traditionsreichsten Kultursprachen Europas wieder bewusst zu machen, Bewusstsein zu schaffen und dadurch das Selbst-Bewusstein der Baiern im Umgang mit ihrer Sprache zu heben.

Andere deutsche Dialekte sollen dadurch mitnichten verächtlich gemacht werden. Jede Sprache hat ihre Berechtigung, denn in jeder schöpft, um wieder mit Goethe zu sprechen, eine ganz spezielle Volksseele ihren Atem. Gehen die Dialekte verloren, gehen auch die dazu gehörenden Seelen verloren, und mit dem Verschwinden der vielfältigen gesprochenen Sprachen verliert auch die einheitliche Schriftsprache ihre Berechtigung und Bedeutung. Es ist bestimmt kein Zufall, dass in Zeiten, in denen Dialekte für minderwertig erklärt werden, auch die standardisierte Schrift- und Literatursprache einen Niedergang erlebt. Wer dagegen will, dass die Sprache Luthers, Goethes und Thomas Manns eine Zukunft hat, der muss dafür sorgen, dass das Deutsche seine vielfältigen Wurzeln in der gesprochenen Sprache nicht verliert.

Sprache ist mehr als Kommunikation. Sie ist unser kulturelles Kraftzentrum, weil sie aufs engste mit unserem Bewusstsein verknüpft ist, mit unserem Menschsein überhaupt und unserer Würde als Menschen, die daraus folgt. Wer unsere Sprache abwertet, trifft uns in unserm tiefsten Innern. Und wenn wir unsere Sprache selbst entwerten, weil wir schlampig mit ihr umgehen, entwerten und entwurzeln wir uns selbst. Wir Bayern allesamt, egal ob Franken, Schwaben oder Altbayern, tragen genauso wie die Sachsen, die Rheinländer oder die Hessen Verantwortung für eine gute deutsche Sprache im Geist Goethes; und wir pflegen diese Sprache am besten, indem wir unsere Regionalsprachen pflegen und davon für uns selbst und in eigener Verantwortung ein gutes sauberes Schriftdeutsch und eine auch im Rest Deutschlands verständliche Sprache ableiten, die ihre Herkunft nicht verleugnet. Nur so ist gewährleistet, dass die Sprache, die geschriebene genauso wie die gesprochene, ihre Wurzeln nicht verliert, mit denen sie ihren Lebenssaft zieht.

Zur Schreibweise des Bairischen in diesem Buch

Die Schreibung des Bairischen ist insofern ein Problem, als es sich nach wie vor um keine fixierte Schriftsprache handelt. Bairisch ist vorrangig eine gesprochene Sprache, die sich in kleineren und größeren Nuancen von Dorf zu Dorf, Stadt zu Stadt, Region zu Region verändert. All diesen Unterschieden gerecht zu werden ist nicht möglich. Dem Verfasser, einem Mittelbaiern, ist die übliche mittelbairische Schreibung des Bairischen am geläufigsten. Vor allem Nord- und Südbaiern dürften außerdem darin geübt sein, die klassische Schreibung, wie sie sich in der breiten Dialektliteratur eingebürgert hat, in *ihren* jeweiligen Regionaldialekt zu übersetzen.

In einigen Fällen allerdings müssen wir von der klassischen Schreibung abweichen, um worthistorische (etymologische) Zusammenhänge besser verdeutlichen zu können. Dabei halte ich mich im Großen und Ganzen an das eingeführte System meines verehrten Lehrers Ludwig Zehetner:

- *a* — Der im Gegensatz zum standarsprachlichen *a*-Laut deutlich dunklere bairische *a*-Laut wie in bair. *Wand* wird unverändert *a* geschrieben.
- *å* — Der dunkle offene *a*-Laut wie in Englisch *god* (= *Gott*) wird *å* geschrieben, also: *Hådern* (= *Hadern, Lumpen*), *åis* (= *als*), *ålls* (= *alles*) und nicht wie in der bairischen Literatur sonst üblich *Hodern, ois*.
- *à* — Der helle *a*-Laut wie in bair. *Haferl* oder in *Radi* wird *Hàferl* und *Ràdi* geschrieben. Der *a*-Laut in unbetonter Stellung (für *ein, eine* oder die vokalisierten Endsilben *-er, -en*) wird zwar hell gesprochen, trotzem der Lesbarkeit halber mit einfachem *a* geschrieben.
- *ä, ö, ü* — Bairisch entrundete Vokale werden der besseren Verständlichkeit halber nicht in jedem Fall auch entrundet geschrieben. Hier halten wir uns an die Konvention. Schriftdeutsche *rösche Rösser* müssten bairisch entrundet *resche Resser* geschrieben werden. Wir leisten uns aber der Lesbarkeit halber die Inkonsequenz *resche Rösser* zu schreiben.

ië	*ie*, das wie *ia* gesprochen wird, schreiben wir, bei Bedarf mit *ië*
ue	*der Diphtong ue* wie in *Buech* (= *Buch*) wird meist wie allgemein üblich *ua* geschrieben

Vor allem Vokale mit nachfolgendem *n* werden im Bairischen oft nasaliert gesprochen (wie etwa *a* und *o* in Französisch *chanson*) und bei Bedarf *ã, ẽ, õ,* oder *ũ markiert.*

Sogenanntes *assimiliertes b(p), d(t)* oder *g(k)* wird der Verständlichkeit halber ausgeschrieben:
schriftdeutsch *reiben* gesprochen bair. *reim,*
geschrieben: *reibn* oder *reiben*
schriftdeutsch *Faden* gesprochen bair. *Fån,*
geschrieben: *Fådn* oder *Fåden*
schriftdeutsch *raten* gesprochen bair. *rån,*
geschrieben: *råtn* oder råt*en*
schriftdeutsch *wiegen* gesprochen bair. *wing,*
geschrieben: *wiegn* oder *wiegen*

Generell gilt für die Schreibweise: Im Vordergrund stehen Lesbarkeit und Verständlichkeit. Wo es ohne allzu große Einbußen an diesen wichtigsten Maximen möglich ist, wurden bairsche Dialektwörter möglichst in Übereinstimmung mit der etymologischen Wurzel geschrieben: Z. B.: *wiv, gewivt* von lat. *vivus = lebendig* (und nicht wie in der bairischen Literatur sonst üblich *gewieft*).

Und übrigens: Mit *Bayern* und *bayerisch* ist der heutige Staat gemeint. *Bairisch* und *Baiern* bezeichnet die Sprache, wie sie im großen und ganzen in Ober- und Niederbayern, im Salzburger Land, in Ober- und Niederösterreich (Mittelbairisch), in Kärnten, in der Steiermark, in Nord-, Ost- und Südtirol (Südbairisch), in der Oberpfalz und im Egerland (Nordbairisch) gebraucht wird.

Wissen woher Wörter kommen

LASSEN SIE SICH NIE MIT EINEM BRÖTCHEN PRATZELN!

Die *Semmel* ist ein typisches bairisches Kennwort. Außerhalb des *ostoberdeutschen* Raums, wie die Sprachwissenschaftler sagen, war dieses Wort ursprünglich unbekannt. Aber warum ist das so? Warum heißt es in Baiern *Semmel*, während es überall außerhalb Baierns und Österreichs *Brötchen* heißt? Semmel

Wie schon erwähnt, die Römer sind schuld. Sie haben uns in Baiern nicht bloß ein paar Ruinen, sondern eben auch jede Menge Kultur hinterlassen, in diesem Fall: Backkultur. Das Land zwischen Alpen und Altmühl mit guten Böden und mildem Klima war für die Römer eine Kornkammer. Deswegen haben sie hierzulande auch den Weizen eingeführt; und aus diesem hochwertigen Getreide *simila* hergestellt, das ist feinstes Weizenmehl. Im althochdeutschen wurde *simila* dann zu *semala* und hat damals auch schon weißes Gebäck bedeutet. Semmel ist also zunächst nichts andres als *weißes Brot, Weizenbrot; weiß* und *Weizen* hängen ja miteinander zusammen. Nördlich des Limes hat man dagegen bloß den gröberen Roggen gekannt. Daraus kann man nur dunkles Brot machen. *Semmel* ist deswegen für Nichtbaiern bis heute kein Begriff. Weizen, weiß

Semmel ist die Bezeichnung für Gebäck aus weißem Weizenmehl. Weswegen ein Roggenschuberl natürlich keine Semmel ist. Folgerichtig kennt die bairische Backtradition zahlreiche weitere Bezeichnungen für kleines Brotgebäck wie Kuppeln, Pfenningmuckerl, Maurerlaiberl oder Riemische Weckerl

Insofern liegt auf der Hand, dass so ein neumodisches Gebilde wie eine Vollkornsemmel eigentlich ein Widerspruch in sich ist, weil Vollkornsemmeln ja grad nicht aus weißem Semmelteig gemacht sind. Merke: Eine Semmel ist eigentlich bloß dann eine Semmel, wenn ein feiner weißer Flaum drin is. Sie wissen schon: Der weiche Semmelinhalt. Auch den haben die Römer schon gekannt und eben *mollis = das Weiche* genannt. Hochdeutsch-bairisch ist daraus *Molle(n) oder Schmolle(n) geworden.*

Molle(n) / Schmolle(n)

Aber das Brötchen ist noch wegen seines zweiten Wortbestandteils in Baiern unmöglich: *-chen und -lein machen alle Dinge klein,* haben wir in der Volksschule gelernt. Im Bairischen gilt das aber nicht. Da gibt es die im Nord- und Niederdeutschen bevorzugte Verkleinerungsform -chen nämlich nicht. In Baiern wird ausschließlich auf *-lein* verkleinert. Bei uns heißt ein *Mädchen Madl*, also *Mädlein*, ein *Täubchen* heißt *Tauberl*, also *Täublein*, ein *Häuschen Häusl*, also *Häuslein* und so weiter. Mancherorts wird auch auf *-le*, *-la*, *-li* verkleinert. Bei Formen wie *-ei*, *-e* oder *-i* (wie zum Beispiel im Berchtesgadener Land: *Dirnei*) handelt es sich um die sogenannte *Vokalisierung* von *-l:* Übrigens es gibt im Bairischen sogar eine Steigerung der Verkleinerung: Von *Haus* über *Häusl* zu *Häuserl* oder von *Buech* über *Biachl* zu *Biacherl* wird das Haus, respektive das Buch immer noch kleiner. Das gibts im Standarddeutschen nicht – da bleibts bei einer Verkleinerung. Basta. Auch an diesen Verkleinerungsformen sind vermutlich die Römer Schuld. Denn auch sie haben das allermeiste mit einem *-l* verkleinert, auf *-ulus* oder *-ula* nämlich. So wurde aus dem *Bären*, lateinisch *ursus*, ein *ursulus*, ein *kleiner Bär* oder, wenn es sich um ein weibliches Tier gehandelt hat, eine *ursula*; woher ja auch unser Vorname *Ursula* kommt; und auch im Lateinischen gibts eine dreifache Steigerung: *ursa*, *ursula*, *ursulina*.

Bairische Verkleinerungsformen

die Steigerung der Verkleinerung

Weil also die Verkleinerungsform *-chen* bei den Süddeutschen nicht existiert, kann und darf es schon allein aus diesem Grund kein *Brötchen* in Baiern und Österreich geben. Ein kleines Brot heißt hier *Broterl* oder *Weckerl* oder *Schuberl* oder *Laiberl* oder so – aber niemals *Laibchen* oder *Brötchen*!

Breze

Genau wie die Semmel ist übrigens auch die *Breze* oder *Brezen* ein typisch hochdeutsches Wort. Im niederdeutschen Sprachraum waren Brezen früher gänzlich unbekannt. Das merkt man schon daran, dass alle Welt heute *Brezel* sagt, also mit dem typisch bairischen Verkleinerungs *-l*, nur die Baiern nicht. Die wollen sich vermutlich so was Wichtiges nicht kleiner reden und bleiben bei ihrer *Brezen*.

Ein Gebildbrot

Sei es, wie es sei – die Breze gilt als eines der ältesten Gebildbrote. Die verschlungenen Brezenarme symbolisieren die zum Gebet vor dem Körper verschlungenen Arme. Womit wir wieder bei den Römern sind: Die haben die Breze auch schon gekannt und *Armbrot*, oder *Ärmlein*, lateinisch *bracchiatellum* geheißen. Spätlateinisch ist *bracciatellum* (gesprochen *braziatellum*), draus geworden, woraus sich unsere Wörter *Brezel* und *Breze* entwickelt haben. Das muskulöse *Prackl Mannsbild* hat übrigens hier genauso seinen Ursprung wie die *Pratze.* Wer jetzt glaubt, das kann nicht sein, weil *Pratze* ja ein Kraftausdruck für *Hand* ist und nicht für *Arm*, der ist schief gewickelt. In Altbayern zumindest gehen die Händ bekanntlich bis zu den Achseln, genauso wie die Füß bis zur Hüfte. Übrigens: Beim Handeln, zum Beispiel beim Viehhandeln, haut man sich gegenseitig auf die *Pratzen* bevor man *einschlägt.* Hat man den anderen dabei über den wahren Wert des Handelsgegenstands getäuscht, dann hat man ihn *pratzelt.*

Prackl, Pratze, pratzeln

Aber zurück zum Backwerk: Auch beim Sauerteig im Brot sind wir eindeutig in bavaroromanischen Gefilden. Der Sauerteig, der Wärme braucht zum Aufgehen, heißt im Bairischen *Dampfl*, von lateinisch *temperare = wärmen, warmstellen.* Nicht lateinisch ist dagegen das *Brot* selbst. Hier wirkt eine uralte indoeuropäische Wurzel: *Brot* ist verwandt mit dem Wort *brauen.* Ist ja klar – der Sauerteig muss gären, genau wie das Bier. Außerdem ist *Brot* verwandt mit *Brühe.* Eine Gemüsebrühe beispielsweise wird ja auch *gebraut* und, ja tatsächlich, *brodelt* wenn sie heiß wird; und es ist kein Zufall, dass sie auf italienisch *brodo* heißt – alles ein und dasselbe indoeuropäische Wort!

Das Dampfl

indoeuropäische Wurzel br-

RESCHER RAUSCH

Viele glauben, *krosses Brötchen* sei der richtige standardsprachliche Ausdruck für das, was im Bairischen *resche Semmel* heißt. Tatsache aber ist, dass grad eben *rösch* das deutsche, sogar das hochdeutsche Wort ist und *kross* nur ein niederdeutscher Dialektausdruck. Was allerdings nichts an der Tatsache ändert, dass die Verdrängung des *rösch* zugunsten des *kross* schon weit fortgeschritten ist. Dabei muss selbst der Duden zugeben, dass *kross* ausschließlich norddeutsch, *rösch* dagegen ein hochdeutsches Wort ist, das als solches in ganz Deutschland bekannt ist. In der Bergmannssprache meint es soviel wie *grob zerkleinert*. Ursprünglich bedeuten *rösch* und *kross knusprig*, beide Wörter haben auch vom Klang her schon den lautmalerischen Aspekt des Krachens und Brechens.

rösch

Hochdeutsch *rösch*, bairisch *resch*, schwäbisch und schwyzerdütsch *raisch* hängt zusammen mit *rasch* (und mit dem bairischen *ruaschen*), und heißt soviel wie *heftig, lebhaft*. Das Wort geht auf die indoeuropäische Wurzel *reu-* oder *reus-* zurück, die schnelle, auch laute Bewegungen kennzeichnet und *rennen, reißen* oder *spröde sein* bedeuten kann. Deswegen kennt der Baier nicht nur resche Semmeln, ursprünglich hat man jede von Hitze oder Kälte erzeugte Sprödigkeit als *Reschen* bezeichnet. Wenn die Isar, der Inn oder die Donau *a weni a Reschn* haben, dann hat das früher nix anderes geheißen, als dass sie Eis führen. Aber das Wort hat noch viel mehr Bedeutungen. Es gibt *resche Madl* genauso wie *resche Rösser*. Und wenn einer frei daherredet, dann redet er *resch von der Brust* weg. Lebhaft eben.

rasch, ruaschen, reißen

indoeuropäische Wurzel reu-

Der große bairische Sprachwissenschaftler Johann Andreas Schmeller überliefert einen mittelalterlichen Spruch, in dem es heißt:

Wer nur dem Feuer sich zuwendt,
bis ihm die Hosen hint verbrennt
und sich vor Faulheit nicht mag leschen,
ich mein, dass ich lüg, hieß ich den einen Reschen.

Rausch, Rausche, rauschen

Mit *rösch* hängt auch ein ganz besonderer Zustand zusammen: Der Rausch. Wobei schon Schmeller vermerkt: *Rauschig und bsoffen seynd zweierlei.* Aber auch allein schon der Rausch kann durchaus mehrdeutig sein und hat nicht nur was mit den großen und kleinen Volksfesten im Land zu tun. Denn das Wort *Rausch* hat eine große Verwandtschaft. Allein schon die Ableitung *rauschig* hat zweierlei Bedeutungen. Ein Mensch kann rauschig sein – aber auch eine Sau. Wenn nämlich eine solche *in die Rausche kommt*, braucht sie einen Eber. *Rauschen*, das hängt wie *rösch* zusammen mit *rasch* und *ruaschen*, und hat ursprünglich die Bedeutung von *sich gach und ungestüm bewegen* und dann auch *krachen, sausen, schwirren* – auch wenn die Bewegung manchmal bloß im Kopf stattfindet.

ruaßeln

Übrigens auch das bairische *Ruaßeln* hängt mit dem Rauschen zusammen. Wenn einer ruaßlt, dann schläft er schnarchend; und der Krach, den das Schnarchen macht, ist eben das Ruaßln. Wir finden das gache Rauschen auch in anderen Sprachen. Die englische *rush hour* ist gewissermaßen die *Rausch-Stunde,* wo alles durch die Straßen rauscht. Wer dagegen einen Rausch im Kopf hat, darf nicht mitrauschen. Wobei nur ein Besoffener das Gelb der Ampel mit *Rauschgelb* verwechseln würde. Der Name dieser berühmten alten Farbe kommt nämlich aus dem arabischen *rah galgar*, was soviel wie *Ratzengift* bedeutet und unversehens eingenommen, einen etwas ungesunden Rausch machen würde.

Rauschgelb

Almrausch

Der Almrausch hingegen hat nichts damit zu tun, dass auf der Alm manchmal gesoffen würde, was das Zeug hält. *Almrausch*, auf bairisch *Ålmarausch* heißt vielmehr die *Rostrote Alpenrose*. Die ist übrigens auch giftig – nicht so gefährlich wie Ratzengift, aber sehr unangenehm. Trotzdem hat sie mit dem Alkoholrausch nur über Umwege zu tun. Die Römer haben nämlich Dornsträucher allgemein und auch den rauhen Almrausch *ruscus* genannt, ein Wort, das ebenfalls auf die indoeuropäische Wurzel *reu-* oder *reus-* zurückgeht und deswegen einen deutlichen Anklang an *Rausch* hat. Mit *ruscus* hat man seit den ältesten Zeiten schwarz gefärbt. Schmeller zitiert eine mittelalterliche Färberanleitung: *Wiltu schwarz färben nim zu einem eimar*

Wasser rausch und las in darin sieden. So du nit Rausch hast, so nim Kranwitstauden. Die schriftdeutschen *Kranewittstauden* sind heute fast nur noch als *Wacholder* bekannt. Aus dem Rausch, aus dem Almrausch kann man keinen Schnaps machen, aus den *Kranawitbirl*, dem *Kranewittbeeren* und dem Enzian aber schon. Der sorgt dann wiederum für einen Almrausch, wenn auch einen ganz anderen. Und ruaßln tut man danach auch recht schön.

Wer Gwasch trinkt, quatscht nicht von der Schorle

Die heutigen Regierungsbezirke Niederbayern, Oberbayern und Oberpfalz, also Altbayern, sind wie gesagt nur noch der klägliche Rest eines Landes, das einmal ein richtig großes Königreich war: Das *Regnum Bavaricum* hat vor 1200, 1300 Jahren im Süden bis über Bozen hinaus gereicht. Sogar die oberitalienische Bischofsstadt Aquileia hat einmal zum bairischen Einflussgebiet gehört. Heute befinden sich die Baiern in diesen Gebieten in den Nationalstaaten Italien und Österreich. Aber sie reden nach wie vor Bairisch. Während die Ober- und Niederbayern und die Oberpfälzer zusammen mit den Schwaben und den Franken und früher auch noch den Pfälzern, die allesamt gar nicht bairisch sprechen, vor 200 Jahren ein neues Königreich gegründet haben. Das hat zu der kuriosen Situation geführt, dass im heutigen Bayern mittlerweile weniger bairisch gesprochen wird als etwa in Österreich.

Ein gutes Beispiel dafür ist die *Schorle.* Das Wort ist kein bairisches und so richtig erst nach dem Zweiten Weltkrieg in Baiern in Gebrauch gekommen. Früher hat man zu einem Wein oder einem Apfelsaft, der mit Wasser verlängert, also *gespritzt* wurde *Gspritzter* gesagt. Selbstverständlich ist das Wort *Sprizz* (venezianisch *Spriz, Spriss* oder *Sprisseto*) auch in ganz Oberitalien bekannt und hat jüngst als Bezeichnung für ein Modegetränk aus Weißwein, Mineralwasser und Campari, Cynar oder Aperol auch wieder Baiern erobert, wo ansonsten überall bloß noch *Schorle* bestellt wird.

spritzen, gspritzt, Sprizz

Schorle Das Wort *Schorle* ist eigentlich eine Verkürzung von *Schorlemorle,* der südwestdeutschen Form für das bairische *Schurimuri.* Beim Johann Andreas Schmeller heißt es, der *Schurimuri* sei eine gach auffahrende Person, er habe *Läus im Pelz,* sei ein kleiner Polterer, ein *Sprudelköpfchen.* Da trifft es sich, dass es im südlichen Deutsch, im eigentlichen Hochdeutsch, auch ein Zeitwort *schuren* oder *schüren* gibt, das soviel wie *sprudeln, brodeln, aufwerfen* bedeutet. Wenn das Feuer *geschürt* wird, flackert es auf. Dieses *schuren* steckt also im *Schurimuri,* in *Schorlemorle* und damit in der *Schorle.* In Baiern müsste so was also eigentlich *Schurle* oder *Schurl* heißen. So heißt aber im Südosten Baierns und in Österreich die Verkleinerungsform vom Schorsch. Mit dem *lieben Joly* (gesprochen *Scholli*) dem legendären Springinsfeld des 19. Jahrhunderts im Rupertigau, hat das nichts zu tun.

schuren, schüren, sprudeln

Halten wir also fest. Wein oder Apfelsaft mit Wasser ist *gspritzt* und keine Schorle. *Spritzen* und *Sprießen* sind übrigens verwandte Wörter. Mit Wasser verdünnter, also gespritzter Wein ist *ersprießlicher* als unverdünnter. Das weiß man schon seit der Antike, weswegen selbst der katholische Pfarrer in der Messe ganz in römischer Tradition zum Messwein ein bisserl Wasser dazu tut. Da würde keiner sagen, der Pfarrer macht a Schorle; oder vielleicht gar ein *Gwasch.* Heute gilt das Gwasch (schriftdeutsch *Gewäsch*) als Mixgetränk zwischen Cola und Limo, aber auch schon vor der Erfindung des Colas galt in Baiern alles, was gemischt und durcheinander war als *Gwasch.* Nichts zu tun damit hat der *Quatsch,* ein lautmalerisches Wort für *weichen Schlamm,* das sich seit dem 16. Jahrhundert nachweislich von Berlin aus verbreitet – Quatsch gehört verboten und der Wein gehört gspritzt. Mei lieber Joly!

sprießen

Gwasch

Mit Küchenlatein gegen den Einheitsbrei

Wer denkt schon beim Kochen dran, was das für eine alte, ehrwürdige Tätigkeit ist? Wieviele Generationen der Menschheit durch die Jahrtausende an den unterschiedlichsten Herdtypen gestanden sind? Eine der ältesten Gottheiten der Römer ist

Vesta, die Göttin des Herdfeuers, das nie hat ausgehen dürfen. Denn das Herdfeuer, das haben auch schon die Römer gewusst, ist der Mittelpunkt der Familie und die wiederum die Keimzelle aller Kultur. Bloß heute verlöschen die Herdfeuer allenthalben. Büchsenkost ist angesagt – ganz gleich, ob daheim oder im Wirtshaus. Und obwohl die heutigen Küchen immer teurer und technisierter werden, bleiben sie viel öfter kalt als in früheren einbauküchenlosen Zeiten. Da ändern alle Kochsendungen im Fernsehen nichts. Nur manchmal, zum Beispiel wenn sich auf einem Fest alle Leute in der Küche versammeln, erinnert man sich wie von fern, was das einmal für ein magischer Ort war.

Kuchl

Die *Kuchl*, das bairische Wort für *Küche*, ist wie die Brezn ein bairisches Kennwort – bairisches Hochdeutsch und durchaus kein Dialekt. Die *Rauchkuchl*, die *Wurschtkuchl* – all das ist heut noch schriftdeutsch. Und es waren selbstverständlich die Römer, die uns das Wort dagelassen haben. *Cocina* heißt Küche auf Lateinisch, auf Italienisch *cucina*, auf althochdeutsch *kuhhina*, bairisch *kuchl*. Schriftdeutsch ist aus der *Kuchl* dann die *Küche* geworden. *Kuchen, Kiachl, kochen* – alles geht auf den gleichen Stamm zurück.

Kuchen, Kiachl, kochen

c-Aussprache und k-Aussprache

Bleiben wir einmal bei der *cocina*, der lateinischen Küche. Das *c* am Anfang wurde im Mittelalter und im Prinzip bis heute wie ein *k* gesprochen, weil es vor einem dunklen Vokal steht. Das *c* in der Mitte aber wie ein *z*, weil das *i* ein heller Vokal ist. Im klassischen Latein, also zu Cäsars Zeiten, da hat man jedes *c* wie ein *k* ausgesprochen. Damals hat die *cocina kokina* geheißen, das Kochen kommt davon, und der *Cäsar* hat *Kaesar* geheißen, unser Wort *Kaiser* kommt daher. Was folgern wir daraus? Der *Kaiser* wie die *Küche* sind schon in der Antike in unsere Sprache eingewandert, als die Römer noch die k-Aussprache hatten – sonst müsste es ja *Zaiser* und *Züche* heißen. Die Russen beispielsweise haben erst im Mittelalter einen Kaiser gekriegt. Da hat man längst die c-Aussprache gehabt, weshalb der russische Kaiser *Zar* heißt, von *Zäsar*.

Keller und Zelle

Und damit sind wir beim *Keller*. Hat der was mit der *Zelle* zu tun? Sie vermuten richtig. Beides kommt von lateinisch *cella*, in der Antike gesprochen *kella*, seit dem Mittelalter *zella*. Die *Zelle* ist ein lateinisches Fremdwort, das im Mittelalter bei uns eingeführt worden ist. Denken Sie nur an die *Mönchszelle*. Der *Keller* dagegen ist was ganz altes und was typisch Südliches. Die Germanen – und da zählen ja die Baiern nicht so richtig dazu – die Germanen haben sowas nicht gekannt. Die Arbeit, einen Keller, eine Kammer, in den Boden zu graben, die macht man sich nur, wenn man länger und sesshaft an einem Ort bleibt und gleichzeitig etwas kühlen muss, weil es draußen zu warm ist. Im kalten nördlichen Germanien langt ein ebenerdiger Speicher zum Frischhalten von Lebensmitteln. Bei uns in Baiern haben die Römer auf ihren Landgütern, wie daheim im Süden, *celleraria*, also Keller, eingeführt. Und viel anderes, was mit Küche und Keller, Land- und Almwirtschaft zu tun hat: *alma*, die *Alm*, *Almwiese*, *caseus*, der *Kas*, *butyrum*, der *Butter*.

Alm und Kas

Butter

Nein, kein Druckfehler! Es muss heißen: *der* Butter. Spätlateinisch *butyrum* kommt aus dem griechischen *boutyron* – beides ist sächlich, neutrum. In den romanischen Ländern wurden aber die lateinischen Neutra später samt und sonders in Maskulina, also in männliches Geschlecht umgewandelt. Deswegen hat *das* Butter auch im Bairischen so eine Geschlechtsumwandlung durchgemacht und heißt jetzt *der* Butter. In Italien *il* burro, in Frankreich *le* beurre – ebenfalls Maskulinum. Den Butter also macht die *Sennerin* und auch die kommt aus dem Lateinischen: *seniora*, die *Dame*, genauso wie *Senner*: *senior*, der *Herr*. In früheren Zeiten ist es bei uns halt noch romanisch-höflich zugegangen – selbst auf der Alm, wo der Kas gemacht wird!

Sennerin, Senner

Quark

Auf einer Alm überhaupt nix zu suchen hat der *Quark*. Das Wort kommt aus dem Sorbischen, wo Luther es kennengelernt und in seine Bibel eingebaut hat: *Twarog* bedeutet ursprünglich *geronnene Stutenmilch*. Wer will denn so was?! Das richtig hochdeutsche Wort für die feste Substanz saurer Milch nach

Auch wenn es bei der einen oder anderen Firma wild durcheinandergeht – Topfen ist kein spezieller Quark, sondern einfach das hochdeutsche Wort dafür. In Baiern gilt: Wer zum Topfen Quark sagt, redet Käse

Topfen, topen

Absonderung der Molke ist *Topfen*. Der hängt mit dem *Toben*, dem bairischen *topen (sprich: doppen)* zusammen, was ursprünglich soviel wie *pochen, klopfen, drücken* heißt. Der Topfenkas wird ja hergestellt, indem er ausgepresst, durch ein Tuch *geschlagen* wird. Seit dem Mittelalter ist der Topfen belegt und jetzt wollen uns die Nordlichter in der Dudenredaktion vormachen, dass *Topfen* österreichisch sei. Freilich ist es österreichisch. Aber damit auch bairisch und deutsch. Der *Quark* dagegen ist erst spät aus der Luthersprache ins Hochdeutsche gewandert.

Sahne, Rahm

Es ist das gleiche Problem wie mit *Sahne* und *Rahm*. Die Sahne, deren sprachliche Herkunft im Gegensatz zu ihrer Farbe dunkel ist, kommt ursprünglich aus dem westniederdeutschen Raum, also aus der germanischen Sprache, die heute *Holländisch* oder *Flämisch* heißt. Richtig hochdeutsch und in Baiern auch noch so erhalten, ist der *Rahm*. Das Wort bedeutet ursprünglich den Fettrand, der sich am Rand eines Rahmhaferls absetzt. Sie kennen sicher auch das schöne bairische Wort *Rammel*. Dampfnudeln zum Beispiel sind nur gut, wenn sie *Rammel* haben, einen reschen Ansatz eben. *Rahm* und *Rammel* haben die gleiche Wurzel. Denn das indoeuropäische Urwort *ram-* bedeutet nichts anderes als *Dreck, Ausscheidung*. Und das, was die Milch oder die Dampfnudel ausscheidet, ist der *Rahm*, beziehungsweise der *Rammel*. Der schmeckt halt gut, weswegen *ram* als Eigenschaftswort in der Hindisprache Nepals zum Beispiel soviel bedeutet wie *gut, brav*.

Rammel

Topf, Hafen, Hàferl

Doch zurück zum lateinischen Erbe in bairischen Küchen und Kellern. Was zum Beispiel ist der Unterschied zwischen einem *Hafen* und einem *Topf*? Sie werden es nicht glauben, aber heute meinen manche Leute: In einem *Topf* wird gekocht und in einem *Hafen* fahren Schiffe herum; und wenn man dann fragt, was denn dann ein *Hafner* macht, heißts: *Das ist vielleicht der, der die Schiffe im Hafen rumlotst*. Ja, der bairische Nachwuchs ist auch nicht mehr das, was er einmal war! Der *Hafen* (bair. *Håfa*) ist das eigentlich hochdeutsche Wort für *Topf*. Der *Hafner* (bair. *Håfna*) ist das hochdeutsche Wort für

Töpfer, und das *Hàferl* hat mit *Tasse* nix zu tun, sondern ist schlicht ein kleiner Hafen – kenntlich gemacht durch die bairische Verkleinerungsendung *-erl. Hafen* hängt zusammen mit *haben, halten, enthalten,* lateinisch *habere.* Da kann man ewig lateinisch weitermachen. Im Haferl drin ist *Milch,* bairisch *Mil, Milli* oder *Muich.* Die hängt zusammen mit lateinisch *mulgere, melken.* Um die bairische Milli im Haferl warm zu machen, wird das Feuer im Ofen *akent* oder *akint.* Kommt von lateinisch *accendere, anzünden.* Im Mittelalter hat man das nicht mehr *akendere,* sondern *azendere* ausgesprochen. Dieses Wort ist dann noch mal ins Deutsche gekommen als *anzünden.*

akenten und anzünden

Und wenn Sie Lust haben, dann tauchen wir jetzt in die warme Milli noch ein *Scherzl* ein. Spätestens jetzt meinen die meisten, dass das ganze nur ein *Spass* ist! Das bairische *Scherzl* hängt, obwohls nicht so klingt, mit lateinisch *curtis – kurz, abgeschnitten,* zusammen. Lateinisch *cortex* ist die (abgeschnittene) *Rinde,* die *Schale.* Die englische *short* ist eine abgeschnittene Hose, der *skirt* und das *shirt* und der bairische *Schurz* - alles von *kurz.* Das kurze bairische Brotstück *Scherzl* ist im Mittelalter ins Italienische zurückgewandert. *Scherzo* heißt dort der *kurze Witz,* der später wiederum über die Alpen als *Scherz* für *Spass* ins Deutsche gekommen ist. Beethoven hat das *Scherzo* als Ersatz für den herkömmlischen Tanzsatz in seinen Symphonien eingeführt. Genaugenommen ist also der *Scherz* ein *Scherzl* – aber, bitte: Machen Sie nie aus einem *Scherzl* einen Witz. Da versteht ein Baier keinen Spass!

Scherzl, kurz, Schurz

shirt, skirt, scherzo

Schüssel und Schale, Tisch und Tafel

Küchenlatein ist übrigens auch allerhand rund um Tisch und Tafel, der zum Beispiel kleine aber feine Unterschied zwischen einer *Schale* und einer *Schüssel*. Woher erklärt es sich beispielsweise, dass man im Allgemeinen in einer Schale keinen Salat anmacht, eine Schüssel wiederum nicht aufs Grab stellen kann? Die ursprünglichen Bedeutungen dieser beiden Wörter bringen uns drauf: Spätlateinisch *scalium* heißt das *Schälchen*, das *Näpfchen*. Im griechischen Herkunftswort *to skallion* bedeutet es zunächst einmal die *Schale an einer Waage*, die *Waagschale*. Das Wort hängt auch zusammen mit der *Nussschale* beispielsweise. Die *Schüssel* dagegen kommt von lateinisch *scutela*, was immer schon so viel wie *Schüssel* geheißen hat. Die ursprünglich völlig unterschiedlichen Funktionen erklären, warum beide Wörter, die eigentlich ein und dieselbe Art von Gegenstand bezeichnen, in so unterschiedlicher Weise gebraucht werden. Wobei Ausnahmen die Regel bestätigen. Es gibt nämlich die *Trinkschale*, in der Verkleinerungsform *Schalerl*, bestens bekannt aus dem Wiener Bairisch (*Schalerl Kaffee*).

Schale und Schüssel

Ähnlich wie Schale und Schüssel haben auch *Tisch* und *Tafel* antike Wurzeln – und feine Unterschiede. Der Tisch, bairisch mit langem *i*: *Diesch*, kommt von dem griechisch-lateinischen Wort *diskos/discus*, der Bezeichnung für eine (*runde*) *Scheibe*. Seit den Olympiaden der Antike bis heute gibt es ja den *Diskuswurf* und Sie kennen die *CD*, die Compact *Disc*, ebenfalls eine runde Scheibe.

Tisch und Tafel

Diskus und disc

Tafel dagegen kommt bekanntlich vom lateinischen *tabula* und das bezeichnet eine ganze Menge vorwiegend flache Sachen: *Brett*, *Tafel*, *Landkarte* und schließlich auch *Tisch*. Von *tabula* abgeleitet ist das lateinische Wort *taberna*, was soviel wie *Bretterverschlag*, *Bude*, *Gehäuse*, aber auch *Schenke*, *Weinstube* bedeutet; unser standarddeutsches Wort *Taverne* kommt daher, ebenso der *Tabernakel*, in dem in der katholischen Kirche das Allerheiligste aufbewahrt wird. Bei der bairischen *Tafern* oder *Tafernwirtschaft* (mit der Betonung auf dem *a*) handelt es sich um eine Zusammenziehung von *tabula* und *taberna*. Im Unter-

Taverne, Tafern, Tabernakel

schied zu einer normalen Gastwirtschaft, die früher nur Getränke ausschenken durfte, war es einer Tafern erlaubt, auch große Gastmähler an langen Esstischen auszurichten.

Beides also, die Tafel wie der Tisch, sind ursprünglich flache Bretter auf Gestellen gewesen. Mit dem Unterschied, dass die Tafel meistens groß und eckig war, der Tisch dagegen ursprünglich klein und rund, wie heute noch die *Disc*. Ganz ursprünglich war dieser Tisch nur was für eine einzige Person und diente gleichzeitig als Unterlage für die Speisen – ganz so, wie unser heutiges Brotzeitbrettl. Was wiederum erklärt, warum wir einen *Tisch* hauptsächlich in kleinen Häusern finden, die *Tafel* (früher auf Böcke oder Schragen gelegt) dagegen in großen; in Rittersälen zum Beispiel oder großen Wirtschaften. Dort eben, wo zuerst *getafelt* wird, bevor man zum Schluss, wenn sich die Gäste zum Tanz anschicken, die *Tafel aufhebt* und hinausträgt.

Rûmet ûz die schämel und die stüele!
heiz die schragen
vuder tragen!

heißt es in einer Aufforderung zum Tanz des Minnesängers Neidhart von Reuental, der vermutlich aus der Gegend von Landshut stammt. Entwicklungsgeschichtlich gehört zum Tisch mit seinen griechischen Wurzeln der *Stuhl*, zur eher romanischen Tafel hingegen der *Schemel*. Der Schemel ist lateinischen Ursprungs. *Scamnum* ist die *Bank*, *scamillus* ist die *kleine Bank*. Der Baier sagt dazu der *Schamel*, verkleinert *Schamerl*. Bei Neidhart sind die neumodischen *stüele* die Sitzgelegenheiten der hohen Herren mit Rücken- und Armlehnen, während die normalen Leute auf lehnenlosen schämeln sitzen. Die haben die längere, die romanische Tradition. Denn die Römer sind ja bei Tisch gelegen – auf einem *scamillus*, einer lehnenlosen Bank. Den *Stuhl* kannten sie nicht. Der ist nämlich erst über die Goten aus Griechenland nach Süddeutschland gekommen. In ihm steckt die griechische *stele*, die *Säule*, der *Säulenstumpf*, auf dem man sitzen kann. Die Goten haben daraus ihren *stola* gemacht, alt- und mittelhochdeutsch wurde *stuol* daraus. Was

Stuhl
Schemel

täten die Niederdeutschen ohne uns Hochdeutsche! Sie hätten weder Tisch oder Tafel, noch hätten sie drauf eine Schale oder eine Schüssel. Und nicht einmal gescheit hinsetzen könnten sie sich.

Knödel klopfen

Eine der wichtigsten bairischen Nationalspeisen ist der Knödel. Aber nur im alten Bayern. Bereits in Franken fängt das *Kloßgebiet* an. Und vom *Kloß* ist es nicht weit zum *Klotz*. Wer jetzt behauptet, die neubayerischen Franken seien bloß ein Klotz am Bein der Altbayern, der hat aus zweierlei Gründen Unrecht. Erstens haben die Franken Bayern ungemein bereichert – nicht nur kulinarisch – und zweitens sagt man *Bein* in Süddeutschland überhaupt nicht, weil, wie schon erwähnt, in Süddeutschland die Füß bis zur Hüfte hinaufgehen. Mit *Bõa und Bõana* sind in Baiern ausschließlich die Knochen gemeint. Aber das bloß nebenbei.

Kloß und Klotz

Bein und Fuß

Klotz und *Kloß* gehören zusammen. Beides kommt aus dem Mittelhochdeutschen *kloz*, was soviel wie *Klumpen* heißt. Auch der *Klops*, der *Königsberger Klops*, gehört vermutlich hierher. Wobei manche vermuten, dass, wer in Bayern *Klops* sagt, ziemlich *bekloppt* redet. Denn *kloppen* ist die norddeutsche Entsprechung von süddeutsch und standarddeutsch *klopfen*. Und möglicherweise sind *Klopse* ganz einfach *geklopfte Klöße*. In ihnen steckt die indoeuropäische Wurzel *kl-*. Doch dazu später.

Klumpen, Klops, kloppen, klopfen

Ganz im Gegensatz zum *Kloß* werden bairische *Knödel* jedenfalls nicht geklopft, sondern mit den Händen geknetet. Damit sind wir im Kern der Geschichte: *Knödel* (bairisch *Knedel* gesprochen) und *kneten* sind ein Wort. Auch *Knochen* und *Knorpel* gehören hierher ebenso wie das *Knie* und das niederdeutsche *Knüllen*. Nicht zuletzt hat auch der *Knopf*, der in Norddeutschland *Knoten* heißt, damit zu tun. In der Schriftsprache bezeichnen diese beiden Wörter zwar zwei gänzlich unterschiedliche Sachen, ursprünglich aber waren sie hoch- beziehungsweise niederdeutsche Entsprechungen für ein und

Knödel, Kneten

Knochen, Knorpel, Knie, Knopf, Knoten

dasselbe. Selbst im Schriftdeutschen wird bekanntlich der Knoten *geknüpft*. Dass Sie da ja keinen Knopf hineinbringen!

Der indoeuropäische Anlaut *kn-* oder *gn-*. bezeichnet immer etwas Dickes, eine Verdickung. Das *Knie* ist ja eine dickere Stelle zwischen Ober- und Unterschenkel, die *Knospe* ist dick, bevor sie aufplatzt. Der norddeutsche *Knüppel* ist *knorrig*. Hochdeutsch hat es das Wort *Knüppel* als *Knüpfel* auch einmal gegeben. Das *Knüpfen* und der *Knopf* hängen damit zusammen, auch der *Knauf* und der *Knirps*, und auch das *Knicken* und der *Knicks* gehören daher. Wenn man in den Knien einknickt, hochdeutsch *einknickst*, bringt man seine Knochen ja auch in Knödelform – im weitesten Sinn. Selbstverständlich sind auch die kleinen italienischen Kartoffelknöderl, die *gnocchi*, eigentlich nach Italien eingewanderte *Knöcherl*. Die Italiener haben sich die *gnocchi* im Wortsinn mundgerecht gemacht und sprechen sie *njocki* aus. Als solche, als *Nockerl* nämlich, sind sie dann wieder über die Alpen heimgekommen, gewissermaßen.

indoeuropäische Wurzel kn-

Knospe, knüpfen, knorrig, Knauf, Knirps, Knicken

gnocchi, Knöcherl, Nockerl

Aber wer kann heute schon noch einen Knicks, wer versteht es noch, gute Semmel-, Erdäpfel- oder Teigknödel zu machen? Trotzdem: Auch wenn er einen immer schwereren Stand gegen die italienischen *gnocchi* hat: Der gute bairische Knödel wird sich bestimmt noch eine Zeit lang halten.

Ein ganz ähnlich gelagerter Fall wie der Knödel ist das *Klupperl*. Während Knödel auf die jahrtausendealte indoeuropäische Wurzel *kn-* zurückgeht, die eine weitverbreitete Wortnachkommenschaft in vielen Sprachen gezeugt hat, kommt Klupperl von der indoeuropäischen Wurzel *kl-* – mit einer nahezu ebenso großen Verwandtschaft. Aber – wer klaubt schon noch an Klupperl? *Klupperl* sind heute meistens *Wäscheklammern* und sowohl *geglaubt* wie *geklaubt* wird auch viel seltener als früher. Verzeihen Sie das Wortspiel. Das *glauben* hängt natürlich mit *geloben* zusammen und vielleicht auch mit *Liebe*. Mit dem *klauben*, respektive dem uralten Anlaut *kl-* oder *gl-*, wie er auch in der *Klammer*, in der *Klaue* und im *Klupperl*

Klupperl

indoeuropäische Wurzel kl-

glauben, klauben

Klammer, Kleister, klieben, klettern, Klampfe

drinsteckt, hat es vermutlich nichts zu tun. Die indoeuropäische Vorsilbe *gl-* oder *kl-* heißt ursprünglich soviel wie *haften, festhalten, zusammendrücken, zusammenklopfen* und steckt in der *Klette* genauso wie im *Kleber* und *Kleister*. Das *Klettern* geht drauf zurück genauso wie die *Klamm* und das *Klemmen* oder der englische *claim*, die gute alte *Klampfe*, das *Klieben* (bairisch *kliam* = *Holz spalten*) und vieles mehr.

Selbstverständlich ist es kein komischer Zufall, dass *Klupperl* genauso *Klammern* wie *Finger* sein können. Ist ja auch logisch. Spangen, Finger, aber auch Schlüssel können etwas festhalten, respektive einzwicken oder einsperren. Eine Klammer wie die Wäscheklammer kann man ja schließlich als zwei zwickende Finger beschreiben. Auch im lateinischen *claudere* = *abschließen, absperren*, steckt das *kl-* drin. Wir kennen die *Mönchsklause* oder die *Klausur*, ein abgeschlossener Ort oder eine Prüfung, bei der jede fremde Hilfe ausgeschlossen wird. Der lateinische *Schlüssel* oder *Riegel*, *clavis*, war in der Antike nicht viel mehr als ein gebogenes Stockerl oder ein Haken. Aus *clavis* hat sich übrigens auch unser deutsches Wort *Klaue* und das *Klauen* entwickelt. Die Klaue ist auch so ein hakenförmiges Ding. Werden die Saiten eines Instruments mit *claves*, also solchen Riegeln oder Tasten, angeschlagen, dann nennt man das mit einem lateinischen Fremdwort *Klavier*; weshalb *Tasteninstrument* auf englisch logischerweise *keyboard* = *Schlüsselbrett* heißt.

Klause, Klausur, Klavier, Klaue

Aber zurück zu den Klupperln. In romanischen Sprachen, wie im Spanischen oder eben auch im Bairischen, sind *p* und *b* vor Vokalen gegen *v*, *w* oder *f* oft austauschbar. Wenn einer *gewaffnet* ist, hat man früher auch gesagt, er ist *gewappnet* – *Waffen* und *Wappen* ist das gleiche Wort (Ritter in Rüstungen waren schwer voneinander zu unterscheiden, weswegen sie anfingen, ihre Waffen, vor allem die Schilde, farbig zu bemalen – die Wappen waren geboren). Genauso hat man im Mittelalter statt *Weihnachten* manchmal *Beinachten* geschrieben. Heut ist das auch nicht anders. Aus dem Knoblauch, dem *Knobi* wird in der Regel der *Knowe* oder *Knofi*, aus dem *Reiben*, dem bairischen *Ribeln*, wird das *Riwen*. Durch das Reiben entstehen Spuren:

Austauschbarkeit von p und b gegen v, w oder f

Waffen und Wappen

Knobi, Knofi, Knowe

Reiben, Ribeln, Riwen

Dieses Gemüse hat den Namen von seiner Form. Ein Stopsel ist ursprünglich ein längliches, mit Werg oder Stoff umwickeltes Stück Holz, mit dem man ein Abflussloch abgedichtet hat.

Kluferl

Wenn etwas *geriefelt* ist, dann hat es Rillen. Genauso ists mit dem *Klupperl* und dem *Kluferl*. Das eine ist soviel wie eine Klammer oder zwei Finger, das andere eher eine Spange. Beide bestehen aus zwei Steckerln oder Staberln, die zusammen was abschließen oder festhalten. Genau das tun wir auch, wenn wir mit Daumen und Zeigefinger was auf*klauben*. Schlau, unsere Sprache, gell? Wenn Sie jetzt an spontanen Applaus denken, dann überlegen Sie, was Sie mit ihren Händen machen, wenn Sie *klatschen*!

Hochdeutsch im Süden, Nieder- oder Plattdeutsch im Norden

Hochdeutschland liegt im Hochland, im Süden Deutschlands, Niederdeutschland dagegen in der norddeutschen *Tiefebene*, wo *niederdeutsch* gesprochen wird. Weil *hochdeutsch* also keine Frage von Schriftsprache und Dialekt ist, sondern ganz einfach ein geographischer Begriff, haben die Nieder- oder (in ihrer Sprache) *Platt*-Deutschen das Hochdeutsche erst lernen müssen, indem sie *nach der Schreibe* gesprochen haben. Die Schriftsprache der Plattdeutschen ist Niederländisch, Holländisch. Auch die englische Sprache ist in vielen Bereichen eng mit dem Niederdeutschen verwandt. So kommt es, dass viele glauben, *stop* sei ein englisches Fremdwort für das deutsche *halt*. Stimmt auch – aber nur für das *stop* mit einem *p*. *Stopp* mit zwei *p* dagegen ist niederdeutsch. Weitere Wörter, die die enge Verwandtschaft zwischen dem Angelsächsischen und dem Niederdeutschen beweisen sind Wörter wie *Water*, *Schip*, *Appel*, *Tide* oder *maken*. Auf englisch heißen sie ebenfalls *water*, *ship*, *apple*, *tide* und (*to*) *make*, sie haben halt die gleichen germanischen Wurzeln.

Hochdeutsche Lautverschiebung

Die gleichen Wörter gibts selbstverständlich auch im Hochdeutschen. Nur heißen sie da *Wasser*, *Schiff*, *Apfel*, *Zeit* und *machen*. Den Unterschied macht hier die sogenannte *hochdeutsche Lautverschiebung*, die nur die süddeutschen Regionalsprachen wie Bairisch oder Alemannisch durchgeführt haben. Die Lautverschiebung ist von Süden aus nicht weiter gekommen als bis in die Düsseldorfer Gegend. Da steht ein Schloss namens Benrath, das der Grenzlinie zwischen Nieder- und Hochdeutschland seinen Namen gegeben hat: *Benrather Linie*. Nördlich dieser Grenze sagt man *dat*, südlich *das*, nördlich sagt man *piepen* und südlich *pfeifen*, nördlich sagt man *kloppen* und südlich *klopfen*, nördlich sagt man *stopp* und südlich?

dat und das

piepen und pfeifen

kloppen und klopfen

Ja, genau: *Stopf*! Die Lautverschiebung verschiebt nämlich vor Vokalen *p* zu *pf* oder *f*, *t* zu *ts* oder *s* und *k* zu *kh* oder *ch*. Womit es ursprünglich keinen Unterschied zwischen *stoppen* und *stopfen* gibt. Nur weil das mit dem Niederdeutschen verwandte Englische internationale Sprache ist, konnte *Stop* das eigentlich hochdeutsche *Halt* ablösen. *Stoppen* und *stopfen* hängen beide mit dem lateinischen *stupa* zusammen, was soviel heißt wie *Hanf*, *Werg*. Lateinisch *stuppare* heißt (*mit Werg*) *abdichten*. Löcher in Socken kann man genauso abdichten wie Kreuzungen. Wenn da einer stoppt, können die hinteren auch nicht mehr weiterfahren. Dann ist die Straße dicht. Die Schäffler haben früher die Böden von Fässern oder Schäffeln mit Binsen abgedichtet. Hat man keine Binsen gehabt, dann hat man Stroh hergenommen: *Stroh* heißt auf Latein *stupula*. Die hochdeutsche Entsprechung *Stupfel* ist schon lang nicht mehr gebräuchlich (man kennt noch *stupfen* für *schubsen*). Auch da haben sich die Norddeutschen durchgesetzt mit *Stoppel*; und jeder sagt heut *Stoppelfeld*. Selbst der *Rupfen* ist heute vielen zu *ruppig*. Leider.

stoppen und stopfen

Stupfel, Stoppel, stupfen

Rupfen, ruppig

Mein lieber Schieber!

Oft genug fängt jedes junge, neue Jahr mit einer regelrechten Sysiphus-Arbeit an, die manchmal gar nicht ausgehen mag. Die Rede ist selbstverständlich vom Schnee, respektive dem Schneeräumen, dem Schneeschaufeln oder gar dem *Schippen*. Viele Leute, vor allem in den Städten, meinen, das Wort *schippen* sei feiner, hochdeutscher oder was auch immer. Wobei, soviel müsste jetzt schon klar sein: *Schippen* ist ein niederdeutsches Wort. Die beiden nicht von einer Lautverschiebung veränderten *pp* in der Wortmitte sind ein untrügliches Zeichen dafür, hochdeutsch wird es zu *schiffen* – das Schiff *schiebt* ja auch durchs Wasser. Wegen des Diphtongs *ie* (bairisch *ia*) wurde das *b/p* in *schieben* nicht von der Lautverschiebung ver-

schippen, schiffen, schieben

ändert. Deswegen lautet die hochdeutsche Entsprechung zum *Schippen schieben.* Wobei *schieben* im Zusammenhang mit Schnee in Baiern eher ungewöhnlich ist. Es gibt zwar das bairische Wort *scheiben*, das gehört aber nicht hierher. Man kann Kegel *scheiben*, aber keinen Schnee. Der Grund: *Scheiben* und *schieben* sind, obwohl sie so ähnlich klingen, zwei ganz unterschiedliche Wörter (s.u. *Ohne Mascherl scheibt sich nix*). Meine Empfehlung: Weichen Sie aufs *Räumen* aus oder aufs *Schaufeln.* Im *Schaufeln* steckt übrigens *schaben* und daher auch *schieben* drin.

schaufeln und schaben

Im Übrigen können Sie ja hoffen, die Schnee*schaufel* bald wieder in den *Schupfen* tun zu können. Dass es nicht *Schuppen* heißen darf ist ja mittlerweile deutlich geworden: Nur Fische haben Schuppen. Jeder alteingesessene bayerische Notar dagegen hat, wenn er ein Haus mit Nebengebäuden beurkundet, die *Schupfe* immer noch und selbstverständlich im hochdeutschen Sprachschatz. Zum *Schupfen* gibt es auch ein Tätigkeitswort: *schupfen*, jemanden weg*schupfen* beispielsweise – wo ist da der Unterschied zu *schupsen* oder *schubsen?*

Schupfen und Schuppen

Beide Wörter bedeuten in etwa dasselbe, sind aber auf unterschiedliche Art und Weise entstanden. Das *Schupfen* ist ein eigenständiges Tätigkeitswort, *schupsen* dagegen ist von einem Hauptwort abgeleitet, dem *Schupser* oder *Schupserer.* Die Endung *ser* (*sel* dann in einer Verkleinerungsform) bezeichnet immer das Hauptwort zu einer Tätigkeit. Man findet es beispielsweise auch im *Hopser* (zu *hupfen*), im *Stopsel* (zu *stopfen*), im *Mitbringsel*, das man *mitbringt* oder im *Gerinnsel*, das sich bildet, wenn etwas *gerinnt.*

schupfen und schubsen

Überhaupt ist das ganze Wortfeld zu *schieben* hochinteressant. Die schon erwähnten *Schuppen* (des Fischs) gehören natürlich hierher, der *Schübel* (bair. *Schiwl* = Bündel Heu oder Haar), der *Schopf* und das *Schoppen.* Wobei wir an dieser Stelle natürlich *schoppen* mit geschlossenem *o* meinen wie in *rot* – nicht das englische Fremdwort *shoppen*, dessen *ǒ* bekanntlich offen gesprochen wird (wobei ein englischer *shop* selbstverständlich

(Fisch-)Schuppen, Schübel, Schopf

mit dem niederdeutschen *Schuppen* aufs engste verwandt ist). Das *Schoppen* mit geschlossenem *o* gibt es so nur in Baiern. Termine können sich *schoppen*, man kann ein Hemd *schoppen* (also in die Hose stopfen), aber auch einen Menschen *anschoppen* wie eine Gans (also mästen). In diesem Sinn haben das Wort sogar die Brüder Grimm aus Hessen noch gekannt. Auch ein Blockhaus, ein Schiff oder eine Plätte oder Zille auf Donau, Inn und Salzach hat früher *geschoppt* werden müssen, also *ausgestopft, abgedichtet*, mit Moos zum Beispiel oder Werg. *Schopper*, das war in Laufen an der Salzach sogar ein Lehrberuf. Woanders waren der Schopper oder die Schopperin spezielle Dienstboten, die das Heu im Schober oder auf dem Heuboden platzsparend untergebracht haben. Die Schopperin war aber auch die Krankenwärterin, die schwer Bestraften das Essen eingegeben hat. Und ein *Schopper* ist schließlich auch das alte Wort für *Schnuller* oder *Diezel*.

schoppen

Schoppen ist eine sogenannte *Intensivbildung* aus den Vergangenheitsformen von *schieben*: *schob, geschoben*. Als solches heißt es soviel wie *stopfen, vor sich herschieben*. Wenn man schnell das Heu zusammenrafft, dann schoppt mans auch zusammen und an schließend kommts in den *Schober*. Nicht direkt damit zu tun hat allerdings der gute alte bairische *Frühschoppen*. Der nämlich kommt vom *Schöpfen*. Sie sehen: Die Sprache, und grad auch die bairische, ist eine Welt. Eine Welt, die der nie entdeckt, der immer grad das nachplappert, was modern ist.

Schober

Frühschoppen

Der Klempner hat ausgespanglert

Nicht ganz so einfach in Sachen Lautverschiebung ist es mit dem niederdeutschen *Klempner*. Der heißt auch hochdeutsch nämlich nicht *Klempfner*, sondern *Spengler*, bairisch *Spangler* oder auch mit einem französischen Fremdwort *Installateur*. Nichtsdestoweniger importieren mittlerweile ein Haufen Baiern das niederdeutsche Dialektwort Klempner nach Süden. Es ist sogar schon so weit, dass viele den Spangler bloß noch als Familiennamen kennen, manche meinen gar, ein *Fotzenspangler* sei ein Mundharmonikaspieler.

Spengler und Klempner

Der norddeutsche *Klempner* gehört in die oben besprochene Gruppe von Wörtern mit der indoeuropäischen Wurzel *kl-* und hängt zusammen mit der *Klampe*, der *Krampe* und sogar dem *Krempel*. *Klampe* und *Krampe* bedeuten im Niederdeutschen soviel wie *Haken* oder *Klammer*. Der *Krempel* ist verbogenes Zeug, das kein Mensch mehr brauchen kann, der *Klempner* ist demzufolge einer, der Haken macht oder Rohre biegt – zum Beispiel für eine Dachrinne. Das gleiche macht übrigens der bairische *Spangler*: *Spangen* eben gleichfalls für Dachrinnen oder ähnliches.

Krampf, Klampfe, krampfeln

Und wie lauten die hochdeutschen Entsprechungen zu den niederdeutschen Wörtern *Krampe* und *Klampe*? Richtig: *Krampf(e)* und *Klampfe*. Grund ist die bereits im vorigen Kapitel besprochene hochdeutsche Lautverschiebung. Wurscht aber, ob *Krampe*, *Krampf* oder *Klampfe* – alles kommt aus dem lateinischen *crampa*, der *Haken*, die *Kralle*, die *Klaue*. Schließlich spielt man auch die Klampfe mit gekrümmten Fingern; und auch beim *Krampfeln* macht man die Finger krumm. Selbstverständlich gehört nicht nur der *Krampf* im Sinn von *Krempel* hierher, sondern auch der *Muskelkrampf*, der zum Beispiel den Arm beugt. Genauso wie die *Kremmeln* oder *Krammeln*, die schriftdeutschen *Grieben*, das ausgelassene Schmalz, das sich zu den *Krammeln* krümmt.

Kremmeln, Krammeln

Aber jetzt endgültig zum *Spangler*. Freilich holt man heute einerseits den Heizungsbauer, andererseits den Sanitärfachmann usw. In Baiern aber sagt man Spangler, schriftdeutsch Spengler, zu allen Arten von hochspezialisierten Metall-Feinarbeitern, die sich zum Beispiel als Karosseriespangler genauso nützlich machen können wie als *Installateur* bei Gas- und Wasserinstallationen.

Installateur, Stall

Nebenbei: *Installateur*, ob Sies glauben oder nicht, hat tatsächlich was mit *Stall* zu tun. Der *Stall* nämlich ist nix anderes als die *Stelle*: Ein Platz, ein Ort, wohin etwas gestellt wird oder gestellt war. Der *Burgstall* ist der Platz, wo früher einmal eine Burg war; und so ist auch der *Viehstall* der Platz, wo die Viecher stehen. Wenn jemand *bestallt* wird, dann wird er *bestellt*, zu einem Amt beispielsweise, wo er künftig (hoffentlich nicht nur!) einen Platz besetzt. Das mittellateinische Wort *stallum* heißt soviel wie der *Amtssitz*. Für das deutsche Wort *bestallen* haben die Franzosen ganz ähnlich *installer* gesagt. Der Installateur also ist jemand, der etwas an Ort und Stelle bringt, etwas feinsäuberlich einrichtet, sodass es hernach funktioniert. Das aber, wie gesagt, nur nebenbei.

bestallen

Dass der *Spangler* mit der *Spange* was zu tun hat, haben wir schon festgestellt. Die *Spange* ihrerseits ist verwandt mit der *Spanne* und dem *spannen*. Die beiden Spangenarme sind ja auseinandergespannt. Jetzt allerdings müssen wir ein bisserl weiter ausholen: *Pannum* heißt im Lateinischen das *Tuch*, der *Stofffetzen*. Sie kennen vielleicht das Fremdwort *Panier* für eine Fahne. Wenn ein Stoff ausgebreitet, ausgepannt wurde, dann haben die Römer dazu *ex-pandere* gesagt. Davon kommt *spannen* genauso wie die Fremdwörter *Expander*, *Expansion* oder auch das englische Wort *expensive = teuer*.

Spange, Spanne, spannen

Panier, Expander

Bei uns Baiern hat das früher einmal geheißen, etwas ist *späng* oder *spengel*, was eben soviel heißt, wie *selten*, *teuer*; und wenn etwas teuer ist, dann ist es begehrt. Das alte bairische Wort *spanen* oder *spenen* heißt deswegen auch soviel wie *begehren*. Heute noch sagen wir, wir machen jemandem etwas ab*spens*tig. Und das Wort Ge*spenst* heißt ursprünglich soviel wie *lockendes Trugbild*. Womit man ganz schnell beim *Gespinst* ist und beim *Spinnen*, das sich wieder mit dem *Spannen*, der *Spange* und letztlich mit dem *Spangler* trifft. Und nicht, dass Sie meinen, ich spinn – das kommt nämlich auch daher.

spanen, spenen, spinnen

Wer äst, is(s)t verruckt

Was ist die Sprache? Ganz einfach: Menschliche Laute, die, systematisch aneinander gereiht, einen Sinn ergeben, den der, der diese Laute hört, versteht. Allerdings nur dann, wenn der Hörer die Reihenfolge dieser Laute nach dem gleichen System entschlüsseln kann. Um eine unverständliche Fremdsprache handelt es sich, wenn der Sprecher ein anderes System benutzt, das der Hörer nicht versteht. Oder muss es heißen ein anderes System be*nützt*? Warum heißt es beispielsweise in Baiern Spangler und nicht *Spängler* (oder *Spengler)*?

Wer glaubt, dass das eine Frage von Singular und Plural ist, der ist schief gewickelt: Es ist keineswegs so, dass *Krämer* nur die Mehrzahl von *Kramer* ist. *Benutzen* und *benützen* ist, genauso wie *Kramer* und *Krämer,* ein und dasselbe Wort und bedeutet auch dasselbe. Und ebenso ist es mit dem *Bucken* und dem *Bücken* und zahllosen anderen Beispielen.

Bairische Entrundung

Hier handelt es sich nämlich um eine bairische Besonderheit, die, mit Ausnahme von Teilen Nordbaierns, im ganzen bairischen Sprachraum auftritt, und die die Sprachwissenschaftler *Entrundung* nennen: Die sogenannten Umlaute *ä*, *ö* und *ü*, also überall, wo man beim Schreiben Punkterl (nicht *Pünkterl*!) draufmachen muss, werden von Leuten, die nach der Schreibe reden, wie *ä*, *ö* oder *ü* ausgesprochen. Bloß der Baier entrundet diese Laute zu *e*, *i* oder *u*. Wobei dieses Entrunden selbstverständlich nicht bewusst passiert, sondern ganz natürlich. Nach einem regelmäßigen System: *Frösche* werden im bairischen zu *Fresch*, eine *Schüssel* zu einer *Schissel*, genauso wie der *Schlüssel* zum *Schlissel* und der *Knödel* zum *Knedel.*

Kühler

Keine Regel aber ohne Ausnahme. Es gibt Wörter, die erst so spät ins Bairische eingewandert sind, als schriftdeutsche Fremdwörter gewissermaßen, dass sie auch bei uns gerundet gesprochen werden. Der *Kühler*, der *Autokühler*, beispielsweise – da sagt auch in Baiern keiner *Kihler*. Umgekehrt gibt es aber auch bairisch entrundete Wörter, die sich im Schriftdeutschen durchgesetzt haben. Früher zum Beispiel hat man mit einer *Sprütze gesprützt*. Heute wird mit einer *Spritze gespritzt*. Die Baiern machen es halt wie der Rest der Welt, wo man fast nirgends ein *ä*, *ö* oder *ü* kennt. Sie beschäftigen sich halt ungern mit Punkterl oder Tipferl (nicht *Tüpferl*!). Und schon allein deswegen, weil sie keine *Tipferlscheißer* sind, allein deswegen können die Baiern niemals, wirklich niemals *Tschüss* sagen.

Hat die Tunke einen Dauch?

Weil wir vorhin bei den Knödeln waren: Der bairische Knödel ist oft ein Hauptgericht, mitnichten jedenfalls eine *Sättigungsbeilage*. Allenfalls als *Soßenschlucker* könnte man ihn durchgehen lassen. Denn der Knödel mags trocken gar nicht. Da braucht es eine gescheite *Soss*. Man kann nicht Knödel-*Soße* sagen, auch nicht Knödel-*Tunke* und schon gar nicht Knödel-*Dip*. Denn die *Tunke* hat im altbayerischen Mund keinen Taug. Wenngleich man das von ihr abgeleitete Tätigkeitswort *tunken* immer häufiger hört. Und die Gefahr ist groß, dass es das bei uns heimische *tauchen* verdrängt. Einen Knödel taucht man also in eine Soss. Die Baiern halten sich nämlich was drauf zugute, das französische Fremdwort *sauce*, korrekt auszusprechen. Mit kurzem *o*, weshalb dann aber auch nach den Regeln der neuen Rechtschreibung am Schluss kein *ß* stehen darf: Soss.

Soss und Soße

Das Tunken und die Tunke hängen zusammen mit dem ursprünglich niederdeutschen Wort *Dunkel*, in das man bekanntlich etwas tauchen kann. *Dungeon*, das englische Wort für Kerker oder Verlies, gehört ebenfalls da her. In ein Verlies wurden die Gefangenen ja auch hinabgelassen, getaucht. *Dunkel* ist in Altbayern ungebräuchlich. Hier verwendet man lieber *finster*; das alte bairische Wort *dumpa* dagegen ist nahezu vergessen. Nur im bairischen Weihnachtslied hat es überlebt: *Es werd scho glei dumpa, es werd scho glei Nacht…* Dieses bairische *dumpa* hängt mit der lateinischen *tumba*, der *dumpfen*, dunklen Gruft zusammen, ebenso mit dem *Dimpfe*, dem norddeutschen *Tümpel*. Nein, kein Widerspruch: Nicht einmal der größte altbayerische Bierdimpfe kennt ein *Dunkles*. Das Bier war früher

Tunke

dunkel, dumpa

Dunkles

Dimpfe, Tümpel

braun oder einfach ein Bier. Was heute von den Brauereien als Dunkles verkauft wird, hat leider immer seltener die althergebrachte goldbraune Farbe. Meistens ist es ein ordinäres Export, das mit Färbemalz fast schwarz gefärbt wird. Aber das nur nebenbei.

Tunken und Tünchen

Zurück zum Tunken: Nicht zuletzt hat auch das *Tünchen* was damit zu tun. Da werden die Wände in neue Farbe getaucht. In Baiern verwendet man aber auch das Wort *tünchen* nicht. Weil:

Tünchen statt weißen
tean in München de Preißen.
Miar in Baiern hern
s gern, wenn dWend gweißelt wern.

Dazu tunkt man nicht, sondern taucht den Pinsel, bairisch *Pembsel*, wenns unbedingt sein muss, auch in *Mittelmeerblau* und *Toskanarot* (aber nur, wenns unbedingt sein muss!). Dieses *Tauchen* ist wiederum verwandt mit dem *Taufen*. Da wird ja auch untergetaucht. Der gotische Vorgänger des Worts heißt *daupjan*; und auch das Wort *Ducken* gehört in diese Familie. Das *Duckenterl* taucht ja auch.

tauchen, taufen, ducken

Ebenfalls mit *Tauchen* und *Taufen* ist das hochdeutsche Wort *tief* verwandt. Auf norddeutsch-niederdeutsch heißt das *diep*. Von dem niederdeutschen *diep* wiederum stammt das *Tippen* ab, ebenso das *Stippen* und das englische *deep*. Womit wir dann beim *Dip* wären und beim *Dippen*. Wobei – mag es auf den ersten Blick auch noch so gut zusammenpassen – das schöne bairische Wort *Deppen* mit dem *Dippen* gar nichts zu tun hat. Auch, wenn er ein *Haubentaucher* ist – der *Depp* kommt nicht vom *Tauchen*. Er heißt so, weil er *tappig* ist.

tief, Dip

tippen, stippen, dippen

Depp

Wenn der Bock stesst

Selbstverständlich darf man beim Stichwort *Baiern* nicht nur ans Essen, man muss auch ans Trinken denken und da liegt natürlich auch das Stichwort *Bier* nicht weit. Wobei Baiern, auch der bairische Süden Bayerns, noch bis weit in die Neuzeit eigentlich ein bekanntes Weinland war, und das Bier sich erst spät als das bayerische Hauptgetränk durchgesetzt hat, weil es in den 350 Jahren von etwa 1500 bis 1850 immer kälter geworden ist und damit der Wein immer sauerer. Das Bier jedenfalls war früher keine ausgesprochen bayerische Spezialität. Nicht einmal das heutzutage berühmte bayerische Bockbier.

Bockbier

Dabei handelt es sich nämlich ursprünglich um *Einböckisch Bier* aus Einbeck bei Hannover. Genauso wie man *Pilsner Bier* zum Bier aus Pilsen sagt. In Baiern ist das *Einbeck* verballhornt worden zu *Oabok*. Die Biertrinker haben draus aber schon im 17. Jahrhundert oft den *Bock* gemacht, weil sie sich eben nicht mit *einem* Bock zufrieden geben wollten, auch nicht, wenn es ein Doppelbock war.

Bockbierzeit und Starkbierzeit

In Baiern nennt man die Starkbierzeit heute gern *die fünfte Jahreszeit*. Wobei es nicht von vornherein ausgemacht war, dass die Starkbierzeit die Fastenzeit sein muss. Beim Johann Andreas Schmeller heißt es nämlich unter dem Stichwort *Bock*: *Die kurze, aber rauschende Epoche, die dieses Getränk, besonders bey den mittleren Volksklassen Münchens, jährlich macht, tritt gewöhnlich um die Zeit des Fronleichnamsfestes ein.* Wir kennen ja heute noch den Maibock. Die erste Erwähnung des Bockbieres aber, die war tatsächlich in der Fastenzeit des Jahres 1553. Da wurde am zweiten März der Transport von Bockbier in die beiden bayerischen Hauptstädte München und Landshut genehmigt.

Das Brauen von Bockbier war wegen seiner ursprünglich ausländischen Herkunft am Anfang ein herzogliches Vorrecht. Ähnlich wie beim Weißbier aus Weizen durfte Bockbier nur in Staatsbrauereien ausgeschenkt werden. Das Brauen von *Starkbier*, also extra starkem Märzen, war dagegen auch den Klöstern und Privatbrauern erlaubt. Deswegen sind der *Salvator* und alle anderen *Atoren* Starkbiere, aber keine Bockbiere. Auch, wenn der Unterschied heute kaum mehr jemand bewusst ist, handelt es sich ursprünglich um zwei ganz getrennte Biere, die gleichwohl viel gemeinsam haben. Vor allem, was die Stärke angeht. Denn was wird man vom Starkbier? Außer rauschig? Stark!

stark

Dieses kleine Wort *stark*, das hat es stark in sich. *Kräftig* im Sinn von *muskulös* kann es heißen, aber auch *dick*. Nicht nur Bierliebhaber können *stark* sein, auch Mauern zum Beispiel. Andererseits – auch wenn einer ein *starker Esser* ist, muss der deswegen nicht stark werden – weder muskulös noch dick. In *stark* steckt die indoeuropäische Wurzel *star(r)-* oder *ster(r)-* drin. Und da könnte es auch sein, dass die Münchner Paulaner-Mönche, die ja bekanntlich als erste das Starkbier *Salvator* gebraut haben, sich einen Spass erlaubt haben. Im Mittelhochdeutschen hat ein Geißbock nämlich *Stär* geheißen. Weil er oft so bockbeinig, so bockstarr dasteht. Und weil die Mönche, wie gesagt, kein Bockbier brauen durften, haben sie eben ein *Stär-Bier*, ein Starkbier gebraut.

indoeuropäische Wurzel star(r)- oder ster(r)-

der Stär

Starr oder *stärr* ist im Übrigen alles, was *fest, kraftvoll, unbeeinflussbar, unbeweglich* ist. Griechisch *stereos* heißt *fest, (im Raum) verankert;* über das Gotische ist das Wort ins Bairische und von da ins Allgemeindeutsche eingedrungen. Seitdem sind Muskeln *starr* oder *stark*, heißt ein Festmeter Holz *Ster* und ein Dickschädel ein *Stur-Kopf*. Auch eine Leiche kann in Baiern bekanntlich *gstarrat* sein. Schließlich steckt auch im Tätigkeitswort *ster-ben* das *stär* oder *ster* drin. Womit wir wieder beim Bier wären – grad beim Starkbier; Stichwort: Bierleiche.

Stereo, Ster, gstarrat, sterben

Lecker derbleckt

blecken, derblecken

Aber wir wollen jetzt nicht zum Blecken anfangen. Obwohl man zugeben muss: das *Derblecken* gehört ja irgendwie zum Starkbier. *Blecken*, das heißt im Mittelhochdeutschen ursprünglich aufblitzen lassen, kurz entblößen und ist das ganze Mittelalter hindurch meistens in unschicklichem Zusammenhang gebraucht worden ist. So rät, Schmeller zufolge, der Teufel dem schönen Weib:

Die weiße Brust lass unbedeckt,
dass sie obnaus bleckt.

Wenn einer die Zunge bleckt, dann entblößt er sie meistens relativ kurz. Auch Knie können unter dem Rock hervorblecken. Der *Blitz* und der *Blick* hängen mit *blecken* zusammen – der Augenblick blitzt ja auch nur auf. Blick, Blitz

Beim Derblecken schließlich wird in überraschender und entwaffnender Weise die Wahrheit entblößt. Wenn einer *derbleckt* wird, dann wird er bloßgestellt, den bleckenden Blicken der Zuschauer ausgesetzt. Sowas *braucht schon vertragen*, wie man in Baiern sagt. Kein Wunder, wenn sich da die Großkopferten mit starkem Bier betäuben müssen. Denn wenn einer nach dem Starkbierderblecken bockig wird – sowas mögen die Baiern gar nicht.

Die Vorsilbe *der-* wie in *derblecken* ist übrigens nur in Baiern bekannt. Außerhalb gibt es nur *er-* oder *ver-*. Das bairische *der* kann *er* und *ver* ersetzen, aber auch ganz eigenständig auftreten. Also: *Erleben* im Sinn von *nicht vorher sterben* heißt auf bairisch *derleben*, *verdursten* heißt *derdursten*, etwas *packen* heißt etwas *derpacken*. Vorsilbe der-

Wobei die Vorsilbe *der-* eher den totalen Charakter einer Handlung ausdrückt: Etwas *erreichen* im Sinn von *auf Zehenspitzen die Zimmerdecke erreichen*, wird im bairischen mit *derglangen* ausgedrückt. Wenn ich etwas derglang, dann hab ich es voll und ganz. Wenn nicht, dann eben nicht. Wenn ein Baier etwas nicht mehr *derpackt*, dann packt er es überhaupt nicht mehr. Wenn er eine Katz *derfahrt*, dann hat er sie vermutlich *über-fahren*, dabei vielleicht eine neue *Er-fahrung* gemacht, sie in jedem Fall aber voll und ganz totgefahren. In diesem Sinn heißt *derblecken* eben *ganz und gar* oder *von oben bis unten bloßstellen*.

Typische Fälle von gedankenloser Sprachpanscherei: Wenn überhaupt müsste es Leckere Brotzeit oder Leckere Fleischpflanzl heißen. Abgesehen davon aber kann ein Baier auf lecker locker verzichten

Wie gesagt: Im Rest Deutschlands kennt man die Vorsilbe *der-* nicht, weshalb dort manche, wenn sie *derblecken* lesen, meinen, das käme vom *derb lecken*. Was aber ein Schmarrn ist – sowohl, was den ersten Teil, wie auch, was den zweiten Teil des Wortes angeht. Denn das Wort *lecken* ist in Baiern eher ungebräuchlich. Hier kennt man nur *schlecken*.

Keine Frage: Die beiden Wörter sind miteinander verwandt. Allerdings ist schon wegen dem *schl-* im Anlaut *schlecken* ungleich lautmalerischer als *lecken*. Und weil die Baiern generell für eine plastische Sprache viel übrig haben, ist das lautmalerische *schlecken* hier nahezu ausschließlich im Gebrauch. Der Normalbaier kennt das Wort *lecken* nur vom Lesen. Kein Baier würde sich hochliterarisch *seine Wunde lecken*. Auch ein bairischer Hund schleckt an seinem wehen Haxen und unsereins *zuzelt* höchstens einen Wepsenstich aus.

schlecken, lecken

Zum unvermeidlichen *Götz von Berlichingen* gilt es darüber hinaus Folgendes auszuführen: Der historische Götz war ein Franke und damit kein Baier. Und der Goethe, der dem Götz das Kraftzitat in den Mund gelegt hat, war gebürtiger Hesse. Übrigens heißt es im Götz, 3. Akt, 17. Aufzug: Er kann mich *im* und nicht *am*. Aber das bloß nebenbei; und egal wo – für ausgesprochen lecker wird das nicht einmal der alte Goethe gehalten haben!

Lecker kommt eindeutig von *lecken*. Weil das Lecken aber in Baiern völlig ungebräuchlich ist, kann der Baier das Wort lecker auch nicht verwenden. Wenn jetzt trotzdem immer mehr Leute in Baiern *lecker* sagen, dann hat das vielleicht seinen Grund darin, dass sie vielleicht nichts Gscheites zum Essen kriegen. *Fast Food* ist ja nur *fast* genießbar. An die Erzeugnisse der großen bairisch-österreichischen Küche wird im Allgemeinen nicht nur ein bissel hingeschleckt.

lecker

Fassen wir zusammen: *ausgezeichnet, exquisit, vorzüglich, guat, gschmackig, großartig* – aber *lecker*?! Gottseidank gibt es noch Leute in Baiern, die etwas schlicht *gut* finden und nicht *lecker*.

Für die ist dieses neue Wort, das ursprünglich im nordwestdeutschen und niederländischen Sprachraum daheim und über eine aggressive Müesliwerbung bei uns bekannt geworden ist, bloß *eine Mehlspeis zum Umhängen*. Und sowas schmeckt einem Baiern von Haus aus nicht.

Weil die Baiern gern derblecken – nicht nur beim Starkbier – und gleichzeitig sangesfreudig sind, haben sie Liedformen entwickelt, die witzig sind und sich häufig mit den Eigenarten und Unzulänglichkeiten des Mitmenschen auseinandersetzen.

Gstànzl, Schnåderhüpfl

Die Rede ist selbstverständlich von *Gstànzln* wie sie der unvergessene Roider Jackl früher beim Nockherberg gesungen hat. Manche sagen zu diesen Vierzeilern mit überraschender oder witziger Wendung zum Schluss auch *Schnåderhüpfl*. Dabei würd kein rechter niederbayerischer Hochzeitslader behaupten,

Progråder

dass er *Schnåderhüpfl* singt. Ein *Progråder* (von lat. *procurator = Beauftragter, Verwalter, Geschäftsführer*) singt Gstànzl. Also muss es doch einen Unterschied geben, oder?

Der Johann Andreas Schmeller meint, dass das *Schnåderhüpfl* ursprünglich ein *Schniederhüpfl* war, ein *Tanz der Schnitter*, der Erntehelfer, woraus dann die bekannte vierzeilige Liedform geworden ist. Auf der anderen Seite könnte es schon auch sein, dass das Schnattern was damit zu tun hat, weil es ja oft ein rechts *Gschnåder* ist, was da fabriziert wird. Eindeutig erklären aber lässt sich der Ausdruck nicht. Beim *Gstanzl* is des ganz anders: *Stanza* ist italienisch und heißt sowohl *Zimmer* als auch *Strophe*. Eigentlich meint *stanza* immer eine Abteilung von etwas größerem; und tatsächlich: Ein *Gstanzl* allein is gar nix. Es müssen immer mehrere sein.

Da trifft es sich, dass sowohl das *Gstanzl* wie das *Schnåderhüpfl* von der Musiktheorie mit einem Fremdwort aus dem Franzö-

Couplet

sischen als *Couplet* bezeichnet wird: *Couple* heißt das *Paar*, die *Verbindung*, und tatsächlich handelt es sich ja beim Couplet um Vierzeiler mit je zwei Reimpaaren, ähnlich wie bei den Schnåderhüpfeln und den Gstanzln. Aber während das Couplet, wie zum Beispiel die berühmte Moritat vom *Fensterstock-*

hias, immer eine durchgängige Geschichte erzählt, wechseln die Schnåderhüpfeln und die Gstanzln die Themen.

Dabei ist das freche, bleckerte Gstanzl eher in Niederbayern daheim und wird aus dem Stegreif im offenen Schlagabtausch formuliert, das bravere Schnåderhüpfl dagegen gilt als eher oberbayerisch und wird in der Regel vorher ausstudiert und dann vorgetragen.

Vielleicht ist der Roider Jackl, der aus Weihmichl bei Landshut stammte und in Freising gelebt hat, also im Grenzland zwischen Ober- und Niederbayern, deswegen so berühmt geworden, weil er bei der Fernsehübertragung vom Nockherberg-Derblecken eine Mischform zwischen *Gstànzln* und *Schnåderhüpfln* gesungen hat. Eigentlich waren es *Schnåderhüpfl,* die er sich vorher ausgedacht hat. Die waren im Vortrag aber so frech, wie nur *Gstànzl* sein können. Alles klar?

Von glücklichen Gickerln und dummen Puten

Natürlich ist die große bairisch-österreichische Küche mitnichten eine vegetarische Küche. Eine wichtige Rolle auf Tischen und Tafeln spielt beispielsweise das Geflügel. Aber bei diesem Thema stellt sich natürlich die Frage, wie es richtig heißen muss in Baiern: *Gockel, Gickel* oder *Hahn, Hendl, Huhn* oder *Giggerl*?

Gockel, Gickel, Gockerl, Gickerl

Gockel oder *Gickel* ist prinzipiell das gleiche Wort. Es geht zurück auf den Ruf, das *gogg gogg gogg,* mit dem der Gockel seine Hühner zusammentreibt. *Gickerl* oder *Gockerl* ist die Verkleinerungsform davon, der kleine Hahn, das norddeutsche *Hähnchen.* Und nur der Gickerl, in manchen Gegenden auch *das* Gickerl, wird gegessen. Ein *Huhn,* bairisch eine *Hen,* dagegen ist weniger zum Verzehr als zur Produktion von Eiern bestimmt. Freilich: Man könnte auch ein zartes junges *Hühnchen* essen, aber das hätte man früher nie getan, weil man ja Eier gebraucht hat und Gickerl genug da waren – etwa die Hälfte der bairischen *Biberl* oder *Singerl.* Warum aber essen

Huhn, Hen

Biberl, Singerl

Schon in der Steinzeit wurden Röhrenknochen mit Gelenkkugel als Hammer benutzt. Was dem Norddeutschen die Keule ist (= hängt zusammen mit Kugel) heißt im Süd- und hochdeutschen Schlegel (von schlagen). Bei Geflügel sagt man aber eher Haxe.

dann die Wiener(wälder) ein *Hendl*? Ganz einfach: das *Hendl* ist natürlich ein *Hähnl*, sprich ein *Hähnlein*, mithin ein männliches Tier, das man sich sorglos schmecken lassen kann. Hendl, Hähnl

Übrigens: Auch *Biberl* und *Singerl* sind lautmalerische Wörter. Darin hört man die dottergelben Viecherl richtig wuseln. Standardsprachlich heißen die kleinen Dinger heutzutage überall bloß noch *Küken*, obwohl das ein absolut nieder- und norddeutsches Wort ist. Das korrekte hochdeutsche Wort ist *Küchlein*. Das hat den gleichen Stamm wie *Kuchen*, *Küche* und *kochen*. Denn die Eier der Küchlein müssen ja mit Wärme behandelt werden, damit was draus wird. Nicht umsonst waren die Singerl früher oft in der Holzschublade vom Küchenherd drin oder in einer eigenen Steige unter der Bank am Kachelofen. *Küken* dagegen ist lediglich die niederdeutsche Dialektform von *Küchlein*. Sie erinnern sich: Lautverschiebung! Im Hochdeutschen wird das *k* zum *ch* verschoben. In Nord- und Niederdeutschland dagegen bleibts beim *k*. Das sagt man ja auch immer noch *Maker* statt *Macher*.

Küken und Küchlein

Vom kleineren Federvieh zum größeren. Wer weiß schon, wies richtig heißt: *Truthahn* oder *Pute*? Die allermeisten Leute glauben, das standardsprachliche Wort sei *Pute* und *Pute* sei auch bairisch. *Truthahn* dagegen klingt vielen bairischen Ohren schon so fremd, dass sie glauben, das sei das norddeutsche Wort. Tatsächlich ist es gerade umgekehrt. Der *Truthahn* ist süd- und hochdeutsch, die *Pute* dagegen eindeutig ein Produkt der Nord-Schnute.

Truthahn und Pute

Das ursprünglich niederdeutsch-holländische Wort *Pute* ist die Bezeichnung für eine Truthenne. Der Truthahn ist der *Puter*. Und der macht immer *put put put*. Wer also *Pute* sagt, der kann zum Auto ebenso *Töff Töff* sagen. Im hochdeutschen *Truthahn* dagegen, da steckt das Wort *drohen* drin, weil sich der Vogel so gern *aufmandlt*, wie die Baiern sagen. Was ein richtiger Baier ist, der hat davor aber keinen Respekt. Weswegen er zum Truthahn ganz anders sagt: *Pipkauderer* oder *Pipgockel* oder *Piphen* – Bezeichnungen, die kaum einer mehr kennt.

Pipkauderer, Pipgockel, Piphen

gàch

die Pipp(e)n

Kauderer

Mit *Pipkauderer* bezeichnet man in Baiern übrigens nicht nur einen Truthahn, sondern einen aufbrausenden Menschen, einen, der *gagiftig*, also *gàch giftig* ist. Die Norddeutschen haben aus diesem schönen alten Wort *jäh zornig* gemacht. Das verdrängt das hochdeutsche *gàch* immer mehr. Im *Gasteig* = *Gacher Steig* = *steiler Weg* steckt es noch drin. Aber da meinen mittlerweile selbst die meisten Münchner man müsse *Gas-teig* trennen. Zurück zum Truthahn, respektive zum *Pipkauderer*. Die *Pippn*, das sind die roten und blauen Fleischsackerl am Kopf, die ausschauen wie eine *Pippn*, eine *Pfeife*. Lateinisch *pipa* heißt *Rohr*, *Pfeife*, *Nase*. Daher kommt auch die *Rotzpippn*. Und *Kauderer* heißt in Baiern der Marktschreier. Weil sowohl Pipgockel als auch Piphen so lautstark auftreten, sagt man, egal, ob man Mandl oder Weiberl meint: *Pipkauderer*. Ein schönes, traditionsreiches Wort – um wieviel treffender und bezeichnender als die simple Töff-Töff-Pute!

Pfauhen,
Welschgockel,
Türkengockel,
Indian

Ja, auch *Pfauhen* hat man früher zu dem Vogel gesagt, weil der Truthahn ein Rad schlägt wie der Pfau; auch die Bezeichnungen *Welschgockel* und *Türkengockel* (= engl. *turkey*) gibt es, und, nach seiner Herkunft aus Amerika, auch *Indian*. So heißt er noch in alten noblen Herrschaftskochbüchern: *Nachdem man dem Indian den Kopf abgehackt, laeßt man ihn gut ausbluten, rupft ihn sogleich ab, solange er noch warm ist…* So, und ganz auf die Letzt: Haben Sie schon einmal gehört, dass die Amerikaner zu Weihnachten eine *Pute* braten? Nein, da, komischerweise, übersetzt selbst der ansonsten gedankenloseste Sprachpantscher korrekt hochdeutsch *Truthahn*.

Stierkampf gegen die Bullen

Ganz ähnlich wie dem *Truthahn* geht es dem guten alten hochdeutschen *Stier*. Er wird immer mehr verdrängt von dem nord- und niederdeutschen Bullen. Unsere bairischen Landwirte lassen heutzutage kaum mehr ihren Stier, sondern praktisch ausschließlich den *Zuchtbullen* hupfen und betreiben überhaupt die *Bullenmast*. Überall auf Speisekarten kriegt man mittlerweile das *Fleisch von einem bayerischen Weide-*

bullen. Kein Wunder, wenn da auch die selbstbewusstesten Baiern unsicher werden.

Stier ist ein uraltes Wort für das männliche Rind, dessen Herkunft sich im Dunkel der indoeuropäischen Geschichte verliert. Vermutlich handelt es sich um ein Lehnwort aus einer vorindoeuropäischen Sprache. Schon die alten Assyrer haben den *šuru* gekannt, die Phönizier den *thor*, die antiken Perser haben *tarb* gesagt, die Griechen *tauros*, lateinisch heißt es *taurus*, gotisch *stiur*, spanisch *toro* und so weiter. Ein gesamteuropäischer Ausdruck mit Fug und Recht: Bekanntlich hat sich der altgriechische Gott Zeus in einen *tauros*, einen Stier verwandelt und die Prinzessin *Europa* über das Meer in das Land getragen, das nun nach ihr benannt ist: Europa. Stier

Der *Bulle* dagegen ist ursprünglich nur ein salopper Nebenbegriff zum Stier. Er kommt nur in den niederdeutschen Sprachen (einschließlich Englisch) vor. Das Wort hat mit dem griechischen *phallos* = *Holzpfahl, Schwellkörper, männliches Glied* zu tun. Weil in der Antike noch das griechische *ph* noch *bh* ausgesprochen wurde, hat das Wort eine zahlreiche indoeuropäische Verwandtschaft, zu der im Hochdeutschen der *Pfahl* genauso gehört wie der *Ball*. Mehr muss man dazu wohl nicht erklären. Merken Sie sich einfach: Der *Bulle* heißt deswegen so, weil er *Bällchen*, bairisch *Bållerl* (sprich: *Boierl*) hat. Die bairische Entsprechung zum Bullen wäre der *Bummerl*, ein Wort, das mit *baumeln* und mit *Bommel* zusammenhängt, also genauso auf den kleinen Unterschied zwischen Kuh und Stier abhebt. Ganz ähnlich geht es dem *Büffel:* Griechisch *bous* (das Wort steckt auch in *bouthyron* = *Butter*) hat zunächst *Stier Kuh* und *Rind* gleichermaßen geheißen. Später hat man für den Stier zur Unterscheidung von der Kuh an das *bous* ein *phallos oder ballos*, hingehängt. Aus diesem *bubalos* wurden der *lateinische bufalus* und der italienische *bufalo* genauso wie der deutsche *Büffel* – ebenfalls ein Nebenbegriff zum Stier. Bulle Bållerl, Bummerl Büffel

Halten wir fest: Das eigentlich hochdeutsche Wort ist der Stier, der Bulle dagegen bloß ein niederdeutscher Dialektausdruck, der sich von Brüssel und Berlin ausgehend mittlerweile auch im Bayerischen Landwirtschaftsministerium und darüber hinaus breitgemacht hat. Gottseidank aber ist der Widerstand noch nicht ganz aufgegeben. Unvorstellbar (noch) ein *Bullenkampf* in Spanien. Auch zu einem Polizisten darf man niemals *Bulle* sagen. Ganz im Gegensatz zu Berlin, wo es geduldet wird, fassen bayerische Polizisten das immer noch als Beleidigung auf. Wobei man, offen gestanden, keinesfalls sicher sein kann, dass man mit *Stier, Biffe* (= *Büffel*) *oder Bummerl* ungeschoren davonkommt.

Wer vor Keksen platzt, ist selber schuld!

Das englische Wort für Kuchen, Gebäck, Einzahl *cake*, Mehrzahl *cakes* ist erst um die Wende vom 19. zum 20. Jahrhundert hierzulande eingewandert. Maßgeblich daran beteiligt war in

Keks, Cakes

Baiern die *Landshuter Biscuits- und Cakes-Fabrik*, die, wie es vor hundert Jahren in einer Zeitungsannonce geheißen hat, auf die *Fabrikation englischer Biscuits, Cakes und aller Sorten Waffeln* spezialisiert war. Die Firma gibt es heute noch, und auch wenn da mittlerweile Schoko-Nikoläuse und -Osterhasen gemacht werden, sagen die Landshuter immer noch, sie arbeiten *in der Keks*. Für ihre Platzl aber sagen die Landshuter, wie alle Baiern, nach wie vor *Platzl*. Nur die Norddeutschen haben, wie gesagt, die Plätzchen, wie so vieles, was mit der jahrtausendealten südlichen Kultur zu tun hat, ursprünglich nicht gekannt. Und so ist das englische Mehrzahlwort *cakes, die Kuchen*, als *der Keks*, Einzahl, da hängen geblieben und eingedeutscht worden. Und wenn die Norddeutschen Einzahl *Keks*, Mehrzahl *Kekse* sagen, dann ist das doppelt gemoppelt, weil *cakes* schon Mehrzahl ist. Die Landshuter und alle restlichen Baiern sagen in der Einzahl wie in der Mehrzahl richtig *Keks*.

Plätzerl, Platzl, Plätzchen

So. Jetzt müssen wir nur noch schauen, woher das Wort *Plätzerl, Platzl, Plätzchen* kommt. Naheliegend wäre, dass die Platzl so heißen, weil man an Weihnachten zuviel davon isst und dann – platzt man. Eine lustige, aber leider nicht zutreffende Worterklärung.

Platz kommt vielmehr aus dem Lateinischen. *Placenta* hat bei den Römern das kleine flache Gebäck geheißen. Die Ärzte meinen heute mit dem Begriff was anderes, Tatsache ist aber, dass es sich dabei um ein ganz altes Wort handelt. Schon die Römer haben das Wort ihrerseits von den Griechen eingeführt: *plazo* heißt da: *ich schlage breit*. Der breite *Platz* kommt davon genauso her, wie das kleine flache Gebäck.

Man könnt auch so sagen: Zum Weihnachtsgebäck, weil es da so feierlich zugeht, sagen wir lateinisch *Platz, Platzl*. Das ganze Jahr über heißen wir die anderen flachen, breitgedatschten Kuchen, ob süß oder sauer, *Datschi*. Ebenfalls ursprünglich ein lateinisches Wort, das ausschließlich zum südlichen Deutsch gehört und im Norden völlig ungebräuchlich ist. Es geht zurück auf lateinisch *tangere = berühren, schlagen, prellen*. Spätlateinisch-romanisch wurde dann *tactiare* draus und schließlich der *Datschi*, das *Datschen* und auch das standarddeutsche *Tätscheln*.

Datschi, datschen

So. Und jetzt wissen Sie, was Sie einem jener Gscheitmeier antworten müssen, die den Baiern in schöner Regelmäßigkeit irgendwelche Gschichterl aus dem sogenannten Hochdeutschen vormachen wollen. *Platzl, Plätzchen* ist hochdeutsch! Genauso wie unser *Zwetschgendatschi*. Da wirds bestimmt noch eine Zeitlang dauern, bis der umbenannt wird in *Pflaumenkeks* oder so.

Immer wenn es um das Platzlbacken geht, hat ein bestimmtes Küchengerät Hochkonjunktur: Der Nudelwalker. Aber wer kennt den heute noch? Weder der bairische *Nudelwålkler* (sprich: *Nulwåigla*), noch der hoch- und standarddeutsche *Nudelwalker* erfreuen sich zum bairischen Leidwesen allzu großer Bekanntheit. Manche glauben gar, den *Nudelwålkler* auf einen wie auch immer gearteten *Nudelwickler* oder eine *Nudelmaschine* zurückführen zu müssen. In aller Munde dagegen sind das *Nudelholz*, der *Nudel-* oder *Teigroller*. Wobei *Holz* eine etwas ungenaue Bezeichnung ist – könnt ja auch viereckig sein, ein Holz und deswegen zum Auswalken des Teigs vollkommen

Nudelwalker und Teigroller

unnutz. Uns interessieren hier der *Walker* und das *Walken*, das ja auch im *Walkjanker* drin steckt.

indoeuropäische Vorsilbe wal-, wol- oder wel-

Mit dem *Walken* sind wir nämlich bei einem uralten Wortstamm. Die indogermanische Vorsilbe *wal-*, *wol-* oder *wel-* markiert ursprünglich alles, was sich bewegt, hin und her oder im Kreis. Hierher gehört das lateinische *vol-vere*, was soviel wie *wälzen*, *rollen* bedeutet. Die *Revolution* ist ja die *Umwälzung*, der *Revolver* hat eine Patronenwalze. Die deutsche *Wal-ze* selbst und der *Wälzer* gehören dazu, aber auch die *Wol-ke*, die sich über den Himmel wälzt. Und nicht zuletzt steckt der Wortstamm auch in der *Wel-le* drin. *Walken* also heißt *hin und herrollen*, *kneten*. Das tut man beim *Teigwalken* genauso wie beim *Wolle walken* – heutztage sagt man dazu modisch *filzen*. In alten hochdeutschen Bibelübersetzungen, die der Johann Andreas Schmeller zitiert, heißt es im Osterevangelium: *Wer walget uns den stain ab dem grabe?*

walken, walzen, Wolke, Welle

Wer beim Walker beispielsweise auch an den *Nordic Walker* denkt, der ist gar nicht so schief gewickelt. Auch das englische *to walk* für *gehen* gehört zu der Wal-Wol-Wel-Familie. Denn beim Gehen bewegt man nicht nur die Beine hin- und her, sondern man geht irgendwo hin, und meistens auch wieder zurück. Erinnern Sie sich an Goethes Zauberlehrling? *Walle, walle manche Strecke* heißt es da. Auch der *Wallfahrer* geht wo hin und anschließend wieder heim. *Nudelwalker* also ist ein altehrwürdiges Wort mit viel Geschichte und riesiger Verwandtschaft. Über so armselige Bürokraten-Ausdrücke wie Nudelholz, Teigroller und Konsorten, kann ein selbstbewusster Sprecher, und das muss nicht immer nur ein Baier sein, nur lachen – und sich am Boden *wålgeln*.

Wallfahrer

Dein Mund sei voller Kraut und Rüben!

Zur bairischen Küche gehören selbstverständlich auch Kraut und Rüben. Da aber geht es mittlerweile Kraut und Rüben durcheinander, was die rechten Bezeichnungen dafür angeht. Soweit sind wir uns in den meisten Fällen immerhin noch einig: *Sauerkohl*, sowas gibt's in Baiern nicht. Nur bei Wilhelm Buschs Witwe Bolte vertragen wir es, dass sie *von dem Sauerkohle aus dem Keller sich was hole*. Obwohl er Max und Moritz in München geschrieben und gezeichnet hat, stammte Busch schließlich aus dem niederdeutschen Wiedensahl im Schaumburger Land.

Sauerkohl, Rotkohl, Sauerkraut, Rotkraut, Blaukraut

Also gut, *Sauerkohl* ist bei uns ungebräuchlich. Noch. Viel häufiger kann man dann schon *Rotkohl* hören oder auf bairischen Speiskarten lesen. Dabei ist auch da ganz klar, wie es richtig bairisch heißt: *Blaukraut*. Aber damit hört es sich dann auch schon auf mit den Krautfarben – in Baiern zumindest. Den *Grünkohl* gibt es nur bei den norddeutschen *Pinkeln* – und da soll er auch bleiben. Wobei wir die bundesdeutsche Zeitgeschichte ganz elegant auslassen, weil einen *Schwarz-Kohl* gibt es nicht einmal im Norden. Soviel aber dürfte jetzt klar sein – ganz unpolitisch: Einen Kohl gibt es im Süden nicht, nur das Kraut in allen möglichen Variationen.

Kraut

Kraut ist ein indoeuropäisches Wort. Es hängt zusammen mit *grün* und *Grund* und dem englischen *to grow*. Aus dem Grund gehört es zu den ältesten Bestandteilen unserer Sprache. Alles was sprosst und für den Menschen gesund ist, ist danach ein *Kraut*. Alles was nicht für den Menschen taugt ist demzufolge *Un-Kraut*. Und die Mehrzahl von *Kraut* ist auch bekannt: *Kräuter*. Mit dem Kohl können Sie das alles nicht machen. Es gibt keinen *Unkohl* und *Köhler* ist nicht die Steigerung von *Kohl*, sondern ein Beruf oder Bundespräsident. Aber die Politik wollten wir ja auslassen. So. Damit vom Kraut zu den Rüben.

Gelbe Rüben

Auch da nichts wie Kraut und Rüben auf den Speiskarten: Gelbe Rüben? Karotten? Möhre? Mohrrübe? Vier Wörter mit gleicher Bedeutung. Aber in Baiern ist es nicht gleich, was man sagt. Bairische *Gelbe Ruam* haben mit einem Mohren nichts zu

Kohl ist ein altes hochdeutsches Wort (von lat. caulis). Das Bairische bevorzugt aber die Bezeichnung Kraut (Weißkraut, Blaukraut) oder benutzt spezielle Namen: Karfiol (= Blumenkohl; vgl. ital. cavolfiore) oder Brockerl (= Rosenkohl)

tun. Woher die Wörter kommen, ist unklar, fest steht lediglich, dass *Möhre* oder *Mohrrübe* in Altbayern unmöglich ist. Auch die französische Bezeichnung *carotte* wollen wir nicht eindeutschen. Wir bleiben bei Gelbe Rüben, weil wir Süddeutschen eine ganze Reihe von Rüben unterscheiden. Neben den Gelben die Weißen Rüben vom Acker, auch *Bayerische Rüben* genannt. Man macht draus, ganz besonders im Dachauer Land, den *Rübentauch*. Früher war auch das süße *Rübenkraut* als Brotaufstrich bekannt. Der Zuckerrübensirup von der Zuckerrübe ist dagegen erst gut hundert Jahre alt.

Rote Rüben, Ran(n)en

Zuletzt gibt es noch die *Roten Rüben*. Auf bairisch *Roude Ruam*, oder mit dem süddeutschen Spezialwort *Ran(n)en*, bairisch *Rana*. *Rana für Mana* heißt es in Altbayern oder: *Wie am Acker seine Ruam san am Vater seine Buam*. Bloß in Baiern schlagen die Buben mittlerweile ganz aus der Art, reden nur noch selten so wie der Vater; und die Frauen von diesen Buben finden es ganz in Ordnung, statt sich die Rana auf erdbraunen Beeten im Garten selbst anzubauen, *Rote Beete* einzukaufen. Aber wer bitte isst Beete? Die lateinische Rübe *beta* hat mit einem *Beet* nichts zu tun! Zur Rübe sagen die Botaniker nämlich *beta vulgaris*. Und die Ranen übrigens sind eng verwandt mit der *Runkelrübe* fürs Vieh und der Zuckerrübe. Die Wörter *Rane* und *Runkelrübe* kommen beide vom alten botanischen Beiwort dieser Rüben: *beta ranuncula*. Wenn aber schon *Rote Bete*, dann mit einem *e*.

Wenn die Weichseln sauer tragen

Mit der Sprache ist es wie mit der Liebe – sie geht, wie eigentlich unser ganzes Leben, durch den Magen. Deswegen sind unsere Bezeichnungen für alle Arten von Gemüse, Obst und dergleichen auch so vielfältig. Das erste Obst des Jahres ist die Kirsche. Wobei kein rechter Baier jemals *Kirsche* sagt, denn bairisch hat es selbstverständlich allerweil schon *Kersch* geheißen. Wo sonst kämen denn Familiennamen her, wie der von dem bekannten bayerischen Pädagogen Georg Kerschensteiner, nach dem manche Schule und Straße in Baiern benannt

Kersch und Kirsche

Die alte hochdeutsche Bezeichnung Weichsel hängt eng zusammen mit italienisch visciola (= Sauerkirsche). Mit mehr bairisch-hochdeutschem Selbstbewusstsein könnte man sich die Umschreibung Sauerkirschen sparen

ist? Und der berühmte *Brandner Kaspar*, dem es, gewissermaßen stellvertretend für alle Baiern, erlaubt war, *ins Paradies zu schauen*, könnt den Tod nicht überrumpeln ohne *Kerschgeist*!

Warum es bairisch *Kersch* heißt, leuchtet vollkommen ein, wenn wir, wie so oft, das bairisch-antike Erbe betrachten: griechisch *kerasion*, lateinisch *cerasium*, bairisch K*ersch*. Aber nur die süßen Kirschen sind Kersch. Die sauren heißen in ganz Süddeutschland und Österreich, also im Hochdeutschen, ganz anders: *Weichseln*. Die Weichseln, zu denen Schreibbürokraten umständlich erklärend *Sauerkirschen* sagen, kommen wortgeschichtlich ebenfalls aus dem Lateinischen. *Viscum* bedeutet ursprünglich *Vogelleim*.

Weichseln und Sauerkirschen

Der Vogelleim nämlich wird aus der Holzkirsche gewonnen. Als die Römer im zweiten Jahrhundert nach Christus die saure Kirsche in die Provinz zwischen Donau und Alpen eingeführt haben, da haben die keltoromanischen Vorfahren der Baiern den Namen der Holzkirsche auf die neue Obstsorte übertragen und sie auch *viscum* geheißen. Über das althochdeutsche *vichsel* ist *viscum* dann zur *Weichsel* geworden.

Die Weichsel, genauso wie die (süße) Kirsche, mag als ursprüngliche Mittelmeerpflanze Wärme. Deswegen hat es Jahrhunderte gedauert, bis es kälteresistentere Sorten für den Norden Deutschlands gegeben hat. Und so sind die norddeutschen Bezeichnungen ebenfalls erst viel später entstanden. Bei Hildegard von Bingen beispielsweise und noch bis weit in die Neuzeit heißt die Süßkirsche *prunus cerasus*, und zum Unterschied von der süßen heißt die sauere Kirsche *cerasus amarellus* oder schlicht *amarena* (lat. *amarus* = *bitter, sauer*). Aus dieser Bezeichnung haben dann die Norddeutschen ihre *Morelle* gemacht. Noch einiges später aber hat man in Preußen, wo viel feines Französisch gesprochen worden ist, nicht mehr gewusst, wo die Bezeichnung *Morelle* eigentlich hergekommen ist und gemeint, das sei französisch. Jetzt trifft es sich zufällig, dass französisch *morelle* soviel heißt wie *tiefschwarz, schattig*. Und die kälteresistente Morelle ist eine dunklere, größere Sauerkir-

Schattenmorelle schensorte als die ursprüngliche Weichsel. So ist die *Schattenmorelle* entstanden, eine tautologische *morelle-morelle*. Ein ausgemachter Schmarrn halt, der sich in Süddeutschland verständlicherweise nie durchgesetzt hat.

Ein noch größerer Schmarrn übrigens ist das Märchen, das bei den heutigen Obstbaumzüchtern umgeht, nämlich dass die Schattenmorelle bloß eine Verballhornung von dem französischen Chateau de Moreille ist, einem Schloss, wo die Schattenmorelle im Jahr 1598 gezüchtet worden sein soll. Faktum ist, wie gesagt, dass die Morelle die nördliche Eindeutschung des botanisch-lateinischen Beiworts *amarellus* ist. Auch im deutschen Süden wurde *amarellus* eingedeutscht. Da war es das Beiwort zur Wildaprikose, botanisch *prunus armeniaca amarellus*, woraus die süddeutsche und österreichische *Marille* (Marille) geworden ist. Die hat mit einer *Morelle* oder einer Weichsel gar nichts zu tun. Außer, dass es sich dabei um Steinobst handelt.

Mittlerweile geht eine bairische Hausfrau folgendermaßen vor, wenn sie Weichseln im Glas braucht: Sie schreibt *Weichseln* auf ihren Einkaufszettel, geht in den Supermarkt und fragt nach *Sauerkirschen*, worauf die Verkäuferin ein Glas bringt und da steht dann *Schattenmorellen* drauf. Grad gut, dass die Konservenhersteller mit der Intelligenz süddeutscher Hausfrauen und Verkäuferinnen rechnen können! Aber fragen Sie heute einmal junge Leute, was ihnen zu *Kersch* oder *Marillen* einfällt. *Marille* sei ein Mädchenname, ist da zu hören und *Kersch* ist der bairische Ausdruck für den *Kescher*, mit dem man *Weichseln* fängt. *Weichseln* nämlich, meinen sie, sind *so kleine Fische ausm Meer*. Armes Baiern!

Wie die Kirschen gehören auch die Zwetschgen in die Gattung der Rosengewächse. Nur dass sie halt wesentlich später zeitig werden und deswegen, weil sie besonders lang zum Reifen brauchen, ursprünglich nur in wärmeren Gefilden gedeihen. Tatsächlich kommen die Zwetschgen und alle ihre Verwandten aus dem Mittelmeerraum, wo sie durch Kreuzung von Schlehen (lat. *prunus spinosa*) mit zwei anderen Arten der Gattung

Auch wenn diese Marillen aus Österreich kommen, heißen Aprikosen selbstverständlich auch in Baiern so

prunus entstanden sind. Aber wir wollen hier keine Botanik treiben. Uns gehts um die deutschen Namen, um *Pflaumen* und *Zwetschgen*, *Kriecherln* und *Mirabellen*.

Pflaumen und Zwetschgen

Johann Andreas Schmeller schreibt in seinem 1872 erschienenen *Bayerischen Wörterbuch*: *Das hochdeutsche Pflaume ist im bairischen Dialekt nicht üblich. Man sagt lieber Zwetschgen.* Das liegt vornehmlich daran, weil es bei uns vom zweiten bis ins 19. Jahrhundert eigentlich nur die länglichen, süßen Zwetschgen gegeben hat – und das auch nur im Süden und Westen Deutschlands, da eben, wo einmal die Römer waren. Die nämlich haben die Zwetschgen aus dem Nahen Osten geholt, wo sie *pruna damascena*, also *Früchte aus Damaskus*, geheißen haben. Wobei das *pruna* oder *bruna* soviel heißt, wie *mit Reif beschlagen*. In Norditalien und Südfrankreich ist *pruna* später weggefallen, dort sagt man heut *davascena* und daraus ist ist unser Wort *Zwetschge* geworden. Die Zwetschge war also *die* Pflaume schlechthin. Das hat sich erst im hohen Mittelalter geändert. Da ist nämlich das *Kriecherl* dazugekommen.

Krieche, Kriecherl

Kriecherl heißen so, weil die Kreuzritter sie im 12. Jahrhundert in Griechenland kennengelernt haben. Wenn wir genau sein wollen: die süd- und westdeutschen Kreuzritter. Weil im Mittelhochdeutschen alle lateinischen *e* zu *ie* (bairisch *ia*) und alle *c(k)* zu *ch* wurden, entstand aus *(prunus) grecus = griechische (Pflaume)* die *Krieche*, bairisch das *Kriacherl*. Später ist dann noch die gelbe Zwetschgenverwandtschaft, die *Mirabelle*, dazugekommen. Lateinisch *mirabella* heißt *die Wunderschöne*. Die norddeutschen Kreuzritter haben sich beim Kämpfen zwar auch *kriecherlblau* schlagen lassen, für sie war die Frucht mangels Römervorfahren aber ganz neu. Egal ob aus Damaskus oder aus Griechenland, ob länglich oder rund, ob blau oder gelb. Die Norddeutschen haben von ihren französischen Kreuzritterkollegen einfach das Wort *prune* übernommen und dann draus in England *plum* und bei uns die *Pflaume* gemacht. Noch heute sind in Norddeutschland mehr oder weniger alles Pflaumen, egal, ob blaue Zwetschgen oder Kriecherl oder gelbe Mirabellen. Bei uns ist es grad umgekehrt. Wir kennen eigent-

Pflaume

lich keinen Oberbegriff für Zwetschgen, Kriecherl oder Mirabellen, die wir ja getrennt kennengelernt haben, und haben deswegen das lateinisch-französische Lehnwort *Pflaumen* aus Norddeutschland im 20. Jahrhundert auch bei uns eingeführt. Obwohls für viele Baiern nach wie vor komisch klingt.

Jetzt ist es aber so, dass die alten runden Kriecherl im Handel praktisch ausgestorben sind, ihre Nachfolger sind dicke wässrige Neuzüchtungen aus irgendwelchen Plantagen. Diese Kriecherlnachfolger werden heute im Supermarkt als *Pflaumen* bezeichnet. Wobei selbst der begabteste Norddeutsche aus diesen matschigen Teilen keinen Pflaumenkuchen machen könnte. Er nimmt natürlich Zwetschgen dafür her. Trotzdem ist *Zwetschgendatschi* für ihn ein Fremdwort. Aber auch für Hochdeutsche gilt: Lassen Sie sich keine Pflaume für eine Zwetschge vormachen, wenn sie auf dem Datschi kein kriacherlblaues Wunder erleben wollen.

Warum die sieben Geisslein nicht zickig sind

Geiß und Ziege

Wissen Sie übrigens, wie man früher in Altbayern ein schwächeres Bier geheißen hat im Gegensatz zum extra starken Bockbier? *Goaß*! Die Jesuiten haben im 18. Jahrhundert in München eine berühmte Geißenwirtschaft betrieben. Und auch heute noch hat manches Wirtshaus die Geiß oder Goaß im Namen. Die Goaß also ist ein schwaches Bier. Das ist vielleicht auch der Grund, warum man dem schwächeren Bier heutzutage öfter aufhelfen muss mit allerlei Zusatzstoffen wie Cola und Kognak oder Likör, damit dann eine *Goaßmass* draus werden kann. *Ziegenmass* dagegen können Sie nicht sagen. Nicht nur in Bayern, in ganz Süd- und Westdeutschland heißt es standardsprachlich *Geiß* und nicht *Ziege*. Denken Sie nur an den 1. FC Köln: Die *Geißböcke*!

Bei der *Geiß* weiß man genau, woher das Wort kommt. Über das Griechische und Gotische ist es nach Baiern eingewandert und hat sich von dort aus in der deutschen Sprache verbreitet.

Bei der *Ziege* dagegen ist der Ursprung relativ unklar. Sicher ist nur, dass sie aus dem höchsten Norden kommt. Es ist ganz einfach so: In der deutschen Sprache gibt es, wie häufig, zwei verschiedene Bezeichnungen für ein und dasselbe Tier. Im Süden und Westen *Geiß*, wie gesagt, im Norden *Ziege*. Da stellt sich die Frage, warum auf einmal soviel Baiern *Ziege* sagen, wenn sie eine *Geiß* meinen. Sie sagen ja auch nicht *Ziegenblatt*, wenn sie ein *Geißblatt* meinen; und selbst ein norddeutscher Jagdtourist käm nicht auf die Idee, statt einer *Rehgeiß* eine *Rehziege* zu schießen. Schließlich heißt auch das Märchen der Brüder Grimm nicht *Der Wolf und die sieben Zicklein*. Die Grimms waren Hessen aus Hanau, die können doch nicht falsch gelegen haben!

Die hochdeutsche *Geiß*, wie alles, was man in der alten hochdeutschen Schriftsprache einmal mit *ai* geschrieben hat, h*oa*ßt auf b*oa*risch G*oa*ß, und a kl*oa*ne G*oa*ß h*oa*ßt *Kitz* (und vielleicht im Märchen einmal *Geißlein*) aber niemals *Zicklein*! Weswegen das schöne, noble Kitzbühl in Tirol auch nicht so

das Glück vom Goaßpeterl

einfach in *Zickenbuckel* oder das *Glück vom Goaßpeterl* in das vom *Ziegenpeter* umbenannt wird. Der *Ziegenpeter* ist nämlich eine niederdeutsche Krankheit, die auf hochdeutsch *Mumps* heißt. Der *Geißenpeter* hingegen war das Glück von der Heidi auf der Alm. Da gehört er auch hin.

Von Haus aus daheim im Wirtshaus

Auch wenn zur Volks- und Oktoberfestzeit in Baiern Dirndl und Trachtenanzug Konjunktur haben – alles das ist bloß Kostüm, Verkleidung, wenn die Sprache dazu nicht stimmt. So gilt selbstverständlich auch: Daheim ist daheim – und nicht zuhause! Schließlich ist es ein Unterschied, ob einer heimlich oder häuslich ist. Und selbstverständlich ist einem Baiern, und

Heim

vielleicht nicht nur dem, sein *Heim* was anderes als ein *Haus*. Als besonders tückisch stellt sich in diesem Zusammenhang das Werbewort vom *Eigenheim* heraus. Das Eigenheim macht das Heim schmackhaft – das aber kann man nicht kaufen! Nur ein Haus ist käuflich. Das Heim, das ja auch in der *Heimat* drinsteckt, muss man schon haben oder sich entsprechend einrichten. Eigentlich müsste das Eigenheim also *Eigenhaus* heißen. Aber das bloß nebenbei.

heim, daheim

Heim heißt im Gotischen *haima*. Auch im alten Bairischen und Hochdeutschen wurde es noch mit *ai* geschrieben, im Schmeller-Wörterbuch aus dem Jahr 1827 zum Beispiel stehts noch so drin, weil es mittel- und südbairisch eben *oa* oder nordbairisch *oi* ausgesprochen wird. Deswegen heißt es bairisch *hoam* (*hoim*) und *dahoam* (*dahoim*). Interessant ist die Vorsilbe *da-*. Sie heißt ursprünglich *dar-*, hat also mit dem normalen *da* nix zu tun: *Dar-* wie in *darbringen*. Wenn ich etwas darbringe, dann bringe ich dieses Etwas an einen bestimmten Ort. Folglich ist *dar-heim* der Ort, wo ich hingehöre, wo ich *hineingehöre*. Das ist nicht unbedingt da, wo ich grad *hause*. Das *Zuhause* oder das *Nach-hause-gehen* der Norddeutschen ist den Baiern vielleicht deswegen ein bisserl *un-heimlich*. Ihnen reicht es halt nicht, bloß ein bisserl zum Haus *hin-zu* zu gehen. Sie möchten schon auch *hin-ein*. Mit der Schule ist es das gleiche: Es langt nicht, bloß *zur* Schule zu gehen, wie man das in Norddeutschland tut. Man muss schon *hinein*gehen, um was zu lernen.

Zum erweiterten Daheim eines jeden rechten Baiern zählt das Wirtshaus an zentralen Punkten jedes Dorfes und jeder Stadt in Baiern. Dorthin geht man zum Frühschoppen oder zum Kartenspielen – vielmehr: Man ist dorthin gegangen. Denn die Wirtshäuser, die einfachen Bierwirtschaften sterben aus. Stattdessen gibt es in den Städten und mittlerweile auch auf dem Land Unmengen Gasthäuser, Gaststätten, Cafes, Restaurants, Bistros und Pubs.

Wirt

Dabei ist der *Wirt* so ein schönes altes Wort. *Wirt* hängt zusammen mit *Wort* und *aufwarten* und heißt zunächst einmal *Hausherr*. Ehepaare waren früher bekannt als der *Hauswirt und seine eheliche Hausfrau*. Außerhalb Baierns kennt man den Wirt heute noch als Hausherrn, als Vermieter nämlich. Die Mietwirtschaft hat sich aber zumindest auf dem bairischen Land nie recht durchgesetzt, weswegen der *Hauswirt* als Synonym für *Vermieter* eher ungebräuchlich ist. Der Baier muss sein engeres Heim verlassen, wenn er zum Wirt gehen will. Er muss denselben in seinem Wirtshaus oder seiner Wirtschaft aufsuchen, dort eben, wo er *wirtschaftet*.

Weingeb, Leitgeb, Gastgeb

Früher hat es drei verschiedene Wirtstypen gegeben: Den *Weingeb*, der Wein ausschenken durfte, den *Leitgeb* (*Leit* ist ein alter Sammelbegriff für alle alkoholischen Getränke: Wein, Bier und Spirituosen), und den *Gastgeb*, der neben Getränken in seinem *Gasthof* auch Herberge bot für Übernachtungsgäste und ihre Zug- und Reittiere. Solche Gasthöfe, also größere Herbergswirtshäuser samt Stallungen, hat es vor allem in Städten gegeben, dort eben, wo Reisende oder die Postkutsche Station gemacht haben.

Gasthof

Insofern ist der *Landgasthof* eine moderne Verirrung. Auf dem Land hat es bis in unsere Zeit in der Hauptsache *Wirtschaften* gegeben, als örtliche Kommunikationszentren gewissermaßen. Da hat man was getrunken und höchstens eine Kleinigkeit, eine Brotzeit, gegessen. Gasthöfe dagegen waren für Reisende da. Da hat der Wirt richtige Mahlzeiten aufgetischt und auch für ein Nachtlager gesorgt. Keinem Menschen wäre es außerdem früher in den Sinn gekommen, in den Gasthof zum, wie man heut sagt, *schön Essen* zu gehen. Man hat überhaupt nicht auswärts gegessen, wenn man nicht müssen hat – man isst selbstverständlich daheim, genauso, wie man in der Regel heut noch daheim schläft und nicht in ein Hotel in der Heimatstadt zum *schön Schlafen* geht.

Gasthaus, Gastwirtschaft, Gaststätte

Wenn man sich allerdings stärken musste von einer langen Reise oder einem Spaziergang, dann ist man seit dem 19. Jahrhundert häufiger dahin gegangen, wozu die Franzosen den Begriff *Restaurant* eingeführt haben (lateinisch *restaurare = wiederherstellen)*. In Deutschland erfand man bald darauf die wahrlich international klingende *Bahnhofs-Restauration* – und deutschte auch einmal das *Restaurant* oder die *Restauration* in *Gasthaus* ein. Schon bald aber hat man dann *Gaststuben* auch

In aller Deutlichkeit:
Hier wirkt ein Gast- und
kein Volks-, Betriebs,
Land- oder Forstwirt

in bisherige Wohn- und Geschäftshäuser eingebaut. Das waren jetzt keine Gast*häuser* mehr, sondern lediglich Gast*wirtschaften*, aus denen im 20. Jahrhundert wiederum irgendwelche Beamte die techno- und bürokratischen *Gaststätten* gemacht haben – mit der entsprechenden *Gaststättenverordnung*, gültig für *Bahnhofsgaststätten*, *Würstlbuden* und dergleichen. Seitdem ist es den Leuten zunehmend wurscht, wohin sie gehen – überall kriegt man die gleichen Lachsstreifen-Tortellini und griechischen Salate und dergleichen Zeug. Bloß nichts Gescheites zum Essen; und eine Wirtshauskultur schon gar nicht.

Schänken Sie sich den Tresen!

Gleichzeitig mit dem *auswärts Essen* greift auch in Baiern die Mode des *Im-Stehen-Trinkens* und der damit verbundene *Tresen* immer weiter um sich. In Altbayern gibt es eine *Schänke*, einen *Ausschank* oder einen *Schanktisch*, wo sich aber ein rechter Baier nie, niemals, überhaupt niemals hinstellt, um sein Bier zu trinken. Weil es zu ungemütlich ist und weil er Angst haben müsste, sofort von der Bedienung oder dem Schankkellner weitergestamperlt zu werden.

Schänke, Ausschank, Schanktisch

Woher *Schänke*, *Ausschank*, und *Schanktisch* kommen, liegt (buchstäblich) auf der Hand: *Schenken* nämlich heißt ursprünglich soviel wie *schief halten: Geschenke* nämlich *schenkt* man, in dem man sie dem Gegenüber auf der ausgestreckten, leicht schief gehaltenen Hand darbringt, genauso, wie man die Flasche *einschenkt*, indem man sie schief hält. Selbstverständlich gehören auch die schief im Körper verankerten *Schenkel* in diesen Zusammenhang.

Schenkel

Tresen

Der *Tresen* wiederum war im preußischen Staat ursprünglich das, was im deutschen Süden schon immer *Ladentisch* geheißen hat. Ein solcher hat unter der Tischplatte einen Schuber und oben ein Loch, durch das man das eingenommene Geld in den Schuber hat fallen lassen können. Diese Art Ladentisch heißt auf Französisch *tresor*, woraus in Norddeutschland der *Tresen* geworden ist. Später ist der Begriff auf den Schanktisch ausgeweitet worden, weil beim Pilszapfen der Schaum überläuft und auch in einem Loch verschwindet. Die Baiern aber mögen im Gegensatz zu den pilstrinkenden Nordlichtern das Bier viel zu gern, als dass sie was überlaufen lassen täten, weswegen in einer bairischen Wirtschaft das Wort *Tresen* gar keinen Sinn ergibt.

Theke

Übrigens auch das Wort *Theke* nicht. Das Fremdwort wurde erst im 19. Jahrhundert aus dem Griechischen *theke = Decke, Behältnis, Kiste* entlehnt; eine *Bibliothek* also ist ein *Behältnis für Bücher*, eine *Pinakothek* ein *Behältnis für Gemälde* undsoweiter. Freilich: Die Bayern haben spätestens seit dem griechenlandbegeisterten König Ludwig I. *Bibliotheken, Pinakotheken und Glyptotheken*, haben auch einmal eine *Hypothek* und sogar eine dazu passende Bank gehabt und gehen – aber nur wenn sie müssen – in eine *Apotheke* und eine *Diskothek*. Lauter edle, hochgebildete oder zumindest hochpreisige Angelegenheiten. Allein deshalb sträubt sich einem Baiern bei den Wörtern *Bier- oder Schanktheke* schon alles. Eine *Biertheke* als *Behältnis für Bier* ist darüber hinaus ein ausgemachter Schwachsinn. Das Bier kommt höchstens aus der Flasche oder dem Fass – auch wenn Fass oder Bierkasten mittlerweile unter dem Ausschank und nicht mehr drauf stehen.

Kurz und gut: Zu einem richtigen bairischen Wirtshaus gehören ein Ausschank, Bänke und Tische – und natürlich die Gaststube drumherum. *Gastzimmer* dagegen können Sie nicht sagen.

Stube und Zimmer

Stube ist ein uraltes hochdeutsches Wort, das sich fundamental vom *Zimmer* unterscheidet. Die Germanen hatten ursprünglich mehr oder weniger primitive Holzhütten, roh zusammengezimmerte *Zimmer*: Altnordisch *timbra* ist das *Bauholz*. Die *Stube* dagegen geht auf spätlateinisch *stuba* = der *Ofen* zurück, im Italienischen heißt Ofen heute *stufa*. Eine *Stube* ist also ein beheizbarer oft genannter Raum – im Gegensatz zur ungeheizten *Kammer*, der lateinischen *camera*.

Der Kachelofen ist vermutlich eine süddeutsche Erfindung, weswegen es zum Beispiel in der Münchner Residenz, in der Landshuter Burg oder im Ingolstädter Schloss die mit (Kachel-)Öfen ausgestatteten *Stuben des Herzogs* gibt. Die nördlichen Fürsten haben sich zu dieser Zeit noch in ihren Burgen mit *Kemenaten* begnügen müssen. *Kemenate* ist eine Abkürzung von lateinisch *camera caminata* = *Kaminzimmer* und ein simpler Kamin ist unbestreitbar eine viel primitivere Heizung als ein wärmetechnisch ausgeklügelter Ofen, der obendrein die Stube rauchfrei hält. Bis heute gehören offene Kamine zur selbstverständlichen Ausstattung beispielsweise von Schlössern in England. In den einfachen Zimmern dort hat es, genauso wie in den bairischen Kammern, überhaupt keine Heizmöglichkeit gegeben.

Kemenate, Kammer

Deswegen, weil hier, wie auch sonst häufiger, der technische Fortschritt eindeutig auf seiner Seite ist, sitzt ein rechter Baier immer in einer Stube. Im Wirtshaus in der Wirtsstube und daheim in der Wohnstube. Und wenn er in ein Gast- oder Wohnzimmer muss, kann es leicht sein, dass ihn friert.

Ein Büchsenschuss auf das Dosenmahl

Wer sich ein Heim schaffen will und dazu ein Haus bauen möchte, aber auch, wer bloß in ein Wirtshaus oder einen Gasthof geht, der braucht in jedem Fall Geld. Das wird heute nur noch in den seltensten Fällen daheim in bar angespart. Vielleicht liegt es daran, dass in Baiern heute kaum einer noch weiß, wie das Behältnis heißen muss, in dem (sehen wir einmal vom berüchtigten Sparstrumpf ab) Bargeld angespart wird: *Spar-Büchse* oder *Spar-Dose*? Viele glauben, man könne beides sagen und vermuten zwischen *Büchse* und *Dose* allenfalls Unterschiede in der Größe, im Material oder in der Verarbeitung. Manche glauben aber, es gebe deutliche Unterschiede zwischen einer *Büchse* wie in *Sparbüchse* und einer *Dose* wie in *Steckdose*.

Büchse und Dose

An der Tatsache, dass niemand *Steckbüchse* sagt, wird aber nur deutlich, wie rückläufig sich der angestammte hochdeutsche Wortschatz entwickelt. Eigentlich wäre eine solche *Steckbüchse* durchaus denkbar. Vor allem, wenn man die nicht umgelautete, bairische Form der *Büchse*, die *Buchse*, anschaut. Ein Elektriker kann in der Wand nämlich nicht nur *Dosen*, sondern, in Baiern zumindest, auch *Buchsen* setzen; als *Verteilerbuchse* beispielsweise.

Jeder kennt den Buchsbaum, kurz den *Buchs*. Der hat ein besonders dichtes, hartes und schönes Holz. *Buchs* ist ein indoeuropäisches Urwort, die alten Griechen sagten dazu *pyxis*. Seit den ältesten Zeiten werden aus dem schönen harten Holz des Buchsbaums vielfältige kleine Behälter gedrechselt. Das Wort des Materials hat sich allmählich auf den ganzen gedrechselten Gegenstand, schließlich auf alle möglichen Behältnisse übertragen: Der *Buchs*, die *Büchse*, bairisch entrundet wieder die *Buchse*. Heute ist dieser Zusammenhang leider den Allerwenigsten bewusst: *Das eine ist ein Gewehr, das andere ein Behältnis aus Blech* ist das Erste, was man heute hört, wenn man nach dem Unterschied zwischen einer *Büchse* und einer *Dose* fragt. Dagegen ist zu argumentieren, dass es nur noch in den seltensten Fällen mit *Gewehr* und höchstens im weitesten Sinn mit *Schießen* zu tun hat, wenn einer als *Büchsenmacher* bezeichnet wird. *Pars pro toto* nennt man die sprachliche Form, mit der man einen Teil eines Dings fürs Ganze gelten lässt. In diesem Fall zielt die *Büchse* auf den kleinen Unterschied zwischen Mann und Frau und schwingt sich in der Folge zu einem Synonym von *Mädchen, junge Frau* auf.

Buchs, Büchse

Büchsenmacher

Die *Büchse* ist im gesamten hochdeutschen Raum seit jeher die Bezeichnung für ein *kleines Gefäß mit Deckel*. Im Platt-/Niederdeutschen hat man dafür *Dose* gesagt. Ein Wort, dessen Ursprung und Geschichte den Wissenschaftlern bis heute unklar ist. Wenn auch kein Mensch auf einem bairischen Volksfest zum *Dosenwerfen* gehen würde und auch kein Jäger auf die Idee käme, sich eine *Dos* umzuhängen – die *Sparbüchse* hat gegen die *Spardose* bereits einen schweren Stand und bei der *Konservenbüchse* sind inzwischen alle Fronten zugunsten der *Dose* gebrochen. Und erst beim Bier!

Was ein richtiger Baier ist, der trinkt sein Bier aber aus dem Krug, dem Glas, höchstens aus der Flasche und die *Bierdose* ist ihm genauso viel wert wie die unübliche *Bierbüchse* – nichts nämlich. Er kauft sein Bier nicht im Blechbehälter, sondern im Glas, in der althergebrachten Mehrwegflasche. Um solche Flaschen bequem transportieren zu können, hat sich seit vielen Jahrzehnten seinerseits wieder ein Behälter eingebürgert, der früher aus Holz war, später aber durch Kunststoff abgelöst wurde. Die Rede ist vom *Biertràgl.* Ein schönes altes bairisches Wort – das allerdings ebenfalls in heftiger Gefahr ist. Durch den *Kasten* und die *Kiste.* Viele glauben, Kasten oder Kiste seien schrift- und damit hochdeutscher als das Tràgl – was selbstverständlich ein ausgemachter Schmarrn ist.

Kiste

Aber wir wollen hier nicht simpel polemisieren. *Kiste* ist schließlich genausogut ein bairisches Wort. Ursprünglich sogar griechisch: Da heißt es *kisth* (*kiste*), und ist über das lateinische *cista* schon sehr früh zu uns gekommen. *Kiste* und *Kasten* ist ursprünglich übrigens dasselbe Wort. Und die Baiern haben ihr Gewand seit altersher nicht in einen speziellen *Schrank*, sondern in den allgemeinen *Kasten* getan.

Schrank

Der *Schrank* nämlich hängt zusammen mit *schränken.* Er heißt so, weil es sich um eine Kiste gehandelt hat, die vorn mit einem *Schrankwerk*, also verschränkten Gittern verschlossen war – ein spezielles Möbel also für Sachen, die Luft brauchen. Hatte die Kiste eine geschlossene Tür, dann hieß sie allgemein *Kasten.*

Kasten

Der entwickelte sich erst allmählich aus zwei (oder mehr) aufeinander gestapelten Truhen. Der Handwerker, der sowas und ähnliches (wie beispielsweise Altaraufbauten) gemacht hat, war ein Spezialist und hat im alten Baiern einmal *Kistler* geheißen.

Schreiner

Der *Schreiner* dagegen war wiederum ein Spezialfall. Er kommt von lateinisch *scrinium* (= *rundes Behältnis*) – womit wir in gewisser Weise wieder beim *Büchsenmacher* wären.

Truhe

Eine *Kiste*, die zum Tragen ist, heißt *Truhe* – das kommt ja vom Tragen. Auch ein Sarg ist in Baiern also eine *Truhen*; auch wenn man heute vielfach dazu salopp *Kiste* sagt. Das demonstriert deutlich die heutige Tendenz zur Reduktion alter schöner Spezialbegriffe auf ein einziges Wort: *Kiste* kann mittlerweile alles mögliche bedeuten, genauso wie das beliebte Fremdwort

Container oder dessen hässliche Übersetzung *Behälter*. Ein Sarg ist ein Behälter für Leichen, eine Steige ein Behälter für Obst oder Hühner und beim *Tràgel* weiß eben jeder, dass von einem Bierbehälter die Rede ist.

Dieses *Tràgel*, bairisch *Tràgl*, kommt genau wie die *Truhe* von *tragen*. Aber warum heißt es dann nicht *Truhel* oder so ähnlich? Ganz einfach: Es handelt sich dabei um eine sogenannte Analogiebildung. Früher, vor der Einführung der genormten Bierflasche, hats Wein und Bier nur im Fass oder in speziellen großen Glasflaschen gegeben, wie man sie heute noch manchmal auf Flohmärkten findet. Kleine Fässer oder solche Flaschen aus Glas oder Keramik mit engem Hals und weitem Bauch haben im alten Baiern *Lägel* oder *Làgel* geheißen – selbstverständlich ein romanisches Wort: *lagoena*, *laguna,* verkleinert *lagunula,* hat schon bei den Römern und den Keltoromanen eine *große enghalsige Vorratsflasche* bezeichnet. Analog zu diesem beliebten Lagel ist dann das *Tràgel* entstanden.

Tràgel

Lägel, Làgel

Völlig schief gewickelt sind aber die, die meinen, ein Tràgel müsse für die Schriftsprache sozusagen eingedeutscht werden zum *Träger*. Damit kommt man schnurstracks in den Wald. Ein *Träger* ist, wie der Sprachwissenschaftler sagt, ausschließlich ein *nomen agentis*, also eine Bezeichnung für jemanden, der was macht. Dementsprechend ist ein Träger höchstens einer, der ein Tràgel trägt. Außer man beauftragt damit einen *trägen* Träger. Dann hat man den Dreck im Schachterl – nicht in der *Kiste*, noch in der *Büchse* oder gar in der *Dose*. Wobei ich Sie beruhigen kann: *träge* und *Dreck* haben mit dem *Tragen* nix zu tun.

Träger

Vorsicht, aufbrausende Warmduscher!

Wir haben jetzt schon viel über die romanischen Wurzeln des Bairischen gesagt. Es ist aber in Wirklichkeit nicht immer so, dass alle deutschen Wörter, die sich aus dem Lateinischen herleiten, von Haus aus die bairischen Wörter sind. Da muss man ganz genau unterscheiden, *wann* diese Wörter in die deutschen Sprachen eingewandert sind. Das ist auch bei unserem nächsten Wortpaar ratsam, wenn es ums *Duschen* oder *Brausen* geht.

baden

Dass die einen duschen und die andern brausen, das hat kulturgeschichtlich mit einer dritten Sache zu tun. Dem *Baden.* Zum Baden, bairisch *Bådn,* braucht man nämlich viel mehr Wasser als zum Duschen oder Brausen. Bei uns im wasserreichen Baiern ist das kein Problem, dafür aber im wasserarmen Süden. Da haben sich die Leute jahrhundertelang nur wassersparend unter die Leitung stellen können. Schon die alten Griechen haben regelrechte Duschen oder Brausen eingerichtet.

Dusche

Das deutsche Wort *Dusche*, kommt vom französischen *douche* und das wiederum kommt aus dem italienischen *doccia.* Die Wurzel ist lateinisch: *ductio* heißt *Führung, Leitung.* Sie erinnern sich an das römische *aquaeduct* (= *Wasserleitung*). Bei uns dagegen ist gebadet worden. Auch das eine Übernahme aus dem antiken Süden: *balaneion* heißt es auf griechisch, auf Latein *balnearium.* Das *balnearium* war ein Teil der Thermen, die die reichen Römer für das gemeine Volk errichtet haben, damit sich die Leute nicht immer unter die Leitung stellen mussten.

In der Neuzeit ist das platz- und wassersparende Bad unter der Leitung, eben der *douche*, erst wieder in den Pariser Mietwohnungen des 19. Jahrhundert aufgekommen. Federführend bei der Einführung in Deutschland war das preußische Militär, in dessen Kasernen 1879 erstmals Brausebäder für die Mannschaften eingerichtet wurden. Weil man in Preußen seit jeher frankophil war und die Neuerung ja auch aus Frankreich kam, hat man für die neue Form der Körperreinigung das französische Fremdwort *douche* eingeführt.

Das Leitungsbad hat sich nahezu zeitgleich auch im Süden Deutschlands durchgesetzt, allerdings unter der deutschen Bezeichnung *Brause*. Bis heute gibt es in einigen Städten Süddeutschlands ein städtisches Brausebad. *Brausen*, das hängt mit *brauen* und *prasseln* zusammen und heißt, wie oben beim *Brot* schon erwähnt, eigentlich *gären, schäumen, sieden*: Die Brauselimonade spritzt und schäumt, der Dreck spritzt, wenn einer durch eine Ortschaft braust, und beim Brausen, da spritzt und schäumt und prasselt halt das Wasser. Im übertragenen Sinn heißt *brausen* deshalb auch *lärmen, streiten*. Vor allem in solchen Fällen kann es, bei auf-*brausenden* Menschen, in Baiern dann schon auch einmal *duschen*.

Brause

brausen, brauen, prasseln

Dieses bairische *Dùschen* mit kurzem *ù*, bedeutet *berühren, schlagen, lärmen*. Mit dem französischen Fremdwort *douche* hat es nichts zu tun, wenn es auch gleichwohl nur in Ländern mit romanischen Wurzeln vorkommt: *Tangere* auf Latein, *toccare* auf Italienisch, auf Französisch heißt es *toucher* und im Englischen *touch*. In Baiern hat das Wort vielfältige Ausprägungen: Das *Datschen*, der *Datschi*, die *Datzenschläge* in der Schule, der *Duschara*, das *Duschen* und das *Dossen*, das als *Tosen* auch im Schriftdeutschen zu finden ist – all diese Wörter hängen untereinander zusammen. Wenn man jemandem eine duscht und trifft ihn dabei am Ohrwaschel, dann kann er *dosohrad*, kurz *dorad* werden. Der *Duschara* ist ein neudeutscher *Schlagregen;* und es waren schließlich die bayerisch-österreichischen Militärkapellen, die im 18. und 19. Jahrhundert, den *Tusch* erfunden haben, den kurzen Fanfarenstoß mit Paukenschlag. Nichtbaiern kennen den *Tusch* gewissermaßen bloß als bairisches Fremdwort.

dùschen (mit kurzem ù)

datschen, Datschi, datzen, tosen, dossen

Duschara, Tusch

Fazit: Auch in Baiern kriegt man heutzutage eher selten eine geduscht. Was nicht heißt, dass alle Baiern *Warmduscher* geworden wären; so ein Wort tät ein rechter Baier nie in den Mund nehmen – wenn er nicht als Kind zu heiß gebadet worden ist …

Gassenbuben sind keine Strassenkinder

In der folgenden Geschichte geht es um Dinge, beziehungsweise Räume, die zu den ältesten der Menschheit gehören: Um Straßen, Gassen und Wege. Wer heute in das Adressbuch einer x-beliebigen Stadt schaut, der kann den Eindruck haben, als ob es da kaum Unterschiede gäbe. Wenn man aber bloß ein bisserl nachdenkt, stellt man ganz schnell fest, dass das Wort *Gasse* am Aussterben ist. In zahlreichen Innenstädten hat man in den letzten Jahrzehnten aus alten Gassen Straßen gemacht. Ja, die Gasse hat es schwer heutzutage! Die Straße ist unaufhaltsam auf dem Vormarsch, mitten hinein ins Herz unserer Städte, und die Gasse, einstmals von respektabler Größe und Ansehen, zieht sich zurück in die kleinsten Verästelungen, ins *Gasserl*, und verschwindet schließlich ganz – verleugnet und verkannt.

Wer weiß denn heut noch, was zum Beispiel *Gassenkinder* sind, dass *Gassenbuben* nichts mit *Straßenkindern* gemeinsam haben? Wer kennt in Zeiten des überhandnehmenden *Straßenverkaufs* noch die gute alte *Gassenschenke*, jene praktischen

Fletz und Flöz

Durchreichen von den Wirthausschänken hinaus in den *Fletz* (= *Hausgang;* verwandt mit *flach*, englisch *flat* und dem aus dem Bergbau bekannten *Flöz*), wohin die Enkel vom Opa mit den Masskrügeln geschickt wurden, um dort frisches Bier zu holen – Biertrageln mit Flaschenbier haben sich ja erst in den 50er, 60er Jahren durchgesetzt.

Gasse

Dabei hatte die Gasse grad im Bairischen und im österreichischen Bairisch noch bis in unsere Zeit einen festen Rückhalt. Eine *Gasse* war ursprünglich jede Straße einer Stadt oder eines Dorfes. Das Wort ist möglicherweise eine Kurzform von lateinisch *via cassa*, was soviel heißt wie *Hohlweg*. Schließlich bildet die von Häusern gesäumte Gasse so was ähnliches wie einen Hohlweg, einen Hohlraum, der von Bebauung frei bleibt. Auch wenn das *Auf-die-Straße-gehen* mittlerweile allerorts gebräuchlicher wird – in ganz Süddeutschland und Österreich sagt man vielerorts immer noch, wenn man vom Haus hinaus geht, man geht ***in** die Gasse*. Der Johann Andreas Schmeller zitiert folgendes Schnaderhüpfl:

»Wenn i ĩs Gàssl geh, gehni alloa,
wenn i zun Diandl kim, muassmar auftoa.«

Der *Gàsslbua*, der schöne hochdeutsche *Gassenbub*, war nämlich früher der Nachtschwärmer vor dem Kammerfenster. Das *Gàsslied* oder auch der *Gassenhauer* gehen auf die Ständchen unter eben diesem Kammerfenster zurück; und in der Barockzeit und noch im 19. Jahrhundert haben, davon abgeleitet, die Universitätsstudenten und ihre Professoren in Ingolstadt, Landshut und München, jede nächtliche Musikdarbietung, jede Serenade auf der Gasse neulateinisch *Cassation* geheißen.

Gassenbub, Gàssllied, Gassenhauer

Die *Straße* dagegen, von lateinisch *via strata*, der *ausgebreitete, ausgestreckte Weg*, war im Gegensatz zur Gasse früher ausschließlich die **Land**straße. Erst im 19. Jahrhundert, da bricht sich die Straße Bahn mitten in die Stadt hinein. Die Mauern werden niedergelegt, es entstehen die großen Prachtstraßen, wie etwa die Münchner Ludwigstraße; und auch im Altstadtkern werden jetzt viele ehemalige Gassen vergrößert und tragen nach der Umbenennung Straßennamen. Die Straße ist modern und die Gasse wird als eng, finster, rückständig diffamiert.

Straße

Was zumindest in Einkaufsvierteln eine Dummheit sein kann. Denn viele denken beim Wort *Gasse* heute weniger an Rückständigkeit, als an Urbanität. Städte mit vielen Gassen und schönen Geschäften und Wirtshäusern gelten als interessant und gemütlich. Trotzdem scheint auf neuzeitlichen Stadtplänen die Gasse auszusterben. In Neubaugebieten gibts bloß noch Straßen oder hunderterlei Finken-, Buchen-, oder Zugspitzwege. Dabei hat ein *Weg* zwischen Häusern gar nichts zu suchen. Ein Weg ist in jedem Fall kleiner als eine Straße und führt über Land. Er kann Fußpfad sein, Spazierweg, Radlweg, Feldweg, Waldweg oder auch Holzweg – im konkreten, wie im übertragenen Sinn.

Weg

Weg ist übrigens ein indoeuropäisches Urwort, das so oder ähnlich fast in allen Sprachen Europas zu finden ist. Lateinisch *vehere* heißt *ziehen, fahren.* Unsere deutschen Fremdwörter *Vektor* und *Vehikel* hängen damit zusammen.

Gasse in der Stadt, *Weg* auf dem Feld und *Straße* über Land: drei unterschiedliche Bezeichnungen für drei unterschiedliche Dinge. Das klassische lateinische Wort, das *Straße*, *Gasse* und *Weg* gleichermaßen meint und mit letzterem auch etymologisch zusammenhängt, ist *via*. Selbstverständlich haben das auch die Keltoromanen (und damit die Baiern) übernommen. Übers Bairische hinaus in die Schriftsprache ist es allerdings nie gekommen: *Via* im Sinn von *weg!*, *los!*. Während die außerbairischen Kutscher zu ihrem Ross allesamt *Hüh!* sagen, wenn es laufen soll, sagen ihre bairischen Standesgenossen, genau wie die Italiener noch immer *Wia!*, was noch schneller aussterben wird als die gute alte Gasse. Immerhin – noch müssen die Hunde nicht *Strassigehen*. Nur in Österreich, dem manchmal besseren Baiern, dagegen gibt es alles noch: Die *Gasse* und das *Wia!*, das der Fiaker im Mund hat, wenn er mit der Goaßl schnalzt.

Via! Wia!

Außerhalb von Touristenorten wie Wien oder Salzburg ist all das selten geworden. Seit über einem halben Jahrhundert fahren die Bauern motorisiert aufs Feld. Mit einem *Bulldog* – oder heißt es richtig *Schlepper*? Oder *Traktor*? Oder gar *Trecker*? Wenn man die Leute fragt, wie es richtig hochdeutsch heißt, kommen all diese Vorschläge nebeneinander. Dabei ist *Traktor* natürlich nicht deutsch, genauso wenig wie *Bulldog*. Dafür ist *Bulldog* bairisch, *Trecker* dagegen absolut nicht. *Trecker* aber ist sehr wohl deutsch – genauso wie *Schlepper*, der wiederum nicht bairisch ist.

Bulldog

Aber Schluss mit der Verwirrung! Die allermeisten Baiern sind sich einig, dass man in Baiern *Bulldog* sagt. Auch wenn das eigentlich kein bairisches Wort ist, sondern ein englisches: *Bulldog*, also *Bulldogge*, wörtlich *Stierhund*, ist zunächst einmal nichts anders die Handelsmarke eines Motors und später einer Zugmaschine der Firma Lanz in Mannheim. Der *Lanz Bulldog* mit seinem legendären einzylindrigen Motor hat in den 20er Jahren auf den Bauernhöfen die Dampfmaschine abgelöst. Später hat man dann jede Zugmaschine, ganz gleich welcher Firma, *Bulldog* geheißen – ähnlich wie bei den Papiertaschentüchern, den *Tempos*.

Wia! Wie alle seine Vorgänger im Land am Limes benutzt der bairische Römer Michael Donabauer selbstverständlich das lateinische Wort Via! (= weg, weiter, los) wo seine norddeutschen Kollegen Hüh! sagen

Schlepper
Trecker

Wo es dann feiner hergegangen ist, beim Bauernverband oder so, da hat man zu der Zugmaschine neutral *Schlepper* gesagt. *Schleppen* heißt auf norddeutsch *trecken*. Da wird die Verwandtschaft des Plattdeutschen mit dem Englischen ganz deutlich. Weil auf englisch heißt *ziehen, schleppen* auch *to track*. Aber da wirds vertrackt weil natürlich das Wort *trecken* keinesfalls vom englischen *track* oder *truck* abstammt, sondern eben ganz eigenständig niederdeutsch ist

Traktor
Schlepper
schleifen, schleppen, schloapfa

Also: *Trecker* ist nicht hochdeutsch! Jetzt zum *Traktor*. Die indoeuropäische Wurzel *tra, tre* steckt da genauso drin wie in *Trecker* und in *tragen*. *Traktor* ist die neulateinische Übersetzung von *Schlepper*. Besonders gern in sozialistischen Ländern verwendet. Da hats sogar den Beruf *Traktorist* gegeben. Seit der Wende macht sich das Wort auch bei uns breit. Halten wir fest: *Bulldog, Trecker, Traktor* fallen als hochdeutsche Bezeichnungen aus, obwohl man sie landschaftlich durchaus verwenden kann. Das *Schleppen* und der *Schlepper* sind zwar ursprünglich auch niederdeutsche Wörter – hochdeutsch heißt *schleppen schleifen*, bairisch *schloapfa* – es ist aber das einzige deutsche Wort, das wir kennen, das auch ein Baier ungeniert verwenden kann. Aber nur wenns offiziell wird. Im Alltag sind wir mit Sicherheit beim Bulldog am besten aufgehoben. Außer wir sagen *Landwirtschaftliche Zugmaschine*. Aber das Wort lassen wir lieber den Beamten. Die brauchen auch ihren Spass.

Wo der Papp noch pickt: Glückliches Österreich!

Die Österreicher sind in vielerlei Hinsicht die besseren Baiern. Einfach deswegen, weil sie viel selbstbewusster und selbstverständlicher mit ihrer bairischen Muttersprache umgehen. Manche bairischen Spezialitäten haben sie sogar in den Rang eines, wenn man so will, *Staatsösterreichisch* erhoben und der Duden und manch anderes deutsche Wörterbuch krönen dieses durchaus legitime österreichische Selbstbewusstsein mit haarsträubendem nationalistischen Unfug. Sie nennen diese bairischen Wörter *Austriazismen* und kennzeichnen sie mit dem Kürzel *österr.*, während sie ein Kürzel *bair.*, das viel angebrachter wäre, überhaupt nicht kennen.

Jänner und Januar

Ein typischer Fall für so ein bairisches Wort, das heute als Austriazismus gilt, ist der *Jänner*, das alte bairische Wort für *Januar*. Der Januar hat seinen Namen von dem altitalischen doppelgesichtigen Gott *Ianus*. Spätlateinisch hat dieser Monat *Ianuarius* dann *Ienuarius* geheißen. Der bairische *Jenner* oder *Jänner* stammt direkt von diesem *Ienuarius* ab. Die Germanen, zu denen die Baiowaren mit ihren keltoromanischen Wurzeln ja nicht so ganz gehören, haben zu diesem Monat ursprünglich *Eismond* gesagt und das *Ianuarius* erst im Mittelalter als Fremdwort eingeführt, daher *Januar*. Ebenfalls erst im 15. Jahrhundert haben die restlichen Deutschen den *Februarius* eingeführt. Lateinisch *februare* heißt *reinigen* und der Februar, der letzte Monat im altrömischen Kalender, war für die Reinigungs- und Sühneopfer da. Der altgermanische Name für den Februar war übrigens *Hornung* und das bedeutet eigentlich *Winkel, Spitz* oder *der Ungerade*. Der Hornung ist *Winkelmonat* deswegen, weil er nur 28 Tage hat, also nicht ganz vollständig ist. In Baiern war *Hornung* so gut wie unbekannt. Wir haben dazu immer schon *Feber* gesagt, nach der spätlateinischen Form *Feberarius*. In Österreich gibt's den Feber ebenfalls bis heute. Dort erlebt man die wunderschöne alte Kultursprache Bairisch als moderne Sprache, die sich weiterentwickelt und durch neue Wortschöpfungen immer wieder Beweise für ihre nach wie vor starke Lebenskraft liefert, während sie in den zur bundesdeutschen Provinz degradierten altbayerischen Städten oft genug nur noch ein Schattendasein führt. Im Freistaat Bayern ist das Bairische schon so saft- und kraftlos geworden, dass manche für die seelenlose Technokratenbezeichnung *Aufkleber* schon gar kein anständiges Wort mehr kennen. Oder doch? Manche benutzen sie noch, so schöne Begriffe wie *Papperl* oder *Wàpperl.*

Feber und Februar

Hornung

Wàpperl

Wàpperl hängt mit dem *Wappen* zusammen und bedeutet soviel wie *Mal, Klebemarke, Wertmarke.* Der *Kuckuck* des Gerichtsvollziehers ist ein *Wàpperl.* Gezinkte Karten sind *gwàppelte* Karten, wer *gwàppelt* ist, ist entweder *mit allen Wassern gewaschen* oder *gezeichnet*. Vom Brudermörder Kain heißt es in alten Barockpredigten, er sei mit einem *Mal gewàppelt* gewesen – dem berühmten *Kainsmal*. Der Unterschied zwischen einem *Wàpperl* und einem *Pàpperl* besteht darin, dass auf einem Wapperl im Allgemeinen was draufsteht. Auf ein Papperl kann man, wenn man will, selber was draufschreiben.

Daher gilt: Nicht jedes Papperl ist ein Wapperl, aber praktisch jedes Wapperl ist ein Papperl. Womit wir zu unseren österreichischen Nachbarn kommen. Die haben als Maut-Wertmarken Wapperl eingeführt, die man an die Windschutzscheibe picken muss und dafür die neue Bezeichnung *Pickerl* eingeführt; und plötzlich meinen alle, dass das Wort *picken* österreichisch sei. Überall mokiert man sich über die Österreicher und ihr Pickerl. Selbstverständlich verzeichnet auch der Duden das Wort *picken* im Sinn von *kleben* als rein österreichisch.

Pickerl, picken

Wobei *picken* im Gegensatz zu *pappen* kein dauerhaftes, sondern nur ein vorübergehendes Kleben signalisiert; und meistens ist man bestrebt, das *Pickige* zu vermeiden. Pickige Hände beispielsweise, die voller Papp sind – ekelhaft! *Picken* kommt von dem lateinischen Wort *pix*, das nichts anderes als *Pech* bedeutet. Wenn etwas in Baiern *picht*, *auspicht ist*, dann *pickt* es auch. Der *Papp* übrigens ist ebenfalls Latein: *pappa* heißt der *Brei*. Schließlich wurde der älteste Leim aus Mehlbrei gemacht. *Pappa* ist schon im Lateinischen ein männliches Wort, weswegen wir Baiern, die das Wort von den Römern haben, ***der** Papp* sagen. Die Norddeutschen haben später fälschlicherweise gemeint, weil *pappa* auf *-a* endet, sei es weiblich, wie die meisten anderen lateinischen Wörter mit a-Endungen, und haben daraus ***die** Pampe* gemacht, was auch soviel wie *Brei* oder dergleichen heißen soll.

Papp, Pàpperl

Pampe

Übrigens hat dieser Brei *pappa* nix mit dem lateinischen Vater, dem *papa*, zu tun, auch wenn manche meinen – und es gibt mittlerweile tatsächlich Leute, die das Bairische so verstehen –

Papa

ein *Pàpperl* sei ein *kleiner Vater*. Nein, ein Pàpperl ist kein kleiner Vater, sondern ein Wapperl oder Pickerl. Und auch der *Papp* hat nix mit dem *Pàpp* zu tun! Spätestens aber wenn man den erwähnt, glauben die gleichen Leute wieder, wir reden von einer englischen Gastwirtschaft. Ein rechter Baier kontert da schnell und einfach mit folgendem Merksatz:

Im Pub bleibt der Pàpp manchmal pappen

Die Feinheiten des Bairischen fangen eben schon damit an, dass es mindestens zwei verschiedene Lautwerte des Vokals *a* gibt. Es gibt ein helles à wie in *Pàpp* oder *Às* (der Spielkarte!) und ein dunkles wie in *Papp* oder *Aas*. Uns interessiert hier zunächst der dunkle Papp, der Mehlbrei-Leim. Der bairische *Pappendeckel* kommt daher (den die Norddeutschen schlicht und wieder falsch, was das Geschlecht angeht, ***die*** *Pappe* nennen), genauso die bairische *Pappen* für *Mund*. Kleine Kinder oder alte Leute, wenn sie mit Brei gefüttert werden, werden *gepäppelt*, *aufgepäppelt* weil obendrein beim wiederholten Öffnen und Schließen der Lippen so ein *Papapapap-Geräusch* entstehen kann. Wenn der Mund dann so voll ist, dass man ihn nicht mehr gescheit zubringt, dann kann man nicht mehr *Papp* sagen. *Pàpp* übrigens auch nicht mehr. Apropos: zu dem, zum *Vater*, kommen wir jetzt.

Pappendeckel, Pappe, Pappen

Man tät auf den ersten Blick nicht draufkommen, aber im Gegensatz zum *Pappendeckel* ist das *Papier* nicht direkt, sondern nur auf Umwegen mit der *Papp*-Wortfamilie verwandt. *Papier* kommt von *Papyros*, im alten Ägypten *pa-per-aa*, das heißt wörtlich: *was dem Pharao gehört*. Papierherstellung war nämlich in der Antike ein königliches Vorrecht. Das *Pa* im *Papyros* und im *P(h)arao* ist das gleiche väterliche *Pa* wie im *Papa* und im bairischen *Pàpp*.

Papier

Natürlich ist auch der Papst ein solch väterlicher *Pàpp*, was uns schnurstracks zum nächsten und in diesem Zusammenhang letzten bairischen Spezialwort bringt – dem *Pfaffen*, der heute auch standardsprachlich gang und gäbe ist.

Papst, Pfaffen

Pfarrer *Pfaffe* hat nämlich mit *Pfarrer* (griechisch *paroikos* = der *Nachbar*, der *Nächste*, lateinisch *parochus* = der *Pfarrer*) im Gegensatz zur üblichen Auffassung überhaupt nichts zu tun. Leider hat das Wort seit dem Mittelalter eine sogenannte Bedeutungsverschlechterung erfahren – heute ist es mehr oder weniger ein Schimpfwort. Nur noch in Ortsnamen wie *Pfaffenhofen* führt es ein einigermaßen ungetrübtes Dasein. Ursprünglich aber ist es der alte hochdeutsche (und damit auch bairische) Ausdruck für *Priester*. Die Norddeutschen haben überhaupt kein eigenes altes Wort dafür. Soweit sie evangelisch sind, haben sie später Pastor aus dem Lateinischen den *Pastor* (von lateinisch *pastor* = *Hirte*) entlehnt.

In Baiern dagegen, wo die Leute spätestens seit dem 4. Jahr- Priester hundert Christen waren, hat man das Wort für *Priester* von den Goten übernommen. Die Goten ihrerseits haben sich dafür bei den Griechen bedient (griechisch *presbyter*). Beide Völker, die Griechen und die Goten, haben zu ihren Geistlichen, wie heute noch in Russland üblich, *Väterchen* gesagt, *Papa* eben. Daraus ist dann das Wort *Papst* genauso geworden wie die Bezeich- Pope nung für die orthodoxen Geistlichen: *Pope* und – nach der sogenannten hochdeutschen Lautverschiebung – das schöne bairische Wort *Pfaffe*.

Von lästigen Wimmerln und pickligen Spitzhacken

Ein ganz besonders treffendes Beispiel für die Innovationskraft, die das Bairische nach wie vor entwickeln kann, ist das folgende Wort. Es ist zugleich auch ein schönes Demonstrationsobjekt dafür, wie man, wenn es um die Geschichte von bairischen und deutschen Wörtern geht, ganz leicht vom Hundertsten ins Tausendste kommen kann. Weil ein Wort das andere Wimmerl ergibt: Am Anfang gehts ums *Wimmerl*.

Manche verstehen unter *Wimmerl* bloß eine *Gürteltasche*. Dabei wurde das Wimmerl in dieser Bedeutung erst mit dem Aufkommen des Skifahrens als Massensport allgemein, auch außerhalb Baierns, bekannt. Vorher jedenfalls hat man es auch hierzulande vornehmlich in anderer Verwendung gekannt, oder? Spätestens hier schnackelts – zumindest bei den Älteren: *Ja, ‚Wimmerl!' So hat man doch früher zu einem ‚Pickel' gesagt!*

Sogar die älteren Leute benutzen lieber das eindeutig nord- und niederdeutsche Wort *Pickel*, wenn sie sagen wollen, dass sie einen *Pinkel* im Gesicht haben, den jeder anständige Baier immer schon *Wimmerl* geheißen hat. Jüngere wissen gar nicht mehr, dass man zu sowas *Wimmerl* sagen kann; und wenn sie's noch wissen, dann halten sie das Wort nicht mehr für fein genug. Wörtliches Zitat einer Frau um die 40: *Ein Pickel ist ein Wimmerl, das mit ‚Euter' gefüllt ist.* Ja, wirklich, so feun sind die Leute heute schon!

Pickel

Tatsache ist: Das Wimmerl als bairisches Wort für das, was der Doktor *Acne vulgaris* nennt, das Wimmerl ist praktisch am Verschwinden. Dabei ist es ein so ehrwürdiges Wort. *Wimmerl* kommt vom lateinischen *vomere*, was soviel heißt wie *sich erbrechen, ausspeien, ausspritzen*; und das tut ein Wimmerl ja auch, wenn man draufdrückt. *Wimmerl* ist eine, wie der Sprachwissenschaftler sagt, *lexikalisierte Verkleinerungsform*. Das heißt so ungefähr, dass das Verkleinerungs-l schon so mit dem Wort verwachsen ist, dass es keine Verkleinerung mehr bedeutet. Der Johann Andreas Schmeller kennt noch den *Wimmer* ohne Verkleinerung, einen *harten Auswuchs* an einem Baum, ein Wimmerl im Holz sozusagen. *Wimmer* und *Wimmerl* gibts nur in Baiern und Österreich, da halt, wo die Römer waren. Die Norddeutschen und viele andere Deutsche sagen meistens *Pickel*, ein Wort, das mit dem *Pickerl* nichts zu tun hat, sondern sich von *Pocke* ableitet. Die Baiern wiederum verstehen unter einem *Pickel* was ganz anderes.

Pickel und Spitzhacke

Den echten schrift- und standarddeutschen *Pickel, Picke* auf (mittel-)bairisch, den kennt man im ausschließlich germanisch geprägten Rest Deutschlands überhaupt nicht. Dort sagt man *Spitzhacke*. Dieser richtig hochdeutsche *Pickel* heißt nur zufällig so wie der Eiterpickel. Denn er kommt von lateinisch *bec-*

cus, der *Schnabel* und von *beccare*, das heißt *picken. Picken* übrigens im Standarddeutschen; in den meisten bairischen Mundarten sagt man dazu *pecken*, da ist das lateinische *beccare* noch deutlicher herauszuhören. Berühmt geworden ist zum Beispiel der *Hirnpecker* aus dem Bayerischen Dekamerone vom Oskar Maria Graf. Bekannt ist auch, dass die Wiener zu einem Feinschmecker *Feinspitz* sagen – eine direkte Übersetzung des italienischen *becco fino* (= *Fein-Schnabel*).

picken, pecken

Feinspitz

Halten wir also fest: Das *Wimmerl* ist korrektes Hoch- und auch Schriftdeutsch. Der erst spät schriftdeutsch gewordene niederdeutsche *Pickel* hat weder mit dem Hochdeutschen Pickel oder dem Pickerl was zu tun. Der richtige hochdeutsche *Pickel* ist was zum Arbeiten und hängt mit dem bairischen *pecken*, dem hochdeutschen *picken*, zusammen. Aber wer weiß heute noch aus eigener Erfahrung, was man mit einem Pickel tut? Ausdrücken ist jedenfalls nicht die richtige Antwort. Leider drückt sich heutzutage kaum einer mehr richtig aus! So stirbt das Wimmerl aus. Zumindest das im Gesicht. Das um den Bauch herum ist schon noch bekannter, oder? Spätestens da glauben die meisten, es sei das *Wammerl* gemeint. Sie sehen. Man kommt vom Hundertsten ins Tausendste! Von der Gürteltasche zum Wimmerl, vom Wimmerl zum Pickel, vom Pickel, zur Spitzhacke und dann auch noch zum Wammerl. Man könnt auch noch was zur preußischen Pickelhaube sagen und wär im Nu schon wieder beim *Pickerl*. Aber da waren wir ja schon.

Auf den Spiez getrieben

Weil wir grad beim Wiener *Feinspitz* waren: ***Der*** *Spitz* und ***die*** *Spitze* sind ein Wortpaar, dessen hochdeutsch-niederdeutsche Gegensätzlichkeit trotz aller Deutlichkeit fast niemandem mehr auffällt. Eigentlich nämlich dürfte es **die** Spitze gar nicht geben, vor allem ***eine*** Spitze nicht: Die – Zugspitze. Was wird man nicht ausgelacht und mit ungläubigem Erstaunen bedacht – auch von gstandenen Baiern – wenn man behauptet, die Zugspitze sei ein bayerischer Berg und deswegen müsse er eigentlich ***der*** *Zugspitz* heißen. Dabei lässt sich das ganz ein-

Spitz und Spitze

Zugspitz und Zugspitze

fach beweisen. Nicht nur, weil der Johann Andreas Schmeller in seinem Mitte des 19. Jahrhunderts erschienen *Bayerischen Wörterbuch* ganz selbstverständlich *der Zugspitz* schreibt, sondern auch deswegen, weil die jüngst vom Deutschen Alpenverein entdeckte, um 1750 angefertigte Karte des Berges übertitelt ist *Ybers blath ufn zugspitz.* Und das ist ja auch ganz logisch, denn das wissen die meisten Altbayern: Bairisch heißts *der Spiez* und nicht *die Spitze.* Denn der *Spiez*, schriftdeutsch *der Spitz,* kommt aus dem Lateinischen *spicus*, was nichts anderes heißt als *Stachel, Lanze* oder auch die (bekanntlich spitze) *Getreideähre.*

Spiez, Spieß, spissig, spießig

Aus dem *spicus*, der auch im Lateinischen selbstverständlich männlich ist, hat sich der bairische *Spiez* genauso entwickelt wie ***der*** *Spieß*, beispielsweis der Bratspieß. Ein magerer Mensch wird in Baiern als *spissig* bezeichnet; aber auch das Heu kann *spissig* sein, *pieksig* tät man in Norddeutschland dazu sagen. Noch ungemütlicher sind *Spießruten;* und wenn heutige Soldaten zu ihrem Feldwebel noch *Spieß* sagen, dann hat das seinen Grund darin, dass so früher der Nachtwächter genannt wurde, der, wie es geheißen hat, *zum Spiëß verordnet war.* In den mittelalterlichen Städten gab es noch keine richtige Polizei, aber jeder Waffenfähige war in der Bürgerwehr und damit ein *Spießbürger.* Aber auch die richtigen Soldaten, die Lanzknechte (keinesfalls Lan*d*sknechte!) mit ihren langen Lanzen waren *Spießgesellen.* Und die Knappen der Ritter, die denen die Lanzen gereicht haben, waren die *Spießbuben.* Die mussten *viv* sein und schlau auf dem Turnierplatz. Deswegen sind daraus dann die *Spitzbuben* geworden. Selbstverständlich heißt der heute noch bekannte Hut nicht ***die*** *Dreispitze*, sondern ***der*** *Dreispitz,* und die Stelle, wo die beiden Isararme unterhalb von Landshut sich wieder vereinigen, heißt ***der*** *Isarspitz.* Auch ***der*** *Allerseelenspitz* (ein Gebäck) und ***der*** *Spitz* (ein Hund) sind selbstverständlich genauso männlich wie ***der*** *Spiez*, den man in Baiern jemandem auf den Hosenboden verabreichen kann. Selbstverständlich, und damit sind wir wieder beim ersten Beispiel, heißt es auch noch immer ganz richtig *Zugspitzplatt* nicht *Zugspitzenplatt.*

Damit wär wohl hinreichend untermauert, warum es ***der*** *Spitz* heißen muss. Aber warum heißt der Berg eigentlich ***Zug****spitz*? Nein der Zugspitz heißt nicht so, weils um den Gipfel *zieht* oder weil er meist einen *An-Zug* aus Schnee trägt, weil es sich um einen Bergzug handelt oder weil die *Zugspitzbahn* auf ihn hinauffährt. Das alte hochdeutsche und bairische *Zug, Zuëg* heißt nämlich nix anderes wie *Zweig, Nadel* oder *Zacken*. In einem alten – nicht ganz jugendfreien – Scherzreim, den Johann Andreas Schmeller überliefert, heißt es:

Zug, Zuëg, Zweig, Zacken, Zunge

Der Hàftl und die Hàftlin,
de ham se zkriagt,
weil si allmal da Zuëggn
beim Eihàftln biagt.

Der *Zuëggn (*sprich *Zuaggn)* ist hier die eiserne *Zunge* der Gürtelschnalle (*Hafte,* bair. *Hàftl*). Tatsächlich steckt auch in der Standardsprachlichen *Zunge* der *Zug* oder Zuëggn drin. Alle Berg*züge,* auch unser *Zuëgspitz* sind also nichts anderes als *Zackenspitzen.* Diesen Zuëgspitz allerdings haben uns die restlichen Deutschen mit der Reichsgründung 1871 gewissermaßen abgenommen und zu ihrem höchsten deutschen Berg gemacht. Womit aus dem Zuëgspitz die Zugspitze wurde

What a Mess? S Leben is a Dult!

Vorhin beim *Pàpp,* beim *Papa* und beim *Papst* ist ihr Name gefallen: die Goten. Sie waren ein germanisches Volk, das 476 nach Christus dem Weströmischen Reich den Garaus gemacht und den letzten weströmischen Kaiser abgesetzt hat. Damals hat das Land bis zur Donau noch zu den römischen Praefekturen Italien (die Provinz *Raetia Secunda*, in etwa das heutige Bayern westlich des Inns) und Illyrien (die Provinz *Noricum*, in etwa das heutige Österreich östlich des Inns) gehört. Illyrien und damit die Norer wurden von Ostrom aus verwaltet, woher die vielen Ausdrücke mit direkt griechischen Wurzeln im Hochdeutschen kommen: *Kirche* beispielsweise stammt direkt vom griechischen *kyriakos* (= *dem Herrn gehörig*), während die ro-

Kirche

manischen Länder (italienisch *chiesa,* französisch *eglise*) auf lateinisch *ecclesia* zurückgreifen.

Raetien dagegen reorganisierten die in Westrom herrschenden Ostgoten als Bollwerk gegen die Franken. Der Ostgotenkönig Theoderich (der Dietrich von Bern der deutschen Heldensage), setzte über die Raeter einen *dux* (Herzog) ein und schickte selbstverständlich auch gotische Beamte ins Land. So ist es zu dem sprachlichen und kulturellen Einfluss der Goten gekommen, der als spezielles sprachliches Erbe der Baiern wirksam ist bis auf den heutigen Tag.

Wer etwa glaubt, auf einem *Polster* sitzt man, und ein *Kissen* sei für den Kopf, liegt komplett daneben. Gar nicht so abwegig ist dagegen die Vermutung, auf einem Kissen würde vornehmlich *geküsst*. Früher nämlich hat man das *Kissen* tatsächlich *Küssen* geschrieben. Im Niederdeutschen, also in Norddeutschland, da, wo nämlich das Wort aus dem Französischen übernommen worden ist, hat es *Cussen* geheißen, von altfranzösisch *coisson*; denn in Frankreich sind die Federkissen erfunden worden. In Baiern ist dieses Fremdwort lange Zeit unbekannt geblieben. zwar wirkte hier die gleiche antike Kultur wirkte wie in Frankreich, allerdings nutzte man ein anderes Wort: *Polster.* Kissen

In Österreich outet man sich bis heute sofort als *Piefke* wenn man *Kopfkissen* statt *Kopfpolster* sagt. Da zeigt sich wieder einmal, dass die Österreicher halt die besseren Baiern sind. Im eigentlichen Baiern glauben trotzdem heute viele Leute, *Kopfpolster* sei ein Widerspruch in sich, weil ein *Polster* nur und ausschließlich für den Hintern sei. Wobei schon das Wort ***Kopf**kissen* zeigt, dass das nicht stimmen kann. Man müsste ja nicht *Kopf-Kissen* sagen, wenn es nicht auch ein solches zum Sitzen gäbe. Merke also: Im Norden gibt es *Sitzkissen* und *Kopfkissen*, in Baiern *Sitzpolster* und *Kopfpolster.*

Polster ist das ältere und das bairische Wort. Es kommt aus dem Gotischen *bulstra.* Gotische Ausdrücke haben sich bei den Baiowaren der Völkerwanderungszeit im übrigen immer durchge- Polster setzt, wenn es sich um eine besonders vornehme Sache handelte, die im Land zwischen Alpen und Donau noch nicht bekannt war, wie der *Stuhl* oder das *Polster*, oder wenn es um die behördliche Verwaltung gegangen ist, wie bei der *Dult* oder der *Maut*.

Maut

Maut ist das bairische Wort für *Zoll*. Wenn man auf dem Brenner, in Österreich oder sonstwo eine *Straßenmaut* entrichten muss, dann muss man eben für die Benutzung eine Abgabe zahlen. Die in Baiern häufigen Gasthäuser *zum Mauthäusl* waren einmal nichts anderes als Zollstationen, der *Mautner* war der Zolleinnehmer; in Burghausen beispielsweise gibt es das bekannte *Mautnerschloss*. Heute noch sagen manche Baiern, wenn sie unfreiwillig zahlen müssen, sie müssen *mauten*. Im Gotischen heißt der Zoll *mota* und hängt zusammen mit dem Tätigkeitswort *müssen*. Im Bairischen ist das *mota* zu *Muta* und *Mauta* geworden. Die Goten waren schließlich ein paar Jahrzehnte lang die Chefs im Alpenvorland und da haben die Baiern sich halt dran gewöhnt, dass sie *mauten müssen*.

Dult

Ganz ähnlich die *Dult* als bairisches Synonym für den allgemeindeutschen *Jahrmarkt*: Die *Willibaldidult* in Eichstätt, die *Bartlmädult* in Landshut, die *Auer Dult* in München – Dulten gibt es in Baiern seit den ältesten Zeiten. Das gotische Vorgängerwort heißt *dulths* und bedeutet soviel wie *Kirchenfest*, *Feiertag* im Sinn von *Riesengaudi*. Der Johann Andreas Schmeller zitiert in seinem *Bayerischen Wörterbuch* die Ammergauer. Wenn die meinten, dass etwas lustig ist, sollen sie immer gesagt haben: *Des is a Dult!* und der oberpfälzer Korbflechterssohn und nachmalig königlich bayerische Staatsbibliothekar und Professor Schmeller vermerkt auch wieder eines seiner typischen Gstanzl, an denen er, scheints, eine rechte Freud hatte:

Z Alm om is lusti, is gar allerweil Dult
wenns Deandl koa Jungfrau is, bin i net schuid.

Die Dult ist also eine Belustigung, die mit dem Feiern verbunden ist, daraus entwickelte sich dann auch die Bedeutung *Verkaufsveranstaltung, die an einem kirchlichen Feiertag offen ist.*

Im nördlichen Deutschland, vor allem in Mitteldeutschland, sagt man dazu *Messe*. Ein Wort, das sich von den Schlussworten der lateinischen Liturgie herleitet, dem *ite missa est* (bedeutet in etwa *geht, es ist Aussendung*), an das sich ein letztes *deo gratias (= Gottseidank)* der Gemeinde anschließt, bevor die im Wortsinn *Ausgelassenen* draußen eine weltliche *Kirchmesse*, also *Kirmes* weiterfeierten. Daraus haben sich die heutigen *(Verkaufs-)Messen* entwickelt. Die Italiener sagen für Messe im Sinn von Verkaufsausstellung *fiera* und das kommt aus dem lateinischen *feria* (= *Feiertag*). Heute beantragen die Geschäftsleute aber weder eine fiera noch eine Messe oder eine Dult, sondern einen *verkaufsoffenen Sonntag* – wieder einmal ein richtiges Bürokratenwort! Wobei – auch eine *Messe* ist alles andere als lustig und eigentlich müssten München und andere bairische Städte statt einem *Messegelände* einen *Dultplatz* haben. Denn wenn ein katholischer Baier in die Mess geht, dann geht er in die Kirch und eine bairische Dult ist eine Freud. Und alles andere ist nicht lustig.

Messe

Kirmes, Ferien, Feier

Vom Kirta zum Irta

Wo die bairische *Dult* und die fränkische *Kirmes* heute allgemeine weltliche Feste sind, gibt es in Altbayern bis heute den speziellen Feiertag zur Kirchweih, den *Kirchtag*, bairisch *Kirta*. Schmeller vermerkt dazu den heute noch bekannten Spruch:

A guada Kirta
Dauert bis zun Irta
Es kõ se schicka
A bis zun Micka

Womit wir bei unserem nächsten Gotenerbe sind, den bairischen Wochentagen nämlich. Die Goten waren ja ein germanisches Volk aus dem Osten, das der heute längst verschwundenen christlichen Sekte der Arianer angehangen hat und im 5. Jahrhundert nach Christus die Römer in ihrer Herrschaft über Italien (und damit auch über Raetien und Noricum, also Altbayern und Österreich) beerbt hat. Auch die Goten haben

Sonntag und Sunda

Montag und Mõda

den *Tag des Herrn* geehrt: Christus galt auch ihnen als die neue *Sonne der Gerechtigkeit*, weswegen der allgemeingermanische *Sonntag* auch heute noch auf bairisch *Sunda* heißt. Der bairische *Mõda*, ist ganz klar der *Montag*, der *Mondtag*, der Tag des weiblichen Prinzips oder der Gottesmutter, wie überall sonst in Europa von englisch *monday* bis italienisch *lunedì* von lateinisch *luna* (= *Mond*). Aber schon beim *Dienstag* ist bei uns alles anders.

Dienstag und Irta

Der Dienstag heißt in ganz Europa nach dem lateinischen Kriegsgott Mars, von dem sich zum Beispiel der italienische *martedì* ableitet, oder nach dem germanischen Kriegsgott *Ziu*, von dem der *Dienstag*, der schwäbische *Zisdag* oder der englische *Tuesday* abstammt. Bloß in Baiern heißt der Dienstag *Irta* oder bairisch schriftsprachlich (in alten Urkunden zum Beispiel) *Erchtag*. Die Goten haben den Tag nämlich zu Ehren ihres Religionsstifters Arius *Ariustag* getauft, woraus *Ar(ch)tag*, *Er(ch)tag*, eben *Irta* geworden ist. Dieser Ariustag aber war den Urchristen im spätantiken, respektive frühbairischen Bistum Augsburg zu arianisch-ketzerisch, deswegen haben sie, aber auch nur sie, den Dienstag *Aftermontag* (= *Nachmontag*) genannt.

Mittwoch und Micka

Donnerstag und Pfinsta

Der bairische *Micka* dagegen ist wieder der *Mittwoch*, die unverfängliche Wochenmitte. Der germanische *Donnerstag* wiederum, der Tag des Donnergottes *Thor* (davon englisch *thursday*), der war den Goten zu heidnisch. Deswegen nannten sie den fünften Tag vom Sonntag aus gerechnet einfach nach dem griechischen Wort *pente* für *fünf*. Aus dem *Pente-Tag* ist dann der bairische *Pfinzta* geworden, ähnlich wie aus dem griechischen *pentekosté* (= *50. Tag*) unser *Pfingsten* geworden ist. Damit schließlich die gotische Woche voll war, hat ganz früher der *Freitag*, der Tag der Liebesgöttin *Freia* oder *Venus* (italienisch: *venerdì*) in Baiern auch anders geheißen: *Pferintag*, von griechisch *he paraskeue* = *Rüsttag*. Der Tag, an dem Christus hingerichtet wurde, war ja der *Rüsttag* zum Sabbat. Womit wir beim *Samstag* sind, der ebenfalls was typisch Bairisches ist. *Sabbat* heißt auf griechisch nämlich *sambaton*. Auch das haben die Goten übernommen und nach Baiern gebracht, von wo aus

Freitag und Freida oder Pferda (Pferintag)

Samstag und Samsta

sich der *Sambatontag*, der *Samstag* im ganzen Süden des deutschen Sprachraums verbreitet hat. Im Norden sagt man dazu heute noch *Sonnabend* und meint damit den Abend vor dem Ehrentag der Sonne.

Es hat historische Gründe, warum wir Baiern so und nicht anders sagen – unsere Geschichte unterscheidet uns halt vom Rest Deutschlands. An den Wochentagen wird es deutlich: Die bairischen sind durch und durch christianisiert und die angeblich so modernen Formen im Standarddeutschen sind in Wirklichkeit ein Rückschritt in vorchristliche Zeiten. Hier bewahrheitet sich der bekannte Ausspruch des Dr. Georg Heim, des sogenannten *Bauerndoktors*, der in den zwanziger Jahren bayerischer Reichstagsabgeordneter in Berlin war und sich dort öfter einmal in Rage geredet hat: *Es gab noch kein Frankreich, da gab es schon ein Bayern. Wir sind schon dagewesen, als sich da droben in der Mark Brandenburg noch die Wildschweine den Hintern an den Föhren gewetzt haben.*

Mir wàrn mir

Heims Ausspruch fällt exakt unter das, was auch noch heute bayerische Politiker unter *deutlicher Aussprache* verstehen. Zugegebenermaßen gilt diese unverblümte Art zu sagen was man denkt außerhalb Altbayerns nicht als besonders höflich. Vielleicht liegt das aber generell daran, dass die Baiern eine ganz besondere (sprachliche) Vorstellung von Höflichkeit haben. Der Baier trägt die Höflichkeit nicht unbedingt anbiedernd vor sich her. Er will nicht aufdringlich wirken und versteckt sie eher, kleidet sie in eine spezielle Form des Konjunktivs, der *Möglichkeitsform*; in den *Konjunktiv der Höflichkeit* nämlich.

Konjunktiv der Höflichkeit

Vorauszuschicken ist noch einmal: Im Bairischen können die Vokale verschiedene Lautwerte, Abtönungen erhalten. Gerade das *a* ist sehr wandelbar. Schon das *normale* bairische *a* ist sehr dunkel wie in *i war gestern zMinga* (*ich war gestern in München*). Hier kennzeichnet das *war* mit normalem *a* die erste Vergangenheit. Hell wird das *a* dagegen, wenn es um die bairische Form des standarddeutschen *ich wäre*, also um den Konjunktiv, die Möglichkeitsform geht. Dieses helle *a* kennzeichnen wir mit *à*: *I wàr gern zMinga gwen* (*Ich wäre gern in München gewesen*). Wenn der Baier aber sagt *moing wàr i zMinga*, heißt das zwar nichts anderes als *morgen wäre ich in München*, meint damit aber *morgen* ***bin*** *ich in München*.

Wer kennt folgende Situation nicht: Es klingelt an der Tür, Sie gehen an die Sprechanlage und hören: *Da Bosbod wàr då*. Wo es doch offensichtlich ist, dass der Postbote nicht bloß da **wäre**, sondern auch da **ist**. Er hätte selbstverständlich auch sagen können *da Bosbod* ***is*** *då*. *I bin då* ist genauso bairisch und heißt im Grunde das gleiche wie *i wàr då*. *I dàt iatz ofanga* heißt ja auch nichts anderes als *i fang iatz o*. Und wenn man nachher fertig ist, muss es weder heißen *ich bin fertig* noch *ich habe fertig*, sondern *I wàr fertig*.

Mit *i wàr då* sagen die höflichen Baiern in kürzester Form nichts anderes wie: *Ich bin da, wenn du mich brauchst, vorausgesetzt, ich störe dich nicht und wenn du grad Zeit hast und etwas mit mir anfangen kannst, dann stehe ich zur Verfügung, aber bloß, wenn es keine Umstände macht*. Weil dieser Konjunktiv im Bairischen so überaus höflich ist, kann er sogar klassische Höflichkeitsformen ersetzen. Nicht einmal das *bitte* braucht es da noch: *Bitte sind Sie so freundlich und bringen Sie mir noch ein Bier?* heißt auf bairisch kurz aber nicht weniger freundlich *I griagad no a Bier!* Soviel Höflichkeit bei aller praktischen Knappheit kennen viele unserer deutschen Nachbarn nicht, leider aber mittlerweile auch viele von uns Baiern nicht mehr. Die Tendenz geht eindeutig zu *Fakten, Fakten, Fakten*.

Aber Fakten sind nicht alles. Nicht alles lässt sich messen, passt in vorgefertigte Formen, lässt sich am Fließband herstellen, gottseidank. Denn gerade das Ungerade, das Uneindeutige, das Indirekte und Einmalige macht das Leben abwechslungsreich und schön. Eine Sprache, die nur eins zu eins Fakten abbildet, wäre phantasielos, seelenlos. Sprache braucht die Zweideutigkeit, das Abwägende, das Indirekte, um wenigstens halbwegs der maßlosen Unberechenbarkeit gerecht zu werden, die uns täglich umgibt: unser Leben. Aus all den Annäherungen und Versuchen, das Leben irgendwie in den Griff zu kriegen, sind die menschliche Kultur und die dazu gehörenden Techniken entstanden: Die Sprache genauso wie die Schrift, die Malerei, die Musik, die Architektur. All das gehört unter den Überbegriff *fundamentale Lebensbewältigung.*

Aber derlei nachgerade philosophische Konnotationen kann sich die Schriftsprache heute nicht mehr leisten. Zweideutigkeiten scheint heute niemand mehr brauchen zu können, weswegen der schriftsprachliche Konjunktiv immer mehr auf dem Rückzug ist. In den Medien wird er kaum mehr genutzt, auch die Werbung setzt auf eindeutige Aussagen. Mittlerweile klingt der schriftdeutsche Konjunktiv meistens veraltet oder mindestens gestelzt. Ein Beispiel: Die Möglichkeitsform in Gegenwart und Vergangenheit von *ich saufe* heißt *ich söffe*. Bairisch heißt es weit weniger gestelzt *i sàufat*:

ich saufe,
ich söffe,
i sàufat

I sàufat no oane, wenns no oane gàb.
Håt dersel Bauer gsagt und is untern Tisch åwegfålln.

Das gleiche gilt für *ich schösse*: *i schiaßat*. Der Konjunktiv im Bairischen wird in den allermeisten Fällen mit der Endung *-at* oder *–ad* gebildet. Außer bei den Hilfszeitwörtern: *ich hätte* heißt *i häd* (oder *hàt*) und nicht *i hädad*, *ich wäre* heißt *i wàr*, und schließlich *ich täte*, *i dàt*. Wobei dieses *ich täte – i dàt* auch das schriftdeutsche *ich würde* ersetzt. Schriftdeutsch *Ich führe heute in die Stadt* sagt heut niemand mehr, weil es so altertümlich gestelzt klingt. Stattdessen nutzt man meistens die Umschreibung *ich würde in die Stadt fahren*. Auf bairisch heißts das so: *i dàt heit in dStådt einefåhrn*. Man könnte aber auch den richtigen Konjunktiv benutzen und sagen: *i fåhrad heit in dStadt eine*. Gerade dieser Konjunktiv auf *-ad* ist ungeheuer elegant. Schriftdeutsch sagt niemand *mir stänke auch*; man würde immer umschreiben: *Mir würde auch stinken*. Auf bairisch heißt das: *Mir dàt er à stinga* oder eben *mir stingada (r) à*. Das geht leichter über die Lippen und erklärt den Erfolg des

mir dàt er stinga,
mir stingada

bairischen Konjunktivs auf *-ad*, der sogar ältere bairische Konjunktivformen verdrängt. Der alte Konjunktiv heißt nämlich *mir stànk* (=*mir stänke*). Man kann zwar immer noch hören *då kam er daher*, immer öfter wird aber auch so formuliert: *Då kemad er* oder *då kàmat er daher*. Genauso bei *ich fände*. Da gibts auch eine alte und eine neue Form: *I fàndt und i fàndat* oder *findat*.

i fàndt, i fàndat, findat

Übrigens gilt: Wie zahlreiche andere Sprachen kennt das Bairische ursprünglich kein *Sie*, sondern nur das *Du*. Ein Wort mit uralten, indogermanischen Wurzeln, das mit lat. *tu* (= *du*) und *duo* (= *zwei;*) zusammenhängt. Auch das Lateinische, ganz ähnlich wie das heutige Englisch, kennt nur das *Du*. Der allergeringste Sklave hat zum römischen Kaiser früher *Du* gesagt. Genau wie die alten Baiern, die ihren König schon auch einmal mit *Du Majestät* angeredet haben. Wenn man schon besonders höflich sein will in südlich-romanischen Ländern, zu denen ja auch Baiern gehört, dann redet man sein Gegenüber, genau wie in Italien, höchstens mit *er* an: Italienisch *Vuole ancora un digestivo?* heißt auf bairisch *Måg er no a Stàmperl?*, im Standarddeutschen dagegen *Wollen Sie noch einen Schnaps*?

Du und Sie

Er

In der höchsten Not kann man das einfache *Du* auch noch, ähnlich wie in Frankreich, in die Mehrzahl setzen. Das ist im heutigen Baiern zwar, wenn man nur ein einziges Gegenüber hat, ungebräuchlich, bei mehreren Angeredeten aber durchaus gängig: *Megts no a Bier?* sagt die Kellnerin auf dem Volksfest in der Vorstandsvorsitzenden-Box genauso wie zu den Besoffenen an den gemeinen Tischen. Mit *Ihr*, also der Mehrzahl des *Du* hat man früher auch einen Fürsten angeredet: *Eure Gnaden*. Danach hat man logischerweise in der Mehrzahl weiterreden müssen: *Eure Gnaden haben keinen Schnaps mehr. Wollen Sie noch einen*? So ist das *Sie* entstanden; eine relativ junge Form, die sich im normalen Umgang in Baiern nie so recht durchgesetzt hat.

Ihr

Sie

Was folgern wir daraus? Das Bairische braucht keine leeren Höflichkeitsformen. Es ist in sich höflich, gerade weil es doppeldeutig, mehrschichtig ist und das Ungesagte oft wichtiger nimmt als das Gesagte. Wenn man im Standarddeutschen *Sie Hund!* sagt, ist das bekanntlich etwas ganz anderes als *Du Hund!* im Bairischen. Dazu kommen dann noch die vielfältigen Formen und Nutzungsmöglichkeiten des Konjunktivs, die das mehr oder weniger künstlich konstruierte Schriftdeutsche nicht kennt. So eine schöne Wendung wie *då kàm er dàher!* zum Beispiel, kann man ja ebenfalls nicht ohne weiteres mit *da käme er daher!* übersetzen.

då kàm er dàher! und da käme er daher!

Baiern vor Ort aussen vor

Ein unerschöpflicher Quell für allerlei sprachlichen Unsinn und Sprachverhunzungen sind die Medien mit ihrer dauernden Suchsucht nach dem Neuesten. So kommt aus Deutschlands Nachrichtenhauptstadt Hamburg ein unergründlicher, ständig sich erneuernder Nordsprechstrom zu uns nach Baiern. Hervorragende Beispiele dafür sind Modewendungen wie *vor Ort* oder *außen vor*. Dabei gibt es im hochdeutschen Süden eine Reihe von Leuten, die nicht wissen, was das genau heißen soll. Ist ja auch kein Wunder. Schließlich ist *vor Ort* ursprünglich ein Ausdruck aus der Bergmannssprache und heißt nichts anderes als das *Ende eines Stollens, wo weitergegraben werden muss.*

vor Ort

Zugegeben: *Vor Ort* statt *hier* oder *da* oder *dort* oder einfach *an Ort und Stelle* – *vor Ort* klingt bedeutender und aufgeblasener und ist deswegen ganz schnell zu einem Medienlieblingswort geworden. Genau wie das Gegenteil davon: *Außen vor*. Eigentlich heißt ja das auch nichts anderes, als dass man *draußen davor* ist. Mittlerweile aber sind selbst von eigentlich süddeutschen Zungen noch viel seltsamere Sachen zu hören: *Das hab ich nicht mit, da kann ich nichts für, ich hab da nichts von*. Da sind wir genau beim Thema. Im niederdeutschen Norddeutschland nämlich gelten die beiden Wortbestandteile *da-von, da-mit, da-für* oder *da-zu* noch als selbständig, im hochdeutschen Süden sind sie dagegen schon zu einer absoluten Einheit verschmolzen und können nicht mehr getrennt werden. Norddeutsch *außen vor*, müsste also richtig heißen *draußen davor*. So etwas sagt man aber nicht, sondern ganz einfach: *draußen*

außen vor

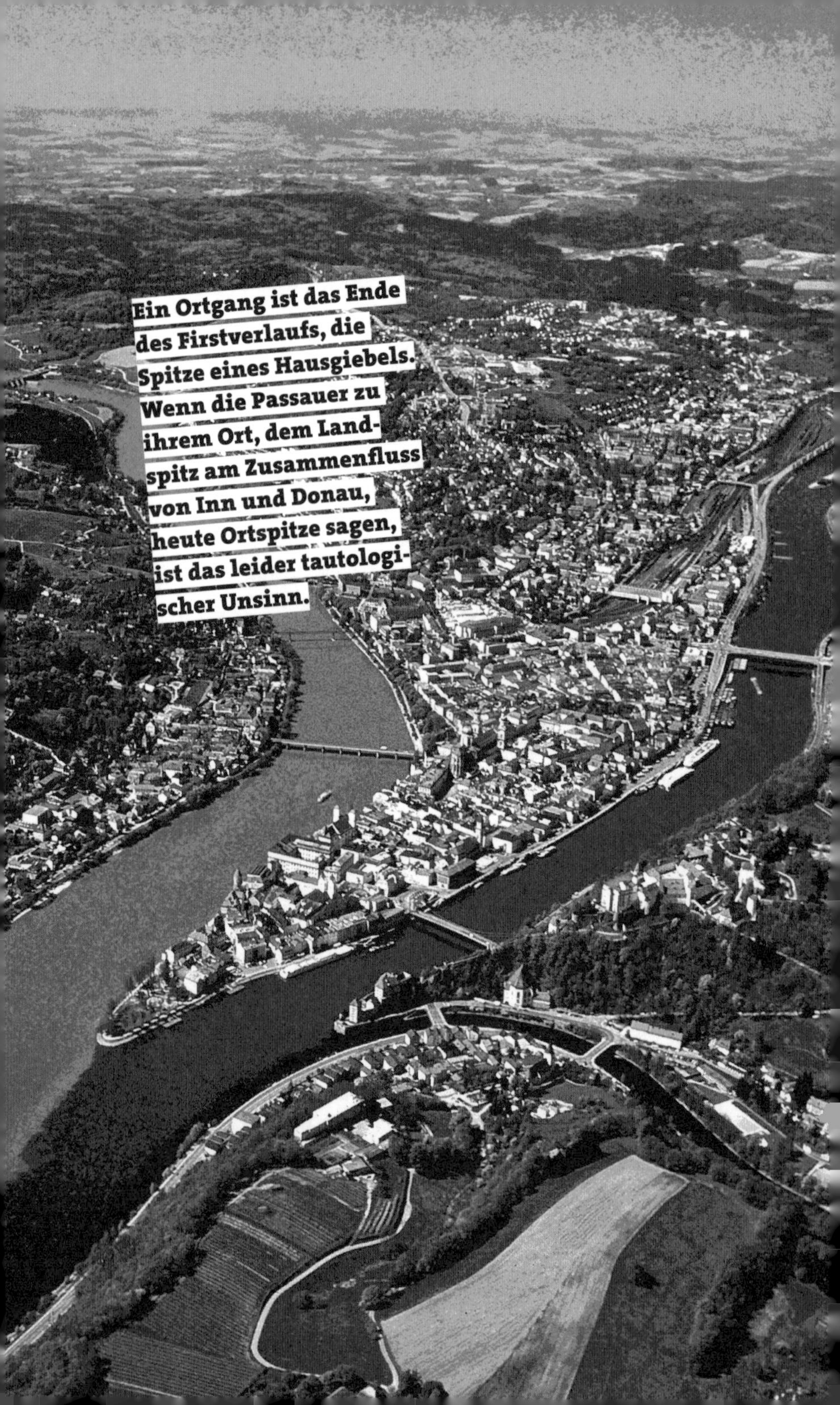
Ein Ortgang ist das Ende des Firstverlaufs, die Spitze eines Hausgiebels. Wenn die Passauer zu ihrem Ort, dem Landspitz am Zusammenfluss von Inn und Donau, heute Ortspitze sagen, ist das leider tautologischer Unsinn.

oder *davor* oder *daneben*; und man sagt, *das hab ich dabei* statt *das hab ich mit* – man hat es im Übrigen ja auch nicht *ohne*, wenn man etwas nicht dabei hat! Einen noch deutlicheren Beweis dafür, dass die Wortbestandteile als Einheit gesehen werden, liefert das gesprochene Bairisch: Das *a* in *dàvõ* beispielsweise ist ein helles *à*, während das *a* im alleinstehenden bairischen *då* typischerweise eher wie ein offenes *o klingt*.

Weil die erwähnten Wortbestandteile im Nord- und Niederdeutschen noch als selbständig gesehen werden, kann man dort in manchen Fällen das *da* auch vom *mit*, *für* oder *zu* am Ende abschneiden und alleinstellen, wie der Sprachwissenschaftler sagt. Norddeutsch *ich hab da nichts von* heißt süddeutsch richtig hochdeutsch *ich hab nichts davon* oder *davon hab ich nichts*. Dazu kommt, dass die Norddeutschen gern die Betonung auf das *da-* legen, also ***da**von*, ***da**mit*, ***da**zu* sagen; die Süddeutschen dagegen, korrekt hochdeutsch, stets auf der zweiten Silbe betonen: *da**von***, *da**mit***, *da**zu***. Nur wenn man betonen will, ***wo**von* man nichts hat, dann sagt auch der Süddeutsche gern ***da**von*. Aber eigentlich bloß in der süddeutschen Standardsprache. Im Bairischen versteht man die Wortbestandteile manchmal schon so selbstverständlich als ein einziges Wort, dass man das *da-* statt es zu betonen lieber redupliziert, also verdoppelt: ***då**dàvo*, ***då**dàmit*, ***då**dàfür*.

Betonung und Bedeutung

Ganz eigen verhalten sich die Richtungswörter *her* und *hin*. Sie können selbständig und allein oder zwingend in Verbindung mit dem *da* vorkommen. Dabei wechseln sie ihre Bedeutung. *Da geht er hin* heißt, dass einer zu einem bestimmten Punkt hingeht, *da geht er dahin* bedeutet dagegen, dass er gewissermaßen in unbestimmte Richtung entschwindet. Im Niederdeutschen heißt das immer *da geht er hin*; womit gar nicht klar ist, *wo* er eigentlich hingeht.

Im Bairischen, genau wie im Hochdeutschen, ist es halt einfach: Wenn es mit einem *da**hin**geht*, dann weiß man leider nicht genau, ***wo**hin* die Reise geht, sonst müsste es ja heißen: ***da**hin* geht er. Tatsache ist bloß, dass so einer ***nirgends*** mehr hingeht. Und ganz sicher ist, dass ein *Da**hin**gegangener* nicht plötzlich wieder *da**her*** kommt, weil von ***da**her* keiner mehr kommt. Wenn aber Norddeutsche nach Baiern kommen, dann wissen die Einheimischen ziemlich genau, dass von denen bloß manche wieder ***da**hin* gehen, wo sie ***her**gekommen* sind, außer sie gehen *da**hin*** und lassen sich in ihrer nördlichen Heimat eingraben. Manche sagen dann: *Da kann ich nichts für, wenn die Einheimischen außen vor bleiben.* Das haben die Baiern dann da***von***!

Ein Hoch aufs Auf und Nieder!

Leider ist es mit dem sprachlichen Selbstbewusstein der Baiern nicht allzu weit her. Selbst die alltäglichsten hochdeutschen Wörter haben mittlerweile gegen die entsprechenden niederdeutschen einen schweren Stand. Wer weiß schon noch, dass *Kachel* (spätlat./rom.: *cacculus = Kochgeschirr,* Ofenkachel) das eigentlich hochdeutsche Wort, *Fliese* dagegen nur ein niederdeutscher Dialektausdruck ist? Es ist sogar soweit, dass selbst gestandene Baiern *Kachel* für norddeutsch und *Fliese* für süddeutsch halten.Ganz ähnlich wie mit dem *Truthahn* und der *Pute* und vielen anderen Beispielen. Auch bei diesem Wortpaar hier ist es so: Die niederdeutsche *Treppe* gilt als eingebairischte *Treppn* mittlerweile als bairischer Standard. Das echte bairische Wort dafür, die *Stiege,* kommt dagegen immer mehr aus der Mode.

Kachel und Fliese

Dabei gehen beide Wörter von vornherein von ganz unterschiedlichen Tätigkeiten aus: Eine Stiege, daher kommt das Wort, *steigt* man hinauf und eine Treppe *trappt* (= schriftdeutsch *trabt*) man hinunter. Gottseidank gibts noch Leute, die das alte bairische Wort *tràppen* noch kennen. Wer so vor sich hin trappt, ist ein *Tràppel.* Sie sehen, das Wort gibt es in mancherlei Ausprägung, in der umgelauteten Form *Treppe* ist es aber im bairischen Sprachraum überhaupt nicht gebräuchlich, sondern hat sich erst aus dem Norden, aus dem niederdeutschen Sprachraum eingebürgert. In Baiern hat es seit jeher nur *Stiegen* und *Stiegenhäuser* gegeben, weswegen hier auch nie-

Treppe

traben, tràppen, Tràppel

Stiege

mand auf die Idee käme, zu einem im Stiegenhaus, quasi im Vorbeigehen, gezeugten Mischlingshund *Treppenglanderrass* zu sagen. In Norddeutschland hat das Wort *Stiege* den Beigeschmack von *eng* und *primitiv*. Im Süden dagegen gibts sogar Prachtstiegen in Schlössern und Abteien, wie die berühmte Kaiserstiege im Stift Göttweig. Halten wir also fest: Die *Stiege* ist hochdeutsch und reines Schriftdeutsch. Dass es im Bairischen Stiege**n** heißt, ist, ganz ähnlich wie bei der Hose**n**, dem sogenannten *obliquen Kasus* zu verdanken. Dabei wird der erste Fall, der Nominativ, den anderen Fällen in der Endung angeglichen. Bei der *Stiegen*, der *Hosen*, der *Goschen* und zahlreichen anderen Wörtern hat das zur Folge, dass die Wörter ausschauen, als ob sie Mehrzahl wären – in Wahrheit sind sie aber Einzahl. Analog zu dieser Bildung haben die Baiern die niederdeutsche *Treppe* in *die Treppen*, gesprochen *Treppn*, eingebairischt.

Stufen und Staffel

Ganz ähnlich verhält es sich mit den Bestandteilen einer Stiege, auf die man beim Steigen tritt. In Baiern heißen die nämlich eigentlich nicht *Stufen* sondern *Staffel* (aus gotisch/langobardisch/romanisch *staffa, staffula = Tritt;* verwandt mit *stapfen, stampfen* und englisch *step*). Wer nicht weiß, was das hochdeutsche Wort *Staffel* bedeutet, weiß auch nicht, dass eine *Staffelei* noch ganz was anders sein kann als ein Bildständer für einen Kunstmaler. Das, wozu außerhalb Baierns *Trittleiter* gesagt wird, ist nämlich, schon von der Definition her, keine Leiter: Eine Leiter besitzt Sprossen, eine Staffelei aber, wie der Name schon sagt, hat Staffel, also Stufen. Es gibt einen *Staffellauf*, zu dem selbstverständlich niemand *Stufenlauf* sagt. Auch Fernsehserien werden in *Staffeln* gedreht und selbstverständlich hat man *Staffel* früher einmal auch als Höhenmaß verwendet.

Staffelei

Staffellauf

hinaufgehen und hochgehen

Nicht zuletzt aber geht es darum, die Staffeln einer Stiege, einer Staffelei oder die Sprossen einer Leiter richtig zu benutzen, indem man sie hinaufgeht. *Hinaufgehen*, bairisch *auffe*- oder *nauf*gehen ist richtig und richtig hochdeutsch. Während die Leiter *hochgehen* trotz des *hoch* keinesfalls hochdeutsch, sondern niederdeutscher Dialekt ist. Man kann keine Leiter *hochgehen*, man kann nicht über eine Stiege in den ersten Stock oder einen Berg *hochgehen*, man kann auch keinen Turm *hochfahren*. Schließlich muss man irgendwann wieder hinunter und da geht man auch nicht *tief*, sondern *hinab*, auf bairisch *åwe* oder *rå*.

Prä- und Suffigierung

Mit *auffe* und *nauf*, beziehungsweise *åwe* und *rå* sind wir bei einer typisch bairischen Besonderheit. Mitten durch das alte Baiern geht nämlich eine gewaltige Grenze. Die Grenze der Prä- beziehungsweise der Suffigierung, wie der Sprachwissenschaftler sagt. Im Standarddeutschen heißt es *hinauf* und *herauf*, da werden die Richtungswörter *hin* und *her* an das *auf* vorne hingehängt, also *prä*figiert, wobei sich der Norden des bairischen Sprachraums an das Standarddeutsche hält. *Hinauf* heißt nordbairisch *nauf* und *herauf* heißt *rauf*, *hinab* wird zu *nå*, *herab* zu *rå*. Im südlichen Teil des bairischen Sprachraums, südlich einer Linie, die etwa zwischen Donau und Isar verläuft, werden diese Richtungswörter suffigiert, also hinten hingehängt: *Da heißt es auffe* (= *aufhin*) und *auffa* (= *aufher*), *umme* (= *umhin*), *umma* (= *umher*), *eine* (= *einhin*) oder *eina* (= *einher*) etc.

Dieses Suffigieren von *hin* und *her* gilt in Süd- und Mittelbaiern für praktisch alle Richtungswörter: *Auf* und *ab*, *um* und *über*, *vor* und *hinter*, *aus* und *ein*. *Hinauf* heißt also *auffe* und *hinab åbe* oder *åwe*. *Herauf* und *herab* heißen dagegen *auffa* und åwa. Wenn also einer irgendwo *hinein* fährt, zum Beispiel ins Gebirge, heißt das: Ich fahre ins Gebirg *eine*. Wenn er aber schon drin ist im Gebirge, oder im Haus, dann heißt es: *Kimmst eina*, während es von drin nach draußen *aushin* heißt: *ausse beim Tempel*. Analog *hinter*: *Des Gassl gehst hintre – und wieder fira*. Aufgepasst: Nicht *hervor*, respektive *vor-her*, das müsste ja *vora* heißen, sondern *herfür* und *hinfür*: *Fira* und *fire*.

Bloß schad, dass das Suffigieren, das hinten Anhängen, langsam ausstirbt. Weil jetzt auch schon die Südbaiern vor allem in den Städten meinen, sich mehr an der Schriftsprache orientieren und *ausse* durch *naus* ersetzen. Dabei kann der Südbaier mit seiner Suffigierung so schön betonen: Sagt der Vater zum Buben: *Dua an Hopfa åwa!*, fragt der Bub blöd *Auffe?*, sagt der Vater grantig *Na, hérå*!. Merken Sies? Beim Betonen: *Hérå* (=

hérab), *híniwa* (= *hínüber*), *hífir* (= *hínfür*) – da wird auch in Südbaiern präfigiert.

Ein Goscherl ist keine Schnute

Reden wie einem der Schnabel gewachsen ist – das trauen sich viele Baiern heute nicht mehr. Stattdessen lassen sie sich eine *Schnute* wachsen und plappern damit den Einheitsdeutsch-Slang nach, der auf einfachstem Niveau überall daherkommt. Dabei ist es natürlich so, dass das norddeutsch-niederdeutsche Wort *Schnute* für *Schnauze* in einem schönen bairischen Antlitz nix verloren hat. Ein rechter Baier will, wenn schon, eine *Goschen* (gesprochen mit geschlossenem *o* wie in *rot*) haben. Wobei das Hauptwort *Goschen* einen negativen Beigeschmack hat – ganz im Gegensatz zu seiner Verkleinerungsform *Goscherl: Busserl aufs Goscherl!* Es gibt aber noch andere Wörter.

Schnute und Schnauze

Die *Letschen* zum Beispiel. Wobei damit eigentlich was anderes gemeint ist als mit *Goschen*. Die Letschen hängt zusammen mit *latschen* und *lasch* und meint immer etwas Schlaffes – die totale Entspannung der Gesichtszüge eben. Die Schnute, genauso wie unsere Goschen, ist dazu das genaue Gegenteil.

Letschen

latschen, lasch

Wobei: Die hochdeutsche *Schnauze*, wie auch ihre norddeutsche Form, die *Schnute*, haben immer etwas Spitzes, implizieren gewissermaßen einen krampfhaft mit den Lippen nachgeahmten Schnabel. Die *Goschen* dagegen hat eher was Vollmundiges, Breitgesichtiges, passt also schon allein klangmäßig besser zu den barocken Baiern. Eine Schnute kann man außerdem nicht anhängen, eine Goschen dagegen schon. Man kann sie nicht nur anhängen, sondern auch ziehen. Genauso übrigens wie eine Letschen oder gar ein *Gefrieß* oder *Gfrieß* (= niederdeutsch *Fresse*). Wenn einem Kind etwas nicht schmeckt, zieht es ein Gfrieß, wenn es darüber enttäuscht ist, dass es nix andres kriegt, eine Letschen, dann fangts zum Zahnen an und zieht eine Goschen und wenn es dem Papa anschließend noch die Goschen anhängt, dann könnt es leicht sein, dass es was andres kriegt. Eine *Fotzen* nämlich.

Gfrieß

Fotz, Foz, Fotzen

Wobei die bairische *Fotzen* zwei Bedeutungen hat. Einmal ist es soviel wie eine *Watschen*, *Schelln*, standarddeutsch *Ohrfeige*; es kann aber auch ein *Mund*, ein *Maul*, eine *Goschen* sein, oder gleich *Gesicht* bedeuten. Das Wort hat sich vermutlich aus dem Lateinischen *facies* (= *Gesicht)* entwickelt. Dazu kommt: *Foz* (in der Einzahl mit langem geschlossenen *o* wie in *Boden*) oder *Fotzen* zu sagen, gilt zwar auch in Baiern als ordinär, ist aber durchaus nichts Unanständiges, weil das Wort hier nie in der Bedeutung gebraucht wird, wie sie in Norddeutschland üblich ist. Dort sagt man es mit kurzem offenem *o* wie in *trotzen* als garstiges Synonym für *Vagina* oder *Hure*. Diese *Fotze* hat mit dem bairischen *Foz* allerdings überhaupt nichts zu tun. Es hat germanischen Ursprung: *Fud* ist das *Behältnis*, die *Scheide*. Die Baiern jedenfalls denken beim *Foz* an was viel Harmloseres. Hier ist mit *Fotzenspangler* niemals ein Frauenarzt gemeint und der schöne Ausdruck *fozdudeln* heißt nix anderes als *schmusen*, *busseln*.

Fotzenspangler, fozdudeln!

Ein Umstand, der immer wieder für Irritationen zwischen Baiern und Nichtbaiern sorgt. Wenn beispielsweise bairische Politiker manchmal *hinterfotzig* sind, dann bedeutet das ja nicht unbedingt was Unanständiges, sondern es heißt, dass sie dem Parteifreund oder dem politischen Gegner hinter dessen Rücken manchmal *eine Goschen anhängen*. Manchmal aber auch ein bissl mehr. Und es kann auch passieren, dass ein Politiker in der Öffentlichkeit recht *hergfotzt* wird – im übertragenen Sinn natürlich. *Werd ers schon brauchen!*, heißts dann, oder: *Håt no koam gschådt!*

hinterfotzig

Die *Goschen* übrigens ist, wie die *Stiegen* und die *Hosen*, bei der auch einmal die Hosenbeinlinge gemeint waren, ein typisches Mehrzahlwort, das als Einzahl aufgefasst wird. Auch im Keltoromanischen, auf das die *Goschen* zurückgeht, ist es Mehrzahl. *Geusiae* heißen dort die *Kiefer*, das *Zahnfleisch*, *gausiae* die *Wangen, die Backen*, die wiederum mit dem schriftdeutschen Wort *kauen* verwandt sind.

Goschen

Eine *Schnute* dagegen wirkt irgendwie unplastisch. Die Baiern würden sie deshalb niemals um ihren Mund herum ziehen, oder gar, wenn sie noch gescheit sind, **in** denselben nehmen. Ganz abgesehen davon, dass die haut- und haarlose Schnute ihren Gfriesern, ihren Letschen, ihren Goschen, ihren hinterfotzigen, niemals nicht ankann!

Bachelnde Backen

Die *deutsche Medaille* hat, wenn man so will, zwei Seiten: eine nord- oder niederdeutsche und eine hochdeutsche, respektive bairische. Solche Seiten könnte man als Medaillen-*Wangen* beschreiben – oder muss es Medaillen-*Backen* heißen? Keine Frage: Das richtige hochdeutsche Wort ist *Backe,* auch wenn man heute oft genug *Wangen* für feiner hält. In der bairischen Ausführung ist *der Backa* männlich und bezeichnet lauter Dinge, die meistens in zwei gegenüberliegenden Ausführungen vorhanden sind. Natürlich gibt es *Backen* im Gesicht – wo sonst käme denn der Ausdruck *Backenzahn* her, selbstverständlich gibt's auch zwei Backen am Hintern – man kann nicht *Popowange* sagen. Es gibt aber auch Backen zum Beispiel am Schraubstock oder an Schraubzwingen. Die *Wange* dagegen ist nur ein Nebenwort. Sie können nicht Brems*wangen* sagen! Die Wange steckt in der *Schwinge* drin, die hat der Vogel auch an zwei gegenüberliegenden Seiten.

Backe und Wange

Auf einmal aber macht sich dieses Nebenwort breit und verdrängt den altangestammten Platzhirschen. Das hat zur Folge, dass selbst gestandene Baiern zunächst an einen *Bagger* denken, wenn von einem *Backa* die Rede ist. Dass obendrein ein *Backerl* nicht unbedingt ein *Päckchen* sein muss, dass man beispielsweise aus reiner Vorfreude auf ein Päckchen *rote Backerl* kriegen kann, das ist auch nicht mehr jedem von vornherein klar.

Die schriftdeutsche *Backe* und der bairische *Backa* haben eine interessante Geschichte: Das griechische Fremdwort *phagos = Fresser* (*vgl. Sarko-phag = Fleischfresser*) wurde als lateinisches Fremdwort (*phago*) zum Ausgangspunkt. Bis ins zweite oder dritte Jahrhundert hat man ja das *ph* noch *bh* ausgesprochen. So kam es zur abgewandelten Bedeutung lat. *bucca* die

Backe und Backa

(*aufgeblasene*) *Backe, der* (*vollgestopfte*) *Mund*, italienisch *bocca* ist der *Mund*; und tatsächlich denkt man bei *Backe* viel mehr als bei *Wange* an was – ja, richtig: *Pausbäckiges*. Das Wort gibts selbstverständlich in vielen romanisch beeinflussten Sprachen. Im englischen *back* oder *bacon* oder im *Backbord* spezialisiert sich das *Back* auf eine von beiden Seiten, nämlich auf die jeweilige Rück- oder Gegenseite: *Backbord* liegt dem Steuerbord gegenüber. *Back* ist der *Rücken* oder *Hintern*, wovon sich auch die *Bache*, das Mutterschwein ableitet, von der man wiederum den *bacon*, den *Schinken*, hat. Der heißt auf bairisch schlicht *Arschbacka*.

Backbord

bacon, Arschbacke

Mit dem *Packen* (romanisch *baga* = *Schlauch;* ital. *bagaglio*, frz. *bagage*, engl. *bag* = *Gepäck, Tasche*) hat dieser *Backa* übrigens nichts zu tun; auch nicht das *Backen*, das bairische *Bacha*, bei dems aus dem *bacherlwarmen* Ofen nach Kuchen duftet. Es hat zwar einen ähnlichen Weg genommen (aus griech. *phogo*, lat. *fogo* = *ich brate, backe)* gehört aber nicht hierher; genausowenig wie der *Bagger*. Der heißt keineswegs so, weil seine Schaufeln *Backen* wären oder weil er die Erde *packt*. Der Name für die Baumaschine ist in der niederdeutschen Sprache Norddeutschlands entstanden, wo man mit einem solchen Gerät zunächst Fahrrinnen für Schiffe ausgebaggert hat. *Bagger* heißt im Nord- und Niederdeutschen nämlich der *stinkende Schlamm*. Auch die Baiern kennen ein ähnliches Wort: Wenn jemand *bàckelt* (mittelbair. *bàcket*) oder *bàchelt*, dann *stinkt* er.

packen

backen

bacherlwarm

Bagger

bàcken, bàchen

Übrigens: Auch der *Bàzi* gehört in diese Reihe. Der *Bàzi* und der *Bàz* (= *schmieriger Dreck, Morast*) sind allerdings direkt romanischen Ursprungs. Die Venezianer nennen einen *schmierigen Kerl*, einen *Stümper, Pfuscher paciugo* (sprich: *baziugo*), die Modeneser sagen zur schlammigen *Lacke paciara* (sprich: *baziara*). In Baiern ist der *Bàzi* bekanntlich ein *Lump*, ein *durchtriebener Kerl, Betrüger, Taugenichts*. Außerhalb Bayerns gilt *Bàzi* auch als allgemeiner Spitzname für die Bayern. Das muss einem richtigen Baiern aber nicht stinken. Er weiß, dass *Bàzi* manchmal auch *Schlingel oder Tausendsassa*

Bàzi, Bàz

bedeuten, durchaus also anerkennenden Charakter haben kann. Stinken allerdings sollte ihm, wenn jetzt auch in Baiern statt *Bäckerei* immer häufiger *Backshop* angeschrieben steht. Was sollen sich da die amerikanischen Touristen denken, wenn Sie in den schönen bairischen Städten vor lauter *Arschläden* stehen?

In die Dutten verguggt

Um zu erkennen, ob jemand grad hinterfotzig ist oder nicht, ist es ratsam, drauf zu schauen, wie die Augen über der Goschen aus einem Gesicht herausschauen. Steht da zweimal *schauen* hintereinander? Das ist schon in der Schule schlecht benotet worden! Weswegen es an der Zeit ist, den Verlust eines schönen alten Worts zu betrauern: *Gucken.* Es ist nämlich so: Kein Mensch traut sich in Baiern mehr *gucken* zu sagen – obwohl es sich dabei um ein schönes altes und typisch süddeutsches Wort handelt. *Gucken* kommt sogar im Bairischen noch immer vor, allerdings praktisch ausschließlich in Zusammensetzungen, wie *Operngucker* oder *Haferlgucker* oder in alten bairischen Namen wie *Guggenbichler, Guggenberger* oder *Guggenmos.* Das unzusammengesetzte *Gucken* oder *Guggen* aber, das haben uns, scheints, die Nordlichter verleidet. Die sagen *Kucken* und das ist jetzt überall auch bei uns zu hören.

Bairische Aussprache der Verschlusslaute p, t, und k.

Im gesprochenen Bairisch – wie übrigens in allen romanischen Sprachen – gibt es aber keine harten Verschlusslaute *p, t,* und *k.* Stattdessen wird **immer** *bb, dd* und *gg* oder gleich bloß *b, d* und *g* gesprochen – auch im Anlaut. Aus dem *Peter* wird der *Beda,* aus dem *Vater* der *Vadda,* aus der *Mutter* die *Muadda* und nicht zuletzt aus dem *Popocatepetl* der *Bbobboggaddebbeddl.* Weil sowas aber geschrieben blöd ausschaut, ist man in der alten hochdeutschen Schriftsprache übereingekommen, es folgendermaßen zu machen: Einfache *b-,d-* und *g-Laute* werden einfach geschrieben, doppelte als *p, t,* und *k* notiert. Das hatte in der frühen Neuzeit zur Folge, dass man beispielsweise die Ortschaft *Berg ob Landshut* als *Perg* geschrieben aber selbstverständlich *Berg* oder *Bberg* ausgesprochen hat. Familiennamen

SICKBAG
SPEIBSACKERL
Fundstück in einem österreichischen Flugzeug. Von solch austriakischem Selbstbewusstsein ist der bundesrepublikanische Baier oft weit entfernt

wie *Häckslperger* werden heute noch so geschrieben, aber natürlich *Hägglsbberger* ausgesprochen – genauso wie *Passau* übrigens. Der Name kommt ja von dem Römerlager *Batavis* und jeder anständige Baier sagt bis heute *Bbassau.* Wenn wirklich einmal ein hartes *k* gefragt war, dann hat man ein *h* dahintergesetzt oder, wie übrigens auch im Italienischen, *ch* geschrieben: Der oberpfälzer Ort *Khevenhüll* ist ein gutes Beispiele dafür und selbstverständlich der *Chiemsee* und *Cham.*

Die aktuell harte Aussprache von hochdeutsch *p, t,* und *k* ist niederdeutschen Ursprungs, also nichts anderes als ein norddeutsches Missverständnis. Nehmen sie zum Beispiel den *Kuckuck,* der ganz richtig so geschrieben, aber selbstverständlich *Guggugg* ausgesprochen wird. Schon unsere indoeuropäischen Vorfahren haben ihn nie gesehen, aber immer schreien gehört: *guggu,* weshalb diese zwei Silben schon seit ältesten Zeiten alles bezeichnen, was nicht zu sehen ist, was sich versteckt und umgekehrt genauso das, was etwas anderes verbirgt. Warum, glauben Sie, rufen Kinder beim Versteckerlspielen *guggugg*? Das Versteckerlspielen hat früher in Baiern *Guggerlbergen* geheißen. Abgeleitet vom unsichtbaren aber deutlich hörbaren Kuckuck heißt *Gucken* seit ältesten Zeiten und in nahezu allen indoeuropäischen Sprachen soviel wie *aus einem Versteck heraus- oder in ein ebensolches hineinschauen.*

Kuckuck, Guggu, Gutzgauch

gucken

Aber es geht noch weiter: Das lateinische *cucullus* hat *Kuckuck* bedeutet, aber auch *Hülle, Versteck.* Nun ist es aber, wie gesagt, so, dass der alte Römer genausowenig wie der heutige Italiener oder der Baier scharfe Verschlusslaute kennt. *Cucullus* wird deshalb selbstverständlich korrekt *guggullus* ausgesprochen. Die romanisch sprechenden Baiern der Frühzeit haben mit dem Wort *cucullus* die Mönchskutte und im engeren Sinn deren Kapuze damit bezeichnet. Im Mittelalter hat bei uns die weite Kapuze, die das ganze Gesicht verbirgt, deswegen *Gugel* geheißen. Weil der *Kuckuck* obendrein in einer Tour aus seinem Versteck heraus scheinbar unbeirrt und sinnlos *guggug* ruft, hat man früher außerdem gesagt, einer *guggatzt,* wenn er

Kapuze, Gugel

verstohlen geseufzt, gestottert oder sinnlos deppert und narrert dahergeredet hat. *Gutzgauch* hat man den Kuckuck bei uns im Süden früher auch geheißen. Der Narr mit seiner *Narrengugel* hat deswegen auch *Guck*, *Gauch* oder *Geck* geheißen. In England heißt der Witz bekanntermaßen immer noch *gag*.

Guck, Gauch, Geck, gag

Guglhupf

Der *Guglhupf hebt* sich, wie sein zweiter Wortbestandteil andeutet, beim Backen aus seiner bergenden Form. Und in manchen Gegenden Baierns kennt man heut noch die *Starlgucken* für ein Starenhaus und die *Zuckerguggn* für die *Bonbontüte*. Apropos *Tüte*. Schon wieder so ein Nordsprech in Baiern – auch wenn man heutzutage gewissermaßen eingebairischt *Düttn* sagt!

Starlgucken, Zuckerguggn

Statt einer *Tüte* könnten sie bei der Verkäuferin auch eine *Stranitzen* verlangen. *Stranitze* ist ein slawisches Lehnwort im Bairischen und bedeutet ursprünglich *Seite*, *Blatt*, *Papier*. Eine Stranitzen ist ja nichts anderes als ein zusammengerolltes Blatt Papier – genauso wie die Guggn. *Tüte* bedeutet in Norddeutschland alles Trichterförmige. Weswegen das Schiffshorn dort *tutet*. Die Baiern kennen das Wort auch, sogar in der gleichen Bedeutung, bei uns hat es aber selbstverständlich keinen Umlaut: Der *Dutt*, das trichterförmig aufgesteckte Haar, oder die *Dutten*. Sollte Sie aber von der Verkäuferin an der Kasse eine *Dutten* verlangen, dann könnte das peinlich werden. Fragen Sie also als Baier lieber nach einer *Stranitzen* oder *Guggn* und hoffen Sie, dass man Sie im eigenen Land versteht!

Stranitze

Tüte

Dutt, Dutten, Titten

Auch alte Hüte kommen unter die Haube

Wir haben es bereits erwähnt: Im Mittelalter war eine *Gugel* eine typische Kopfbedeckung. Mönche tragen eine solche Gugel heute noch und eigentlich ist die Kapuze von einem Anorak auch nix anderes. Aber alles der Reihe nach. In diesem Kapitel kommen Gugeln und Kapuzen nur am Rand vor. Vielmehr soll es hauptsächlich um Mützen und Hauben gehen. Welcher von beiden Ausdrücken *Mütze* oder *Haube* richtig bairisch ist, müsste eigentlich jeder (ehemalige) Bub wissen, dem die Mutter im Winter regelmäßig eingetrichtert hat: *Setz fei a Haubn auf!*

Halten wir also fest: *Haube* ist eher bairisch, *Mütze* (all-)gemeines Schriftdeutsch. Wobei sowohl das Bairische wie das restliche Deutsche beide Bezeichnungen kennen. Heute meinen die meisten, Haube und Mütze sei das gleiche. Nur das Bairische hat sich eine Differenzierung zwischen Haube und Mütze bewahrt, auch wenn es bei manchen nicht mehr ist als ein unbestimmtes Gefühl. Sie meinen, *Mützen* seien eher männliche Kleidungsstücke, während *Hauben* bevorzugt von Frauen aufgesetzt werden. Haube

Da sind wir gar nicht so weit weg von der Wahrheit. *Haube* kommt vom indoeuropäischen Wortstamm *khub* für *Buckel,* der auch in der *Kuppe* drinsteckt. Wenn Sie an die Frauen im Mittelalter denken: Die haben oft Buckel- oder Spitzhauben auf dem Kopf getragen – aber nur die Verheirateten! Daher ja die Redewendung, eine Frau, wenn sie heiratet, kommt *unter die Haube.* Jetzt könnten Sie natürlich sagen: Analog dazu müsste der heiratende Mann *unter die Mütze kommen.* Kommt er aber nicht; und höchstens in Norddeutschland kriegt er, wenn er geheiratet hat, ab und zu eins drauf, auf die Mütze. Aber lassen wir das Blödeln.

Tatsache: *Mütze* ist eher ein männliches Kleidungsstück. Seinen Ursprung hat das Wort im arabischen *almustaqah.* Im mittelalterlichen Latein ist daraus *almucia* geworden, was nichts anderes geheißen hat als *Kapuzenmantel* oder *Mantel mit einer Gugel.* Später hat sich die Bedeutung dieser *almucia* allmählich auf die *Mütze,* die *Kapuze* im eigentlichen Sinn, verengt. Sinn und Zweck der Kapuze war einmal Haupt und Gesicht nicht nur zu bedecken, sondern auch zu verhüllen. In *Kapuze* übrigens steckt das lateinische Wort *caput = Kopf* (unser *Haupt* ist die direkte Ableitung von *caput*). *Kapuziner* sind *Kapuzenmönche,* von denen sich wiederum die italienische Kaffeespezialität *Capuccino* ableitetet, die als *Kapuziner* auch im bairischen Sprachraum, vor allem aus Wien, bekannt Mütze Kapuze, Kapuziner, capuccino ist. Ausschlaggebend für diese Bezeichnung war die Rahm- oder Milchschaumhaube (nicht *-mütze!*) die von dem Kaffee nichts mehr sehen lässt – aber das nur nebenbei.

Kappe und Kàppe(l)

Tarnkappe, Narrenkappe

Im Gegensatz zur *Kapuze* bedeckt eine *Mütze* nur das Haupt, nicht das Gesicht. Es gibt aber auch eine Mütze mit einem Schirm vorn dran, die auch das Gesicht schützt, die *Schirmmütze* oder *Kappe*. Schrift- und standarddeutsch ***die** Kappe*, bairisch ***das** Kàppe(l)* oder verkleinert *sKàpperl* – hängt zusammen mit der *Kapuze* und die ist, wie wir schon erkannt haben, gleichzeitig eine *almucia* und eigentlich eine *Mütze*. Noch einmal: Die Kappe ist eine Schirmmütze, die nicht nur Kopf, sondern auch Gesicht schützt. Weswegen eine *Tarnkappe* eben auch eine ***Kappe*** ist und keine *Tarn**mütze*** und keine *Tarn**haube***. Die Tarnkappe verbirgt nämlich die Augen des Menschen und macht ihn allein schon dadurch unkenntlich, unsichtbar gewissermaßen. Denken Sie an kleine Kinder. Die halten sich die Augen zu, sagen *guggug* und glauben, sie seien verschwunden. Das gleiche gilt für die *Narrenkappe* – auch sie ist keine Mütze und keine Haube. Wer eine Kappe trägt, der kann alles und jeder sein. Ein Narr genauso wie ein im wörtlichen Sinn *ver-kappter* hoher Herr.

motzen, aufmotzen

Vermützt dagegen können Sie nicht sein – auch, wenn Sie sich noch so *aufmotzen*. Womit wir beim letzten Beispiel dieses Wortfelds sind: *Aufmotzen* ist, auch wenn es in manchen Ohren nicht so klingt, ein typisch süddeutsches Wort. Der bairische Sprachpapst Johann Andreas Schmeller kennt die *Motz* oder *Mutz* noch als *schönen wertvollen Mantel*, aber auch als *Schmuck und Zierde* – und tatsächlich: In der *Motz*, da steckt die *Mütze* drin, die arabische *almustaqah*. Im *Augsburger Waschbüchlein* von 1758 heißt es über die Frauen: *Seid ihr gleich nicht aus der Erd wie der erste Mensch gemacht, mehret sich doch durch den Mutz der natürlichen Schönheit Pracht*. Wenn man sich also *aufmotzt* oder *-mutzt*, dann putzt man sich auf.

Sie sehen: Die Frage ob *Mütze*, *Kappe* oder *Haube* ist keineswegs Jacke wie Hose. Denn das ist ja das Schöne an der Sprache, dass sie noch feinste Nuancen kennt. Im Gegensatz zum Spezialfall

Kappe kann eine *Mütze* fast jede Kopfbedeckung sein: Sogar die Mitra eines Bischofs. *Hauben* dagegen breiten sich nicht nur auf Köpfen aus. Es gibt sie in der Gastronomie als *Milchschaumhaube* genauso wie in der Architektur: Die Münchner Frauentürme tragen *welsche* (= *romanische, italienische*) *Hauben*. Und die Kirchtürme überall in Baiern haben *Zwiebelhauben*. Da traut sich keiner *Zwiebelmützen* sagen – zu recht. Der Johann Andreas Schmeller kennt außerdem tausenderlei bairische Hauben. Von der *Pudelhauben* bis zur *Zipfelhauben*. Im Einheitsbreideutsch von heute heißt alles *Mütze*. Und die Haube gilt als alter Hut. Schade!

Haube, Zwiebelhaube

Versenkte Schuhbänder

Wo man hinschaut ist das gute alte *Schuhband* auf dem Rückzug. Viele Leute meinen gar, *Schnürsenkel* sei richtig hochdeutsch und *Schuhband* bairischer Dialekt. Dabei ist Dialekt höchstens *Schuahbandl*. *Schuhband* oder *Schuhbandel* dagegen ist sauberes südliches Schriftdeutsch. Man kann *Schuhband* genauso wie *Schuhbandel* schreiben.

Was ein *Band* ist, muss man nicht näher erklären – es hängt mit dem *Binden* zusammen. Was aber in aller Welt ist ein *Senkel*? Um das zu erklären, müssen wir weiter ausholen: Früher nämlich hat man an die Schuhbandel metallene Enden hingemacht, damit das Geflecht nicht aufgeht. Heute sind diese Enden bloß noch mit Kunststoff verschweißt. Durch das Metall haben die Schuhband-Enden eine Ähnlichkeit gehabt mit dem *Senkel*, wie in Norddeutschland die Schnur mit Bleigewicht heißt, mit der man die Senkrechte ermitteln kann. In Süddeutschland sagen wir dazu seit alten Zeiten *Lot*. Denn *Lot* ist unser ursprünglich süd- und hochdeutsches Wort für *Blei*. Das *Löten* ist ja heute noch überall in Deutschland gebräuchlich. Aber im Gegensatz zu den Norddeutschen würden die Baiern natürlich niemals auf die Idee kommen, fürs Schuhzubinden eine Lotschnur zu nehmen. Weswegen das Wort *Senkel* bei uns vollkommen ungebräuchlich ist. Genauso wie die *Senke*, die mit dem *Senkel* zusammenhängt.

Senkel

Lot, Löten

Senke und Seige

Im Oberdeutschen und eigentlich Hochdeutschen heißt die tiefere Stelle in der Landschaft, wo sich das Wasser sammelt, *Seige*, auf bairisch *Seign*. Bei richtigen bairischen Landwirten, die mit sowas noch täglich zu tun haben, kommt das wie aus der Pistole geschossen. Es ist halt wie so oft, die Norddeutschen benutzen andere Wörter als die Süddeutschen. Im Norden heißt *Senke*, was im Süden *Seige* heißt. Die Seige hängt zusammen mit *seicht* und mit dem Tätigkeitswort (*ver-*)*siegen*. Weil sich in einer Seige eben Wasser sammelt und wenns *versitzt* ist, wie die Baiern sagen, dann ist es gleichsam *versiegt*. Darüber hinaus hängt die Seige auch zusammen mit dem *Seiher* und dem *Seihen*. In Norddeutschland sagt man dazu *Sieb* und *Sieben*.

seicht, (ver)siegen; (ver)sitzen, seihen

Die Seige geht direkt auf das lateinisch-romanische *siccus* zurück, was nix anderes bedeutet als *trocken*, *dürr*, *nüchtern*, *durstig*. *Siccare* heißt *trocknen* auf Lateinisch, aber auch *melken*, *austrinken*, *aussaugen*. Wenn man den Tee abseiht, dann werden ja die Teeblätter gewissermaßen *ans Trockene gesetzt*. Wasser in einer Seige *versitzt*. Das *Sitzen* (lateinisch *sedire*) geht vermutlich auf die gleiche Wurzel zurück wie *siccare*. Beide indoeuropäischen *se*- oder *si*-Stämme bezeichnen den Aspekt des *Nach-unten-Gehens*. Eine *seichte* Stelle im Weiher *fällt trocken*, wie der Fachmann sagt. Dieses *Trocken-Fallen* bringt uns zusammen mit dem *siccare*, das, wie gesagt, auch *melken* heißen kann, auf die Spur: Da ist nämlich immer der Aspekt des *Nach-unten-Rinnens*, eben auch des *Versinkens* dabei.

indoeuropäische se- oder si-Stämme

Mangels römischer Vorfahren haben das alles die Norddeutschen nicht so gekannt. Die kennen *senken* und *sinken*. Deswegen sagen sie *Senkgrube*, wenn die Baiern *Versitzgrube* sagen. Neudeutsch aber heißts mittlerweile überall bloß noch *Sickergrube*. Dieses *Sickern* oder *Versickern* erinnert Sie ganz zu recht an das *Versiegen*, beziehungsweise das lateinische *siccare*. Im 17. Jahrhundert hat man es in Norddeutschland nämlich aus dem Gelehrtenlateinischen als Fremdwort wieder eingeführt. Man brauchte ein spezielleres Wort für *verschwindende Flüssigkeiten* und hatte nichts außer dem niederdeutschen *Senken* oder *Sinken*, das eigenartigerweise ursprünglich auch nichts anderes

Versitzgrube, Senkgrube, Sickergrube

sinken, senken, sengen

bedeutet als *abfließen, trocknen*. Das Wort *sengen*, wie in *Sengen und Brennen*, erinnert noch dran. Wenn man auf *sengend heißem* Wüstensand barfuß geht, haben Schweißfüße keine Chance!

Spätlateinisch und italienisch übrigens hat sich *siccare* in *seccare* umgewandelt. Mit diesem *seccare* hat dann auch unser *Sekt* zu Sekt
tun, der auf französisch *sec* ist, also *trocken*, genauso wie der italienische *prosecco*. Und, ob Sies glauben oder nicht: So hängt der Sekt auch mit dem *Soacha*, nordbairisch *Soicha*, zusammen. Aus soacha, soicha
dem lateinischen *siccare*, dem spätlateinisch-romanischen *seccare*, ist hochdeutsch vulgär *seichen*, bairisch *soacha/soicha*, geworden. Sie erinnern sich: Der *Aspekt fallender Flüssigkeiten*. Wohin man bloß überall kommt, wenn man über harmlose Schuhbänder nachdenkt!

Der stöbernde Haderlump

Wenn im Frühjahr sich das Schmelzwasser des Schnees und das Hochwasser von Bächen und Flüssen in allerlei *Seigen* sammelt, dann ist die Zeit für das, was man heute im Gemeindeutschen *Frühjahrsputz* nennt. Kein besonders schönes Wort – aber immer noch besser als das hässliche *Großreinemachen*. Hochdeutsch und bairisch hat man dazu früher viel eleganter *Stöbern* gesagt. Das *Stöbern* hängt mit dem *Staub* zusammen, stöbern, stauben,
der *staubt, stäubt* (oder *steubt*) und *stiebt* wenn man *stöbert* stäuben, stieben
und weil man beim Stöbern generell nicht nur auf Staub, sondern auch auf allerlei verlorene Sachen kommen kann, *stöbert* auch ein Jagdhund ein Wild auf. Auch bei einem *Schneegestöber staubts*, Schnee halt und im Gebirg heißen viele Wasserfälle *Steuben* oder *Stieben*, weil einem dort der Wasserstaub ins Gesicht steubt. Und ein Bovist, ein Schwammerl, der staubt, wenn man drauftritt, der hat in Baiern früher *Stoiber* gheißen. Kein Witz – steht so beim Johann Andreas Schmeller im *Bayerischen Wörterbuch*.

Das wichtigste am Stöbern ist, dass man die richtigen Arbeitsmittel hat. Man braucht beispielsweise einen *Staublappen* und einen *Putzlumpen*. *Staublumpen* und *Putzlappen* dagegen können Sie nicht sagen. Sie nehmen am allerbesten einen *Hadern* zur Hand. Aber auch, wenn sie ihn in der Hand halten, glauben heute viele, das Wort *Hadern* nicht mehr in den Mund nehmen zu dürfen. Sie sagen lieber *Lappen* oder *Lumpen,* womit man in nullkommanix beim *Haderlumpen* ist.

Haderlump ist eine sogenannte Tautologie: Zwei verschiedene Wörter, die das gleiche bedeuten, verstärken miteinander ihre Wirkung. So ist beim *Haderlumpen* sofort deutlich, dass es sich um keinen Gscheiten handelt. *Hadern* und *Hader* im Sinn von *Streit, Zwist* sind dasselbe Wort und sind unmittelbar aus dem Gotischen ins Bairische eingewandert: Der *Hadern* im Sinn von *Stoff-Fetzen* kann ja durchaus beim Raufen entstehen. *Hader* bedeutet dabei immer das kleine Teil, das entsteht, wenn ein größeres ganzes zerfällt, wenn es also bei einem Streit mehrere Parteien gibt. *Lumpen* dagegen ist ein relativ neues Wort, erst so um das 15. Jahrhundert herum entstanden aus dem älteren *lampen*, was soviel heißt, wie *schlaff herunterhängen*. Ein *Lump* ist also *einer, der sich hängen lässt*, ein *Lumpen* ist ein *schlapper, formloser Fetzen Stoff.* Das weiß jede Hausfrau. Aber auch jeder Mann, sofern er putzt.

hadern, Hadern

Lumpen, Lump

So einer kann sich allerdings schnell den Ruf einhandeln, ein allzu *guter Lapp* zu sein, auf schriftdeutsch ein *Laffe*, ein *weicher, formbarer Kerl.* Narren und Geisteskranke hat man früher ebenfalls *Lappen* geheißen. In Reichenhall beispielsweise hat es ein *Lappen-Spital* gegeben, für alle, die sich läppisch aufgeführt haben. Wir kennen selbstverständlich auch das weiche *Ohrlapperl.* Venezianisch *lapio* heißt *trödelnder, schwatzhafter Kerl, Säufer.* Aber so schön das Wort ist, in Baiern hat der *Lappen* im Sinn von *Hadern* und *Lumpen* sich nie so ganz heimisch fühlen können. Erst jetzt, in Zeiten, wo Hadern und Lumpen gleich weggeworfen werden, gibts zum Putzen eigene Lappen. Auch in Baiern. Bloß eines gibt es in Baiern nach wie vor nicht: Ein *Scheuertuch.* Denn wenn bei uns einer, mag er auch noch so gut betucht sein, mit wertvollem Tuch putzt, dann ist er, mit Verlaub und völlig unbairisch ausgedrückt *bescheuert.* Auf bairisch ein Lapp. Aber kein guter.

Lapp, Lappen, Laffe

Wenn eine Bisgurrn und ein Laddiel Pampsen kriegen

Dass die bairische Sprache was ganz Besonderes, Schützenswertes ist, das kann man nicht oft genug betonen. Bekanntlich liegen die Zeiten hinter uns, wo es als nicht fein gegolten hat, Bairisch zu reden. Tatsächlich gibt es leider auch heute immer noch Leute, die meinen, Bairisch sei unfein. In Wirklichkeit kann Bairisch manchmal recht fein, zuweilen aber auch ein bisserl unfein daherkommen. Zum Beispiel, wenn ein Baier Schimpfwörter benutzt. Obwohl Schimpfwörter, wie zum Beispiel die berühmte *Bisgurrn*, durchaus einen interessanten wortgeschichtlichen Hintergrund haben können.

Viele Leute glauben, eine *Bisgurrn* sei eine vernuschelte *Bissgurke*. Dabei hat die Bisgurrn mit einer Gurke überhaupt nix zu tun. Volksetymologie nennt man das, wenn man ein Wort nicht versteht und deswegen, weil es eine gewisse Ähnlichkeit mit einem andern hat, dazu eine Verbindung herstellt. Die Bisgurrn ist ein altes bairisches Wort. Wenn es aber alt ist und bairisch, dann kann die Gurke da nicht hineingehören. Denn früher hat man das Wort *Gurke* in Baiern nicht gekannt. *Gurke* kommt aus dem Slawischen. *Ogurek* heißt sie da. Diese *Ogurek* ist dann über das Ostmitteldeutsche und das Mitteldeutsche zu uns gekommen. In Baiern, das ja zum hochdeutschen Süden gehört, hat man früher ganz anders gesagt. Ältere werden sich noch dran erinnern: *Guggumer* oder *Guggumerer*, ein, wie in Baiern eben so oft, romanisches Wort. Lateinisch *Cucumis*, später romanisch *Cucumer* heißt Gurke. Schon allein deswegen kann es keine *Bissgurke* geben. Sie müsste sonst ja *Bisgum* oder *Bisgugum* heißen. Es heißt aber *Bisgurrn*.

Bisgurrn

Gurke

Guggumer, Guggumerer

In Wirklichkeit ist alles ganz anders: *Gurre* oder die *Gurren*, so hat man im Spätmittelalter eine schlechte Stute geheißen. Etwa so, wie man heut noch manchmal *Heiter* zu einem schlechten Ross sagt. Eine Bisgurrn also ist eine bissige Stute. Woher aber soll das Wort *Gurre* kommen? Manche Fachleute meinen, sie hängt mit der norddeutschen *Göre* zusammen, was soviel ist wie im Bairischen ein *Lausdirndl*. Man kennt ja auch das eng-

Gurre

Göre, girl

lische *girl*. Bloß wie soll ein nord- und deswegen niederdeutsches Wort plötzlich zu einem typisch hochdeutsch-bairischen werden? Gut möglich, dass hier die Etymologen, die Worthistoriker, ihrerseits einer Volksetymologie aufgesessen sind. Im Spätlateinischen nämlich heißt *currus* nicht nur der *Wagen*, sondern auch das eingespannte Pferd davor, das *Gespann*. Da ergibt das Wort von der Bisgurrn plötzlich einen Sinn. Denn eine bissige Stute kann man nicht einspannen. Ähnlich wie eine Bisgurrn auch im Zusammenstand der Ehe *kein Gut tut*, wie man so schön sagt.

Wir wollen uns aber an dieser Stelle nicht der Unausgewogenheit bezichtigen lassen und auch einem männlichen Schimpf-

Laddiël

wort nachgehen. Was würde da besser passen als der *Laddiël*, der schon vom Temperament her auf die Bisgurrn passt wie die sprichwörtliche Faust aufs Auge. Wie so oft wissen nur noch die älteren mit dieser unschönen aber nichtsdestoweniger einmal sehr beliebten Bezeichnung für das, was norddeutsch ein Tölpel oder Pantoffelheld ist, was anzufangen. Auch was die Herkunft dieses Wortes betrifft, sind viele nicht recht sattelfest. Genausowenig nämlich wie die Bisgurrn was mit einer Gurke zum tun hat, hat der Laddiël was mit einem kleinen *Laden*, einer *Latte* oder gar einem *Lattenzaun-Türl* gemein.

Manche Etymologen behaupten, der *Laddiël* sei eine Verballhornung von *latinulus* = *kleiner Lateiner*. Das sei vor rund 1500 Jahren ein Schimpfwort der Baiowaren für die Romanen im Land gewesen. Wir wissen jedoch mittlerweile recht gut, dass die Baiowaren in der Anfangszeit eben keine reinen Germanen, sondern vielmehr in der Hauptsache Romanen gewesen sind – sprachlich gesehen. Dann hätten sie sich ja selbst beschimpfen müssen. Und das ist eher unwahrscheinlich.

Diedel

Für andere Etymologen ist eindeutig, dass der *Laddiël* sich aus zwei Bestandteilen zusammensetzt: *La* und *diël*. Dabei soll das *La* ein verkürzter *Lapp* sein. Wir haben ja oben schon erklärt, woher der *Lapp* kommt. Der schlaffe und fügsame Lapp verbindet sich mit dem *diël*, der ein verballhornter *Diedel* sein könnte, die Kurzform von *Ägidius*. Möglicherweise aber ist mit *Diedel* genau das gemeint, was uns heute ganz spontan bei diesem Wort einfällt, womit ein *Laddiël* soviel wär wie eine *laare Hosn*. Wir wollen das an dieser Stelle nicht vertiefen, können aber festhalten: Ein Laddiel ist so was wie ein *Pàmperl-Mannsbild*. Dieses *Pàmperl* übrigens ist ein recht interessanter Ausdruck: In *Pàmperlladen*, *Pàmperlbetrieb*, *Pàmperlauto* und in vielen weiteren Zusammensetzungen bedeutet *Pàmperl* als sogenannntes Präfixoid vor einem Wort eine abwertende Verkleinerung, die es so nur im Bairischen gibt.

Pamperl

Pàmperl ist die ursprüngliche Bezeichnung für ein kleines Kind. Der *Pamps*, die *Pampsen* und *Pàmperl* sind das gleiche Wort, ein bavaroromanisches Urwort, das wieder einmal seine Wurzeln in der römischen Antike hat: Klassisch lateinisch heißen die Kinder zwar *libri* und nicht *Pampsen*. Aber der spätrömische Legionär hat ein bisserl gescherter dahergeredet. Er hat seine Kinder als *Triebe*, als *Schösslinge des Weinstocks*, kurz *pampini* bezeichnet. Daraus sind dann die bairischen *Pampsn* (sprich *Bbambbsn!*) genauso wie die heutigen italienischen *bambini* geworden.

Pamps, bambini

Bei den Italienern stehen die *bambini* in hohen Ehren. Wir Baiern aber haben *Pamps* und *Pampsen* längst als Schimpfwörter abgestempelt. Uns bleiben nur noch die saft- und kraftlosen *Kinder*, mit denen die Alten heutzutag viel zu oft auch saft- und kraftlos reden. Apropos *Alte*. Es gibt nicht nur die Alten, sondern selbstverständlich auch **den** *Alten* und **die** *Alte*. Heute nennt man einen Vorgesetzten gern den *Alten*, im Mittelalter hat man damit *Gottvater* betitelt und den *König* im Schach. Beim Schafkopfen heißt so bis heute der höchste Trumpf, der *Eichel-Ober*. **Die** *Alte* dagegen ist bei den Schafkopfern die höchste Farbkarte, die *Eichel-Sau*. Wer mit der zu lang spielt, hat möglicherweise Probleme mit der *Alten* daheim. Glauben Sie jetzt bloß nicht, das sei uncharmant! Lateinisch *altus* oder *alta* bedeutet nichts anderes als *der/die Hohe*. Die *Alte* daheim ist also die *Hohe (Frau)* – ein Ehrentitel, auf den die Alte gefälligst stolz sein sollte!

der und die Alte

Weil der Bub ein pupus ist: Im ehrwürdigen Münchner Wilhelmsgymnasium geht es nach guter Humanistenmanier noch romanisch-bairisch zu

Von Jungen, Buben und alten Knaben

Fällt Ihnen auch auf, dass die Buben immer weniger werden? Nicht bloß deswegen, weil es immer weniger Pambsen gibt, sondern einfach darum, weil immer weniger Leute zum männlichen Nachwuchs *Buben* sagen. Das Wort *Jungs*, das bis vor ein paar Jahren noch in keines Baiern Mund war, grassiert mittlerweile im deutschen Süden auf eine unglaublich penetrante Weise. Dabei ist ein *Bub* in Süddeutschland ganz was anderes als ein *Bube* im Norden. Ein Bub, im Bairischen *Bua*, *Bue* oder *Bou* ausgesprochen, ist hier ein absolut wertneutraler Begriff für ein *noch nicht erwachsenes männliches Wesen* – wobei damit nicht unbedingt gleich ein *Milch-* oder *Mamabuberl* gemeint ist. Was aber ein richtiger bairischer Bub ist, der bleibt es natürlich in den Augen seiner Mama ein Leben lang.

Der hochdeutsche Bub geht selbstverständlich aufs Lateinisch-Romanische zurück: *puer*, romanisch *pupus* heißt *der Knabe, der Halbwüchsige, pupillus* ist der *kleine Knabe* oder *Schüler* (engl. *pupil)*. Der norddeutsche *Bube* wiederum hat natürlich die gleichen hochdeutschen Wurzeln, ist aber das Produkt einer sogenannten Bedeutungsverengung und -verschlechterung. Was ein *Bube* in Norddeutschland anstellt, das heißt dort *Büberei*. Der *Bube* ist im Norden das, was in Süddeutschland noch ganz positiv der *Lausbub* und später, nicht mehr eindeutig positiv, der *Spitzbub* ist. Es gibt aber auch Leute, die glauben, Spitzbuben seien was zum essen – ist ja auch nicht direkt falsch, ändert aber nichts an der leidigen Tatsache, dass Spitzbuben für die allermeisten Madeln heutzutage bloß noch *Jungs* sind, *freche Jungs* oder noch schlimmer *Jungens*. Es scheint unaufhaltsam: Bei der Jugend sterben die Buben aus. Dabei war es in Baiern eigentlich immer so: *Junge* kriegen bloß die Viecher. Eine Katz zum Beispiel, die kriegt Junge. Eine bairische Frau kriegt Buben und keine Junge.

Bub

Knabe

Bube

Junge, Jungs, Jungens

Wenn die Buben *amtlich* werden, heißen sie *Knaben*. *Bubenchor* beispielsweise kann man schlecht sagen, aber *Jungenschor* noch viel weniger. Wenn wir so weiter machen, wird es aber vielleicht bald einen *Tölzer Jungenschor* geben. Während ande-

Bursch(e) rerseits zahlreiche Fernsehvolksschlagersänger sich weiter *Buam* heißen, obwohl sie mittlerweile ziemlich alte Knaben sind und auch für solche auftreten. Auch *Burschen* können übrigens alte Knaben sein – wenn es sich um alte Herren von Burschenschaften handelt. Das Wort stammt aus den frühneuzeitlichen Universitäten. Dort wohnten die Studenten in *Kollegen* (lat. *collegium = Auswahl, Versammlung;* vergl. engl. *college*) oder *Bursen* (lat. *bursa = Börse, gestiftetes Kolleg für Studenten*). Die Insassen der *Bursen* waren die *Burschen.*

Knabe, Knappe Im Gegensatz zum Burschen und der dabei mitschwingenden *Burschenherrlichkeit* klingt der *Knabe* heutzutage ein bisserl brav. Dabei meint das Wort ursprünglich grad das Gegenteil davon: *Knabe* hängt mit den Wörtern *Knappe* und *Knecht* zusammen, bezeichnet also einen jungen Ritter. Aber so weit sind wir eben schon, dass sich kein Bub mehr für einen Knaben hält. Sie nennen sich selbst nicht einmal mehr *Burschen*, höchstens mit *Kerle* sind sie noch einverstanden. Dabei steckt in *Kerl* (Kerl) die indoeuropäische Wurzel *ger-* drin wie in griechisch *geron* (= der *Greis)* und die bedeutet soviel wie *alt.* Wär ja auch nicht weiter schlimm, wenn solche Kerle dann wieder Buben kriegen täten, aber die kriegen heutzutage eben auch bloß noch Jungs!

Nur Schisser schussern Murmeln

Können Sie sich erinnern, was Sie als Bub oder Mädl gespielt haben im Sandkasten – außer Kuchenbacken? Haben Sie *geschussert* oder *gemurmelt* oder gar mit *Schnellkügelchen* gespielt? Gut, für die Älteren unter uns ist schon noch klar, wie das einst allgegenwärtige Spielzeug richtig bairisch heißt. Bei den Jüngeren schaut die Sache ganz anders aus. So mancher bairische Spielwarenhändler muss heute zweisprachig sein und wissen, dass er zu den Schussern hinlangen muss, wenn die Kinder, die es nicht wert sind, liebevoll Pampsen geheißen zu werden, Murmeln verlangen.

Schusser Dabei ist *Schusser* ein so anschauliches Wort. Es hängt natürlich zusammen mit *schießen* und *Schuss*. Den Schusser schießt man oft eine *ab-schüssige* Bahn hinunter. Und wenn einer ein *schusseliger* Mensch ist, dann *schießt* er oft fahrig umeinander. *Schießen* heißt ursprünglich soviel wie *schnell laufen* – und zwar immer geradeaus. Genau das macht ja auch eine Gewehrkugel, wenn sie geschossen wird; genaugenommen ist sie ebenso ein Schusser. So, und jetzt kommts: Die norddeutsche Entsprechung zum *Schusser* lautet nämlich nicht *Murmel*, sondern *Schnellkügelchen*. Dieses *schnell* kommt von *schnellen*, und das heißt auf bairisch *schnalzen*. Wie die *Geißelschneller* der alemannischen Fassnacht in Baiern halt auch *Goaßlschnalzer* heißen. Ein *Schnellkügelchen* also ist auf bairisch übersetzt ein *Schnalzkugerl*. Es wird ja mit dem Finger angeschnalzt.

schusselig, schießen

schnellen, schnalzen

Heutzutage gibts fast bloß noch Schusser aus Glas. Das war früher ganz anders. Da nämlich waren die meisten Schnalzkugerl aus billigem Ton, bunt angemalt. Glasschusser waren zu Zeiten unserer Eltern und Großeltern absolute Raritäten und Kostbarkeiten. Diese Glasschusser sind marmoriert und machen damit die teuerste Form eines Schussers nach, den Schusser aus Marmor. Im Berchtesgadener Land beispielsweise gibt es bis heute noch richtig marmorne Schusser aus der Kugelmühle in Marktschellenberg. Erinnern Sie sich noch an das Märchen, in dem vom *Marmelstein* die Rede war? *Marmel* ist die alte deutsche Form für das lateinische *marmor*, das *Fels, Stein* bedeutet. Die Kraxentrager aus dem Gebirg haben *Marmor-*, *Marmelkugeln* bis nach Norddeutschland verkauft. Weswegen im Hamburger Stadtdialekt das Wort *Murmel* heute noch als *Marmel* ausgesprochen wird.

Marmel, Marmor, Murmel

Ein Schusser aus Glas oder Ton kann daher nie eine Murmel sein. Nur der Marmorschusser darf *Marmel* oder *Murmel* heißen. In Baiern ist das immer genau unterschieden worden, nur wer keine Ahnung hat, der sagt zu allen Schussern *Murmel*. Mit *murmeln* für *leise reden* hat dieses Wort übrigens nichts zu tun. Dafür aber mit dem *Murmeltier*, dem *Nagetier im Fels*. Dem *treibts aber die Schusser ausse*, wenn die Flachlandtiroler in den Bergen nicht bloß murmeln.

Dem Metzger wird es zweierlei, sein Gschäft ist jetzt a Fleischerei!

Die augenfällige Zweipoligkeit von Wörtern und Ausdrücken zwischen Nord und Süd gibt es auch, wenn es um die Wurscht geht. *Metzger* ist richtig – auch richtig hochdeutsch. Da sind sich die Leute in Altbayern schon noch sicher, und das *Fleischerfachgeschäft*, genauso wie die *Bayerische Fleischer-Schule* in Landshut, das alles sind bloß nördlich-sprachliche Entgleisungen. Das Wort *Fleischer* ist ein relativ moderner Begriff, eine sogenannte *Täterbezeichnung* zum Wort *Fleisch*, wie die Fachleute sagen. Ganz ähnlich verhält es sich selbstverständlich mit dem *Fleischhauer* oder *Fleischhacker.* Allesamt Begriffe aus bürokratischen Fachsprachen, in den beiden letzteren Fällen stammen sie aus der Bürokratie der österreichischen k.u.k. Monarchie.

Fleischer, Fleischhauer, Fleischhacker

Der *Metzger* dagegen ist weitaus älter und viel interessanter. Da gibt es ein indoeuropäisches Urwort, das heißt *mati* und bedeutet soviel wie *Speise.* Von *mati* stammen eine ganze Reihe von Wörtern in allen möglichen Sprachen ab: Im Nord- und Niederdeutschen hat sich daraus zum Beispiel die *Mett* entwickelt, von der die *Mettwurst* kommt; im Englischen *meat.* Die lateinische Sprache hat aus *mati* den *mattiarius*, den *Wurstler* und den *macellarius*, den *Fleischwarenhändler* gemacht. Schließlich haben die süddeutschen Römererben diese beiden lateinischen Ausdrücke zu mittelhochdeutsch *metzjaere* verwurschtelt; woraus der moderne *Metzger* geworden ist – einen eigenen *Wurstler* hat es meistens nicht gebraucht. Daraus aber, dass es beispielsweise den Personennamen *Wurster* gibt, kann man ableiten, dass es in manchen Gegenden zumindest Ansätze zu einem Beruf des *Wurstlers* gab.

Metzger

indoeuropäisches Urwort mati

Mett, Mettwurst, meat

Halten wir fest: *Metzger* und *Fleischer* ist von der Bedeutung her zwar gleich, aber es ist nicht wurscht, was man sagt, jedenfalls nicht in Baiern und eigentlich auch nicht im ganzen Rest Süddeutschlands. Erinnern Sie sich nur an die gewaltige *Stadtmetzg* von Augsburg, die der Renaissancebaumeister Elias Holl für die Fuggerstadt, damals eine der reichsten und mächtigsten des Reiches, gebaut hat.

Aber jetzt gehts um die *Wurst*. Das Wort hat vermutlich mit *wirren* zu tun. Wenn der Metzger also einen Fleischwirrwarr macht, dann wurschtelt er. Wir sagen ja auch, etwas wird *verwurschtelt*, wenn etwas so untertaucht, dass man es nicht mehr findet oder identifizieren kann. Da sind dann Sauohren und -schwänz oder Schwarte grad so gut wie das teuerste Filet. Egal was in die Wurst hineinkommt, was es vorher war, ist hernach wurscht! Andererseits ist es überhaupt nicht wurscht, was man zu typisch bairischen Metzgerprodukten sagt. *Räucherschinken* zum Beispiel können Sie in Baiern nicht sagen. Da heißt es *Geräuchertes* oder, noch bairischer *Geselchtes*. Wobei heute zwischen beiden Zubereitungsarten kaum mehr ein Unterschied gemacht wird. Ursprünglich aber hat es aber einen solchen Unterschied gegeben.

Wurst

Geselchtes, Geräuchertes

Beides, das Geselchte wie das Geräucherte, muss zunächst einmal *gesurt* werden. Wobei die bairische *Sur* das ist, was die Norddeutschen *(Salz-)Lake* nennen. Beim *Geselchten* aber haben wir wieder das bavaroromanische Erbe: Die Römer – heutzutage wird beispielsweise der Parmaschinken noch so gemacht – haben ihren Schinken zunächst gesurt, also in Salz eingelegt, und anschließend an der Luft getrocknet. Lateinisch *salgamare*, spätlateinisch-romanisch *selgare* heißt *einsalzen, in Salz einlegen*. Nördlich der Alpen aber ist das Klima zu feucht für die Lufttrocknung. Die einzige Möglichkeit, das Fleisch nach dem *selgare*, dem *Selchen*, zu trocknen, war der Kamin. So ist das *Geselchte* zum *Geräucherten* geworden. Wobei das Fleisch früher bei den Bauern ganz hoch hinauf gehängt worden ist, damit es bei **wenig** Rauch gut trocknet. Weil früher bei dem Geselchten das Haltbarmachen, das Trocknen, im Vordergrund gestanden hat und nicht der Rauchgeschmack.

Sur und Lake

selchen

Durch Einsalzen und Trocknen wird das Fleisch haltbar, weil es an Flüssigkeit verliert. Der Johann Andreas Schmeller überliefert den alten bairischen Ausdruck, wonach man früher von einem besonders mageren Menschen gesagt hat, der sei *ganz ausgselcht* (der Ötzi ist nachgerade ein Paradebeispiel dafür).

Und wenn etwas in Baiern *verselcht* ist, dann ist es schriftdeutsch *vertrocknet*. Etwas *Derselchtes* dagegen ist ganz und gar ausgedürrt. Also: Mag zwar an seiner Tür *Fleischerfachgeschäft* stehen – ein Metzger bleibt ein Metzger; und den sollten wir in Süddeutschland nicht verselchen lassen, auch wenn seine Preise vielleicht noch so gesalzen sind!

Wenn der Postbot nicht mehr klingelt

Der Postbote gehört längst nicht mehr zu den klassischen Ausbildungsberufen. Neuerdings gibt es bei der Deutschen Post nur noch *KEP-Fachkräfte*, ausgeschrieben: Kurier-, Express- und Paketfachkräfte. Es ist aber kaum zu erwarten, dass diese Technokraten-Bezeichnung irgendwo dem guten alten bairischen Postboten oder dem nichtbairischen Briefträger den Rang streitig machen könnte.

Schauen wir uns die beiden Wörter einmal genauer an. Beide sind zusammengesetzt. Neben dem *Träger* – da weiß jeder, was das ist – steckt im *Briefträger* der *Brief* drin. Lateinisch *brevis* heißt *kurz*. Die Päpste haben im Mittelalter ihre kurzen schriftlichen Nachrichten deswegen *breve* genannt, woraus sich die Bezeichnung *Brief* entwickelt hat. Das *Paket* ist eine Eindeutschung aus dem Französischen *paquet* und bedeutet ursprünglich *Briefbündel*. Die genaue Wortherkunft haben wir im Kapitel *Bachelnde Backen* bereits erklärt.

Brief

Paket

Post

So, und jetzt der *Postbote*. In der *Post* steckt das lateinisch-italienische *posta* drin und das bedeutet einen bestimmten, festgelegten Ort. Schon die Römer haben in ihrem Reich, also auch in Baiern, solche *postae equitis* als Pferdewechselstellen eingerichtet und dort (nicht nur) *Posten,* (althochdeutsch *Pfosten*) eingerichtet, respektive *postiert*. Das waren natürlich schon weit vor der Erfindung der Post durch die Thurn und Taxis Nachrichtenumschlagplätze. Bereits im 16. Jahrhundert hat der Nürnberger Meistersinger Hans Sachs schlecht und recht gereimt:

Als ich saß in meinem Schloss,
da kam mir ein elende Post,
wie daß mein edle Braut schon kumb.

Nebenbei: *elend* hieß damals nicht nur *übel dran,* sondern auch *ausländisch, fremd*. Die Fürsten Thurn und Taxis haben im 17. Jahrhundert selbstverständlich ihr neues Nachrichtensystem *die Posten* genannt. Der dazugehörige *Bote* war der *beauftragte Überbringer*, dem etwas anvertraut wurde und der dem Auftraggeber *zu Gebote* stand. Ein solcher *Bote* setzt einen *Gebieter*, einen Dienstherrn voraus, der zum Beispiel eine *Bot-schaft* anschafft oder auch nur einen Gruß ent-*bieten* lässt. Insofern hat das Wort *Postbote* schon immer das moderne System der bis vor kurzem immer noch staatlichen Post mit dem uralten Botensystem verbunden. elend Bote

In Preußen hat man das Postsystem erst in der Barockzeit mit der Reichspost der Thurn und Taxis kennengelernt. Da hat es plötzlich auch dort jemanden gegeben, der die Briefe gebracht hat: Den Briefträger eben. Immer noch besser als die KEP-Fachkraft – aber so schön wie der gute alte bairische Postbot kann der Briefträger niemals klingeln.

Kramer gegen Tante Emma

Weil wir gerade bei Anspielungen aufs Hollywood-Kino sind: Wie hätte sich das angehört, wenn der berühmte Dustin-Hoffman-Film *Kramer gegen Kramer* auf Deutsch *Tante Emma gegen Tante Emma* geheißen hätte? Wir wollen hier ja nicht blödeln, aber Tatsache ist: Vor fünfzig Jahren war der *Kramer*, standarddeutsch umgelautet *Krämer*, noch jedermann ein Begriff, während er heute, ähnlich wie der Postbote, in Vergessenheit gerät.

Nur ältere Leute verbinden mit einem *Kramerladen* oder einer *Kramerei* noch ganz wertfrei einen Laden, in dem es (fast) alles gibt. Die allermeisten meinen heute, *Kramerladen* sei gleichbedeutend mit einem *Kruschladen*, wo es bloß *Krimskrams* gibt, weswegen heute vielen die *Tante Emma* viel geläufiger ist. Vielleicht erinnern Sie sich noch an einen Kramer oder an eine Kramerin, vielleicht auch noch an ihren Namen? *Emma* wird sie wohl eher nicht geheißen haben, weil das früher – und eigentlich auch heute noch – kein gebräuchlicher bairischer Name war und hier die Tanten *Burgl*, *Zenzi*, *Marie* oder *Vroni* geheißen haben.

Kramer

Früher, da hätte man auf gut bairisch gesagt: *Mei Tant is Kramerin* oder *Ladnerin* – beides äußerst ehrwürdige Berufsbezeichnungen. *Kramer* jedenfalls ist die ältere. Sie kommt von lateinisch *comparare* (wörtlich *nebeneinander legen*), spätlateinisch *cromprare = kaufen, handeln.* Althochdeutsch heißt *kram* das *Händler-Zelt*. Früher hat es ja nur fahrende Händler gegeben. Wenn die ihr Zelt, ihre *Kram* aufgeschlagen haben, dann sind die Leute eben zum *Kramer* gegangen, und der hat seinen *Kram gekramt*, wie man im Mittelalter gesagt hat, also seine Ware verkauft. Dazu hat er aus den Tiefen seiner Säcke und sonstigen Behältnisse das Gewünschte herausgesucht, *hervorgekramt.* Weil die Ware, die dabei zum Vorschein kam bunt war und beim Kramen auch geklimpert hat, hat man dazu lautmalerisch aber noch keinesfalls abwertend *Krimskrams* gesagt.

Kram, kramen, Krimskrams

Laden

Später hat der Kramer dann sein Zelt gegen eine hölzerne Bude eingetauscht, wie sie heute noch auf den Dulten zu besichtigen ist. Diese Buden haben vorne ein breites Brett, einen *Laden*, der als Verkaufstisch dient, wenn der Laden *auf* ist. In der Nacht wird er nach oben geklappt, dann ist der Laden *zu* oder *geschlossen.* Ein weniger begüterter fahrender Kramer hat oft seinen ganzen Kram auf der *Buckelkraxe*, auch *Kretzen* genannt, von Ort zu Ort getragen. So einen Kramer haben die Leut dann *Kraxler*, *Kretz(l)er* oder *Krattler* genannt.

Kraxe, Kretze, Krattler

Höker, Hucke, verhökern

Außerhalb Baierns übrigens war der *Krattler* unbekannt. Die Norddeutschen haben den kraxentragenden Krattler früher als *Höker* bezeichnet. *Höker*, hängt zusammen mit dem hochdeutschen *Höcker* und der *Hucke* (wie in *Huckepack*) und die ist auch nix anderes als eine Kraxen. Bairisch und eigentlich hochdeutsch heißt der *Höcker Buckel* und statt *huckepack* muss es natürlich richtig bairisch und hochdeutsch *buckelkràx* heißen. Aber auch den alten *Kramer* kennen die Norddeutschen ursprünglich nicht. Dort hat man dafür immer schon *Kaufmann* gesagt. Dieses Wort hat sich auch in Supermarktzeiten gehalten, der *Kramer* und sein *Kram* aber haben allmählich eine Bedeutungsverschlechterung erfahren.

In den Städten, wo es spätestens seit den 1960er Jahren kaum mehr Kramereien gibt, hat man den *Kramer* jetzt mit dem *Krattler* gleichgesetzt, der, wie man oft in einem Mischmasch aus süd- und norddeutsch sagt, *lauter Krampf verhökert*. Schließlich sind die siebziger Jahre gekommen und mit ihnen die sogenannte Nostalgiewelle. Da hat man in den Großstädten plötzlich ein positives Wort gesucht für den untergehenden gemütlichen kleinen Laden, wo es alles gibt, und zuletzt eins erfunden, wenn es auch reichlich umständlich war: *Tante-Emma-Laden*.

Heuer ist uns teuer

Gehts Ihnen auch so? Sie erzählen am Anfang eines Jahres *wir haben heuer das und jenes zu Weihnachten unternommen* und dann müssen Sie sich korrigieren: *vergangenes Jahr*. *Heuer* ist halt einfach nur das Jahr, das gerade läuft. Zumindest in Baiern, in Süddeutschland. Die Norddeutschen kennen den Begriff *heuer* gar nicht – oder vielmehr in anderem Zusammenhang. Tatsache ist, dass der gesamte Südosten des deutschen Sprachraums, der hoch- und mitteldeutsche Teil also, *heuer* bevorzugt, während der Nordwesten, also die Niederdeutschen, *dieses Jahr* sagt. Eine simple Umschreibung, die ja nur nötig ist, wenn man kein richtiges Wort dafür kennt. Auch *heuer* war einmal eine solche Umschreibung, ist aber in vielen heute Jahrhunderten hochdeutschen Sprachgebrauchs zu einem regelrechten Wort zusammengewachsen. Aus der althochdeutschen Wendung *hiu jâsu* für dieses Jahr, wurde *heuer*, während analog dazu *heute* von *hiu dagu* = *dieser Tag* kommt.

In fernen Tagen war der
Schneeferner auf dem
Zugspitz einmal ein
großer Gletscher. Jetzt
ist er fertig, der Ferner
und entfernt sich lang-
sam

Halten wir fest: *Heuer* ist hochdeutsch und der alleinige Gebrauch von *dieses Jahr* geht auf das niederdeutsche *dit* oder *dat johr* zurück. Warum aber haben die Niederdeutschen, als sie das Hochdeutsche übernommen haben, das *heuer* weggelassen? Ganz einfach: Das Wort war bereits besetzt; und zwar durch ein Gleichlautendes mit ganz anderer Bedeutung. Im Niederdeutschen heißt *Heuer Lohn, Sold, Miete* und *heuern* oder *huren* heißt *mieten.* In niederländischen Städten sehen sie an Häusern beispielsweise oft Schilder mit der Aufschrift *te verhuur = zu vermieten.* Die *Hure* ist entsprechend eine *Frau zum Mieten.* Ein Baier dagegen sagt nicht *Hure* und auch eine *Dirne* ist ihm nicht *geheuer*, weil die ja in Konkurrenz zum braven *Dirndl* treten würde. Übrigens: Dieses *heuer*, das in *ge-heuer* drinsteckt oder auch im schrecklich *hausenden Ungeheuer*, hängt wieder mit einer anderen Wurzel zusammen, der gleichen, die im *Hausen*, im *Haus*, im *Häusl* drinsteckt und im *Heiraten – heuraten* hat man früher oft gesagt und geschrieben. Ein Unge-heu-er ist eben un-heim-lich!

Heuer,
heuern, huren

geheuer,
Ungeheuer,
Haus, hausen

Aber zurück zu *heuer* für *dieses Jahr.* Wir müssen aufpassen, dass es uns damit nicht gradso ergeht, wie mit unserem alten bairischen Wort für *letztes, voriges oder vergangenes Jahr*, das heute kaum mehr einer kennt, obwohl es mindestens so hochdeutsch war wie heute. Haben Sie *heute* zum Beispiel schon einmal das Wort *ferten* gehört? Kennen Sie beispielsweise das alte Volkslied vom Holledauer Schimmel?

ferten

O heiliger St. Kastulus
und unser liebe Frau,
Es werds uns wohl no kenna
san vo da Holledau.
Ferten san uns neine gwen
und heuer san uns drei.
De andern san beim Schimmelstehln
Maria steh uns bei!

Dieses *ferten* versteht heut kaum einer mehr, weswegen man dann in neueren Versionen des Lieds auf Alternativen wie *neu-*

lich ausweicht. *Fert, ferten* oder *fernt* ist nichts anderes als *perenn* oder *fer-enn,* eine Zusammenziehung aus lateinisch *perennitus*, was wörtlich soviel wie *übers Jahr* und im übertragenen Sinn *vergangen* heißt. *Perennare* heißt *lange dauern*. Die Wurzel steckt auch im hochdeutschen *fern* (= *weit, entlegen*) und im *Ferner* drin, einem bairischen Wort für *Gletscher.* Der Gletscher besteht ja aus dem Schnee vergangener Jahre, aus *Firn*-Schnee eben. Bis ins 19. Jahrhundert hat man unterschieden zwischen dem *fernen* oder *firnen* Wein, dem Wein eben, der *fer-tig* ist, vom letzten Jahr halt, und deswegen ausgegoren. Ebenso wie der *vorfertige*, der vom vorletzten Jahr und im Gegensatz zum unausgegorenen, halt nur *halbfertigen Heurigen*.

fern, Ferner, Firn, fertig

Egal ob *heuer* oder *ferten,* es sind schöne alte hochdeutsche Wörter, die mehr oder weniger aussterben, weil viele Norddeutsch mit Hochdeutsch verwechseln. Dabei müsste man sich eigentlich nicht wundern, wenn man sich mit den Norddeutschen wortwörtlich nicht gut versteht. Niederdeutsch ist eben eine ganz andere Sprache; und auch wenn die Norddeutschen ihr Niederdeutsch längst nicht mehr sprechen – in ihrem Slang (von dem sie glauben, er sei hochdeutsch) finden sich zuhauf niederdeutsche Vokabeln, die für echte Hochdeutsche unverständlich sind.

Wenn der gute Rutsch flöten geht

Genau betrachtet ist ein Jahr schon was Eigenartiges. Was für unsereins so selbstverständlich ist – dass an Silvester ein altes Jahr aufhört und an Neujahr ein neues anfängt – das ist in praktisch allen anderen Kulturen anders. Schließlich beschreibt ja die Erde einen Kreis um die Sonne; und die Zeit, die dieser Kreislauf braucht, nennen wir ein Jahr. Weil ein Kreis bekanntlich keinen eigentlichen Anfang und kein Ende hat, sind alle unsere Jahresanfangstermine mehr oder weniger willkürlich. Aber schon in den frühesten Kulturen hat man gemerkt, dass die unendliche göttliche Ewigkeit und die menschlichen Zeithappen namens *Jahr* zusammengehören. In der indoeuropäischen Ursprache hat einmal die anfangs- und endlose, ewige

indoeuropäisch or, yor, hor

Zeit *or*, *yor* oder *hor* geheißen. Die Ägypter hatten einen Gott, der dafür zuständig war: der falkenköpfige *Horus,* der Sohn des Gottvaters Osiris. In hellenistischer Zeit hat er *horos* geheißen und war gleichbedeutend mit *Zeit* und *Jahr*. Auch die Römer kennen diese uralte Wurzel als *hora* (= *Zeit, Stunde*) und letztlich stammen vom gleichen Wort auch unsere Wörter *Uhr* und *Jahr* ab.

Horus, hora, Uhr, Jahr

Wissen Sie, wie lang man seinem Gegenüber *ein gutes Neues Jahr* wünschen darf? Früher einmal war das gefühlsmäßig das erste Drittel des Januars. Durch die Menge an Neujahrsempfängen aber, die es neuerdings landauf landab gibt, ist diese Grenze schon deutlich in die Monatsmitte gewandert und auf gut bairisch *a guats Neis nachträglich no, gell*, das kann man leicht bis Lichtmess wünschen. Einen *guten Rutsch* dagegen, das, so meinen die meisten, geht nur **vor** Neujahr. Dahinter steht die Vorstellung, man wünsche mit dem *guten Rutsch* ein gutes *Hinüberrutschen* in das neue Jahr. Manche denken dabei vielleicht sogar an eine Neujahrsnacht mit Glatteis. Das alles stellt sich aber bei genauerer Betrachtung als viel zu kurz gegriffen heraus.

Mit dem Glatteis und dergleichen hat der *gute Rutsch* überhaupt nichts zu tun; und es ist auch kein richtig bairisches Wort. Es ist ganz einfach so: Wenn man jemandem einen *guten Rutsch* wünscht, dann wünscht man ihm im Prinzip nichts anderes als viel *Massel* im Neuen Jahr. Auch dieses Wort, das soviel wie *Glück* bedeutet, ist nicht unbedingt bairisch. Das *Massel* kennen auch die Nichtbaiern, selbst wenn manche Norddeutschen vermuten könnten, dass ein Baier dem anderen *Massel* und damit viele Maß Bier wünscht.

Massel

Massel kommt ursprünglich aus dem Hebräischen. *Mazal* heißt dort das *Gestirn*, das *Sternzeichen*, der *Glücksstern* oder auch ganz einfach *Glück*. Aus dem Hebräischen ist es ins Jiddische übernommen worden. Diese Spezialsprache europäischer Juden wird heute fast nur noch in Amerika gesprochen, ist aber, wenn man es genau nimmt, mit den hochdeutschen Mundarten eng verwandt. Schließlich ist es im Mittelalter in Süddeutschland und Österreich entstanden, als Mischsprache vor allem zwischen dem mittelalterlichen Bairisch und dem Hebräischen.

guter Rutsch

Und so ist auch der *gute Rutsch* nichts anderes als eine Verballhornung des hebräischen *Rosch ha-schana*, was ursprünglich *Anfang des Jahres* bedeutet. Die Juden beginnen hier zehn Tage der Buße und feiern am Ende ihren höchsten Feiertag: Jom Kippur. Nur dass die Juden im Herbst Neujahr feiern und die Christen im Winter. Mit einem *guten Rutsch* wünscht man also ein gutes Neues Jahr. Und so ein Wunsch ist in aller Regel sehr berechtigt, denn wenn man keinen guten Rutsch hat, dann kommt man im Neuen Jahr vielleicht ins *Schlamassel* – ins *Schlimm-Massel.*

pleite gehen

Pleitegeier

Flöten gehen

Gànt und dànt

Man kann im neuen Jahr aber auch alles vermasseln und geht *pleite.* Dann hilft nur noch die Flucht. Im Hebräischen heißt Flucht *pelejta* – unser *pleite* eben. Womit wir jetzt auch wissen, was ein *Pleitegeier* ist. Der hat nämlich mit einem Vogel nichts zu tun. Ein *Pleitegeier* ist ein jiddischer *Pleitegejer*, ein *Pleitegeher*, ein *die-Flucht-Ergreifender.* Weil es mit dem lieben Geld nicht erst neuerdings überall Ärger geben kann, hat das Wort *Pleitegehen* in viele europäische Sprachen Einzug gehalten. Über Portugal, Spanien und die Niederlande ist es dann später noch einmal zu uns eingewandert und aus dem Norden Deutschlands bis zu uns in den Süden vorgedrungen, als *Flöten gehen.* Ein Ausdruck, auf den ein rechter Baier, ein solcher jedenfalls, bei dem nicht schon jedes Sprachgefühl flöten ist, zu Recht pfeift – schon allein deshalb, weil in Baiern niemand Pleite oder flöten gehen kann. Hier *vergàntet* man oder *kommt auf die Gànt.* In der gleichen Bedeutung gibt es das Wort in Obwalden in der Schweiz: *ferkántel.* Das Wort hängt zusammen mit italienisch *incanto (=Versteigerung).* Alles miteinander geht zurück auf das lateinische *quantum (=wieviel?). Quant(o)?,* so fragt der romanischsprachige Versteigerer die Interessenten bei der Zertrümmerung eines Hofs; und wenn einer *tànt* oder *dànt* (lat. *tantum =soviel)* geantwortet und gezahlt hat, hat er sich sein *Quantum* nehmen können. Wenn der Kartenspieler *dànt* sticht, dann kriegt er den Stich relativ billig. So wie der Interessent sein Trumm auf der *Gànt.*

Vor Fasttagen zeitweise umnachtet

An Neujahr werden bekanntlich schon die ersten Luftschlangen aufgehängt. Wenn auch traditionsbewusste Leute ihren Christbaum bis Heilig Drei König oder gar bis Lichtmess stehen lassen – es ist nicht zu übersehen, dass der Fasching mit aller Macht hereindrängt. In früheren Zeiten hat es dagegen bloß ein verlängertes Faschingswochenende gegeben, das, zählt man den Aschermittwoch dazu, genau sieben Tage lang gedauert hat. Auch heute noch gilt der sogenannte Unsinnige Donnerstag als Auftakttag für den eigentlichen Fasching. Wobei *Unsinniger Donnerstag* eigentlich eine recht neue Erfindung ist. Mancherorts in Baiern kennt man noch andere Bezeichnungen: *Schmutziger Donnerstag* oder gar *Gumperter Pfinzta.*

Unsinniger Donnerstag

Das heutige deutsche und früher rein niederdeutsche Tätigkeitswort *sinnen*, von dem der *Sinn*, wie auch der *Un-Sinn* des Unsinnigen Donnerstags kommt, heißt ursprünglich *seine Sinne richten auf etwas, trachten nach etwas*, wie etwa: *Ich sinne auf Rache – ich trachte nach Rache. Sinn* bedeutet also das *gerichtete Denken*, die *Absicht. Unsinn* in diesem Sinn ist also so was wie *zielloses Umhertreiben.* Passt ja auch auf den Faschingsbeginn. Bloß, wie gesagt, bei einem Wort wie *Unsinn* kriegen richtige Baiern schon ein leichtes Unbehagen, weil kein Baier so ohne weiteres etwas als *Unsinn* bezeichnet; viel eher schon als *Schmarr(e)n.* Das ist in diesem Fall keine fette Speise, sondern ein Durcheinander, ein Krampf. *Schmarr(e)n* hängt zusammen mit *Schmer* und *schmieren.* Davon kennt der Baier sogar die Mehrzahl: *Lauter Schmarr(e)n* oder *Kràmpf* (in der Mehrzahl mit hellem *à*). *Unsinne* dagegen gibt es nicht. Ein Karl Valentin hätte dazu vielleicht gesagt: *So ein Schmarrn! Im Fasching treiben mehrere Leute mehrerlei Unsinn; dafür kann ein Tag gar net langen. Deswegen ist der Unsinnige Donnerstag ein Unsinn!*

sinnen, Sinn, Unsinn

Schmarr(e)n, Schmer, schmieren

Viel mehr Berechtigung, zumindest im Süden Deutschlands, haben Bezeichnungen wie der *schmutzige* oder der *gumperte* Donnerstag. *Gumpen* ist ein schönes altes hochdeutsches Wort und bedeutet soviel wie *pumpen* und *gurgeln.* Deswegen gibt es

Gumpen, gumpen, gumpert

in Bächen oder Weihern tiefe Stellen, die *Gumpen* heißen und auch mit der Feuerwehrspritze hat man früher *gegumpt. Gumpen* heißt im übertragenen Sinn aber auch *lustige Sprünge* machen.

Der Pfarrer is bsuffa d Stiegn abigrumpelt
und für Tür ausse gumpelt.

heißt es beim bairischen Sprachpapst Johann Andreas Schmeller. Hochdeutsch *gumpig*, bairisch *gumpert* heißt also soviel wie *springfreudig, mutwillig.*

Schmutziger Donnerstag

Die Formulierung *Schmutziger Donnerstag* dagegen hat gar nichts mit Dreck zu tun. Schon deshalb nicht, weil nämlich *Schmutz* in Baiern ursprünglich gar nicht als anderes Wort für *Dreck* bekannt ist, in Baiern macht man sich nicht *schmutzig*, sondern *dreckig*. Denn *Schmutz* bedeutet im Hochdeutschen ursprünglich eher das Gegenteil von *Dreck*. Es handelt sich dabei um einen typischen Fall von Bedeutungsverschlechterung eines Wortes. *Schmutz* war einmal das *Fett*, das *Schmalz*, der *Schmer*, der ja auch im *Schmarren* drinsteckt. An Fasching hat ja auch allerhand Schmalzgebackenes Konjunktur. Wenn so etwas auf den Tisch gekommen ist, dann hat man sich früher gefreut. Deswegen hat *schmutzen* auch soviel wie *breit oder fett lächeln* geheißen. Beim Schmeller ist folgendes Schnaderhüpfl zu finden.

Schmutz, Schmalz, schmutzen, schmunzeln

I da Fruah steh i auf, duas Rössal putzn,
schaut mei Deandl zuë, tuat gar freundli schmutzen.
Bal schmutz i, bal lach i, bal schau i di o.
Bal ziachadi zuëra, gern habi di scho.

Das einzige Wort, das heute noch an diese alte Bedeutung erinnert, ist *schmunzeln*, was früher einmal soviel wie *schmalzig, dreckig lachen* bedeutet hat. So richtig dreckig lachen am schmutzigen Donnerstag aber höchstens die Weiber am Rhein und ihre süddeutschen Nachmacherinnen. Während ihre Männer, die zumindest in Baiern noch immer arglos Krawat-

Ein Baier kann manch-
mal zum Skifahren
gehen, ein Norddeut-
scher muss immer zum
Skilaufen fahren

ten anziehen, höchstens dümmlich grinsen. Denn nach wie vor gilt: Der Karneval ist bei uns nicht so recht daheim. Fasching, Fastnacht, Fasenacht im Süden ist halt doch etwas anderes.

Fastnacht, Fasenacht

Übrigens ist noch nicht ganz erforscht, ob die *Fastnacht*, beziehungsweise die *Fasenacht* wirklich was mit *Fasten* zu tun hat. Wichtig ist jedenfalls: Es gibt tatsächlich keinen inhaltlichen Unterschied zwischen den zwei Begriffen *Fasching* und *Fastnacht/Fasenacht*. Heutzutage könnte man den Eindruck haben, als sei *Fasching* der alleinige bairische Begriff, während *Fastnacht* im Norden und Westen Bayerns, also in den fränkischen und alemannischen Sprachgebieten gesagt würde. Aber das ist nicht so. *Fastnacht, Fasenacht, Fåsnat* – das alles war nämlich bis vor gut hundert Jahren auch in Altbayern üblich – im westlichen Oberbayern und in der Oberpfalz. Auch in Städten wie Ingolstadt und München, wo der *Münchner Fasching* ja mittlerweile ein Markenzeichen geworden ist.

indoeuropäische Wurzel pwos-

pusten, pur, Februar, fasten

Aber klären wir zunächst die *Fastnacht*. Das *Fase-* aus *Fasenacht* und das *Fasch-* aus *Fasching* scheinen immerhin die gleiche indoeuropäische Wurzel zu haben: *pwos- = (weg-)blasen, reinigen*. Diese Wurzel steckt auch drin in *Fasern* und *Federn,* die man wegblasen kann, in *faser* wie in *fasernackt*, im *Pusten* und im lateinischen *purus* (= *rein, sauber, pur)*. Lateinisch *februare* (entstanden aus *facere purus = sauber machen;* vgl. *Februar*) heißt auch *reinigen*. Die *Fasenacht* könnte also die Nacht vor dem körperlichen und geistigen Frühjahrsputz sein, vor der *Fas-tenzeit*, die ja ebenfalls eine innere Reinigung ist. So, und jetzt zum Münchner und vermeintlich allein

Fasching

bairischen *Fasching*: Der nämlich ist – zumindest in München – ein Import; aus dem Osten des bairischen Sprachraums. Viele der vermeintlich alteingesessenen Münchner haben Wurzeln in Niederbayern. Massenweise sind die Leute im 19. Jahrhundert von dort in die schnell wachsende Landeshauptstadt gezogen und hier sesshaft geworden. Und nur östlich einer Grenze von Rosenheim, Freising, Regensburg und Cham, in Niederbayern also, dem unteren, östlichen Oberbayern und in ganz Österreich bis Wien, da sagt man seit jeher *Fasching*. In München dagegen und dem westlichen Rest Altbayerns *Fasenacht*.

Als dann im 19. Jahrhundert der Rheinische *Karneval* und die Mainzer *Fassenacht* nach Bayern geschwappt sind, da haben die Münchner anders dagegen halten wollen und für ihre alte *Fasenacht* anstatt dem Karneval lieber den *Wiener Fasching* eingeführt. Schließlich fühlte man sich kulturell der alten Habsburgerhauptstadt viel eher verbunden als den mittlerweile zu preußischen Satelliten gewordenen Rheinländern. Die neumünchnerischen Niederbayern haben ihren altbekannten *Fasching* da natürlich bereitwilligst aufgenommen und auf die eigentlich altmünchener *Fasenacht* gepfiffen. So ist der Fasching ein gesamtbairisches Wort geworden. Sie kennen den schönen alten Kinderreim *Lustig ist die Fasenacht...*, oder? In dem hat sich die alte westbairische Fastnacht erhalten. Das hat einen ganz einfachen Grund: *Lustig ist der Fasching, wenn die Muetter Kiachln bacht* reimt sich halt nicht.

Die Masche mit dem Rodeln

Winter und Schnee bedeuten nicht nur Leidenszeit für viele Autofahrer und Hausbesitzer, sondern selbstverständlich auch fröhliche Hochsaison für Wintersportler. Ganz gleich, ob es sich dabei um schlittenfahrende Kinder oder skifahrende Erwachsene handelt. Oder muss es heißen *rodelnde* Kinder und *skilaufende* Erwachsene?

Ski, Scheit, Scheitl

Ski ist natürlich ein Fremdwort, das erst vor wenigen Jahrzehnten aus dem Norwegischen eingebürgert wurde. Norwegisch hängts zusammen mit *skid*, dem deutschen *Scheit*, wie in *Holzscheit*, bairisch verkleinert *Scheit(e)l* (s.u. *Wer fegt, kehrt verkehrt!*). Zu den *Scheiteln* oder vielmehr Brettern unter den Füßen sagt der Norweger also *Ski*. Ursprünglich war das eine Art Schneeschuh, mit dem man sich in tiefem Schnee fortbewegen konnte. An ein Runterrutschen vom Berg nur so zum Spass hat früher ja wirklich niemand gedacht, und weils in

skilaufen und skifahren

Norddeutschland kaum Berge gibt, deswegen kann man sich schon vorstellen, dass bei denen deswegen das **Laufen** mit diesen Brettern im Vordergrund steht.

Die Baiern, Österreicher und Schweizer, eben die Süd- und Hochdeutschen, haben die Ski erst im 20. Jahrhundert zum Vergnügen ihrer Wintergäste importiert. Hier sagt man ski**fahren**, weil das Schreiten bei der *Abfahrt* nicht im Vordergrund steht. Man steht auf den Brettln und lässts rutschen. Merken Sie sich einfach folgendes: Ein Baier kann manchmal zum Skifahren gehen. Ein Norddeutscher muss dagegen fast immer zum Skilaufen fahren. Übrigens: Die Mehrzahl von *Ski* heißt *Ski* – und niemals *Schier*. Getreu dem alten Schlager: *Mancher lernts nie, des Fahrn mit de Ski.*

Rodel, rodeln

rollen, rödeln, rütteln

Ein viel älterer Sport im Vergleich zum Skifahren ist natürlich das Rodeln. Für einen kleinen Schlitten als Kinderspielzeug oder Sportgerät gibt es nur direkt in den Bergen dieses bairisch-österreichische Spezialwort: *Rodel*. Der Johann Andreas Schmeller beschreibt diesen Rodel so: *Er besteht ganz einfach aus zwey Hölzern, die durch die Beinknochen eines Pferdes gesteckt, oder mit Eisen beschlagen sind und einem Sitzbrett darüber. Rodel* und *Rodeln* hängen zusammen mit *rollen* und (umgelautet) *rödeln* und *rütteln*. Die Baiern haben das Wort von den Römern geerbt: *Rotula* heißt das kleine Rad und *rotulare* heißt soviel wie *rollen, rutschen, gleiten*. Rodeln hat im Bairischen eine Vielzahl von Bedeutungen. Es kann *rütteln* heißen und *rühren*, aber auch *röcheln* und *murmeln*. Ein Asthmatiker kann *rodeln*, tief in der Lunge drin, und eine Katze schnurrt nicht auf bairisch, sondern sie *rodelt*. Kurz und gut: Wenn man es genau bedenkt, gibt es kaum ein bairischeres Wort als *rodeln*.

Schlitten

indoeuropäische Wurzel schl- oder schl(e)i-

Tatsache ist aber, dass Flachlandler, auch wenn es sich um Flachlandbaiern handelt, ursprünglich nur den *Schlitten* kennen, der im Winter anstatt der Kutsche eingespannt wird. Den kennen die Gebirgler freilich auch: Schmeller nennt den *Gaißschlitten* und den *Bockschlitten*. Der *Schlitten* geht zurück auf die indoeuropäische Wurzel *schl-* oder *schl(e)i-*. Sie bedeutet ursprünglich soviel wie *rutschen* oder *gleiten* und steckt in einer riesigen Wortfamilie: Im *Schleifen,* im bairischen *Schliefen* (gesprochen *schliafa*), im *Schleichen,* im *Schleim,* im *Schleißen* (Federn o.ä.), im *Schlamm* und im *Schlick* aber auch im *Schlips,* im *Schlitten,* in der *Schlange* oder der *Schlinge,* der *Schlaufe,* dem *Schlüpfen.* Wenn Sie in ein Band eine Schlaufe machen, schlüpft es ja gewissermaßen ineinander.

schleifen, schliefen, schleichen, Schleim, Schlange

Nebenbei: Ein rechter Baiernbub mag gern *Schlittnfahrn,* er mag auch gern *schliewazn,* wie man das Gleiten auf dem Eis mit den Schuhen nennt – er mag es aber gar nicht gern, wenn man ihm eine *Schleife* bindet. Das hat weniger mit dem *Schlips* zu tun als mit der Tatsache, dass der Baier ein anderes Wort dafür hat: *Masche.* In Baiern hat man früher die *Schlaufe* als Vorstufe zu einer Masche gekannt. Ein Netz zum Beispiel hat Maschen und keine Schlaufen. Diese Maschen wiederum bestehen aber aus einzelnen Schlaufen. Das funktioniert so: Sie machen zwei Schlaufen und kriegen eine Masche. Deswegen sagt man zur Trachtenfliege immer *Màscherl.* Auch, wenn da viele Leute heutzutage von einer *Schleife* reden.

schliewazn

Das Wort *Schleife* (aus umgelautet *Schlaufe – Schläufe*) hat erst der Martin Luther bei seiner Bibelübersetzung geprägt als allgemeindeutsches Wort, weil die *Schlaufe* im Norddeutschen nicht verstanden worden ist. Allerdings ist auch die Schlaufe bekannt geblieben. Und so gilt heute die Schlaufe als Vorstufe zur Schleife. Und die *Màsche* im Sinn der Schleife ist nur noch in Süddeutschland bekannt. Früher war ein *Màderl* mit viel *Bànderl* im Haar und am Gewand *aufgmàscherlt.* Leider aber kommen die *Màschen* und die *Màscherl* allgemein ab. Viele Leut glauben, *Schleiferl* sei schon richtig bairisch und eine *Màsche* eine Gemeinheit. Weit gefehlt! Die *Màsche* in der Bedeutung *Dreh, Kniff, Lösung* hängt zwar eng mit der hochdeutschen Masche zusammen, stammt aber aus dem Jiddischen und ist erst im 20. Jahrhundert ins Standarddeutsche eingeführt worden.

Schlaufe und Schleife

Masche, Mascherl

Ohne solche Bedeutungsübertragungen kommt man aber nur schlecht auf den Ursprung des Wortes *Màsche.* Es trifft sich nämlich, dass es durchaus ähnliche Wörter mit ähnlichen Bedeutungen gibt, die aber letztlich ganz woanders hinführen. Im schweizerischen Bergell, wo bekanntlich ein Rest des Romanischen überlebt hat, wie es früher auch in Baiern gesprochen wurde, heißt das Glockenhalsband der Kühe *màschkaretsch*, in der Mundart des oberitalienischen Pavia heißt *màskarits* das Leder, aus dem Halfter und Hundehalsbänder gemacht werden. Das alles passt ja zur *Màsche* als Schleife. Aber hat es auch mit dem bairischen *Màschkera* für *Maske, (Faschings-)Verkleidung* zu tun? Vermutlich schon – aber wieder über Umwege.

Maschkera und Maske

Auch im Italienischen heißt der (verkleidete) Possenreißer *maschera.* Im provençalischen Dialekt bedeutet *Màsko* (= *Maske*) auch *Zauberer.* Man führt das Wort auf sizilisch *ammaskari* (= *großtun*) zurück. Der Possenreißer ist also ein *Großtuer*, ein *Aufschneider*. Jetzt trifft es sich aber, dass im Lateinischen *masculus* soviel bedeutet wie *männlich* (stammt ab von lat. *mas* = *Männchen*). Von dem Wort kommen eine Menge männliche Begriffe in allen möglichen romanischen Sprachen. Einmal bedeutet es soviel wie *Eber*, ein anderes Mal *Stier*, dann *Kater* oder gleich *männliches Glied.* Auch der spanische *macho* gehört in diese Reihe. Er bedeutet zunächst genausoviel wie das lateinische Ursprungswort: *Männchen.* Aber wie die kleinen Männer halt so sind: Sie machen sich gern größer, bedeutender als sie sind – und sich dabei oft genug zum Narren. Womit wir wieder beim Possenreißer wären und der Maske.

Wer fegt, kehrt verkehrt!

Eine der beliebtesten Veranstaltungen des Faschings, ganz am Schluss, ist der Kehraus. Der *Kehraus* übrigens heißt keinesfalls so, weil da der Fasching mit dem Besen *ausgekehrt* wird. Vielmehr kehren sich der Fasching und der Winter aus – ins Frühjahr nämlich. Insofern liegt schon auf der Hand, dass das hochdeutsche *Kehren* mit dem *Fegen* eher wenig zu tun hat. Kein gestandener Baier würde sagen: *Ich fege meinen Hausgang*. Es gibt aber Leute, die meinen *Fegen* und *Kehren* seien zwei immerhin ähnliche Tätigkeiten mit unterschiedlicher Vorgehensweise. In etwa so: Kehren ist waagrecht am Boden und Fegen senkrecht im Kamin, weil heute ja *Straßenkehrer* und *Schornsteinfeger* gesagt wird. Da wird aber kein Schuh draus. Denn ein *flotter Feger* ist weder ein besonders schöner Handbesen noch ein schnell arbeitender Kaminkehrer. Wobei ein flotter Feger nicht unbedingt jemanden *anfegt* – das ist wieder was anderes; ebenso die bairischen *Spinnfecken* für *Spinnweben*. Woran man aber sieht, dass es das Wort *fegen* in Baiern geben muss – wenn auch nicht mehr im Sinn von *Boden fegen*.

Kehraus

Ursprünglich heißt *fegen* soviel wie *hin- und herfahren* oder *-reiben*, und hat deswegen später die Bedeutung *putzen* gekriegt. Die Spinne spinnt ihre Fäden auch hin und her – daher das bairische Wort *Fecken* (sprich: *Feggan*). Wer *Faxen* macht, rennt (im übertragenen Sinn) hin und her, auch in der *Fickelmühle*, der Zwickmühle im Mühlespiel wird hin- und hergefahren und, mit Verlaub, auch beim *Ficken*. Eine solche Verwandtschaft hat der Feger! Schlussendlich ist das *Fegen* aber auch ein Spezialwort der Waffen- und Klingenschmiede. Die haben früher mit *Fegsand* Messer- und Schwertschneiden zum Glänzen gebracht. Sie kennen vielleicht den alten Familiennamen *Schwertfeger*. Wenn ein Baier demnach jemanden *anfegt*, heißt das, er reibt sich an ihm. Der *Feger* ist jemand, der sich Glanz gibt oder gegeben hat und entsprechend ausschaut. Den *Boden fegen* aber tut in Baiern niemand.

fegen, Fecken, Faxen

Fickelmühle, ficken

Feger, anfegen

Auch *kehren* hat zwei Grundbedeutungen, die heute kaum mehr was miteinander zu tun haben: *Kehren* im Sinn von *fegen*

kehren

kiren, keren, kehren

und *kehren* wie etwa bei *umkehren*. Im Bairischen sind das, wie übrigens auch noch im Mittelhochdeutschen, tatsächlich zwei unterschiedliche Wörter: *I kir an Bodn* oder *i ker um*. Nur im Schriftdeutschen fallen *kiren* und *keren* zu *kehren* zusammen. Da weiß dann keiner, was das heißen soll, wenn der Kaminkehrer *wieder kehrt*! Sie sehen schon. Bei den Nichtbaiern ist den Missverständnissen Tür und Tor geöffnet. Wenn jemand *einkehrt* in Baiern, dann lässt er im Allgemeinen den Besen daheim, trifft aber vielleicht einen flotten Feger. Wenn die zwei dann gemeinsam *heimkehren*, dann könnte es sein, dass sie gefragt werden, ob sie *zammghern*. *Nein, wir haben keinen Besen dabei*, wär in diesem Fall die richtige Antwort – ist aber eine ganz andere Geschichte. Faktum ist, dass selbst der flotteste Feger an einer *Kehre* langsam tun muss.

Kehre, Kurve

Obwohl im Gebirg von ihr häufig die Rede ist, gibt es nämlich die *Kehre* als Hauptwort in Baiern eigentlich nicht. Hier ist zunächst alles eine Kurve: Lateinisch *curvus* heißt *gekrümmt*. Allerdings handelt es sich dabei nicht um ein altes bavaromanisches Wort. Den Begriff *linea curva* für gekrümmte Linie haben vor rund 200 Jahren Mathematiker ins Deutsche eingeführt und von den Kurven der Mathematik haben ihn die Straßenplaner des 19. und vor allem des 20. Jahrhunderts gewissermaßen ins Gelände übertragen. Vorher, als man noch den seit Jahrtausenden gebahnten Straßen gefolgt ist, hat man in ganz Deutschland für Wegbiegungen ganz eigene Bezeichnungen gehabt. Im Norden hat man *Kehre* gesagt, im deutschen Süden, in Franken zum Beispiel, *Krümme*. So heißen Kurven heute noch in weiten Teilen Frankens und der nördlichen Oberpfalz. Im altbayerischen Süden dagegen gibt's ein anderes Wort: Die *Reibe*, bairisch *Reibn*. Jede Kurve war im alten Baiern früher *a Reibn*. Bloß viele können sich heute keinen Reim mehr drauf machen. Sie kennen allerhöchstens eine *Küchenreibn* für Erdäpfel beispielsweise.

Krümme

Reibe

reiben, rebeln, rib(b)eln, ringen

Reiben ist ein uraltes Wort, dessen indoeuropäische Wurzel *wr(e)i-* auch drinsteckt in *rebeln, rib(b)eln, rub(b)eln,* in *wringen* und *ringen*. Auch im Englischen ist die Wurzel vielfältig vertreten: to *wrap* (= *wickeln*) oder to *write* (= *ritzen, schreiben*). Ursprünglich bedeutet *wreib-* soviel wie *reiben*, sich *drehen, wenden*. Wenn man Erdäpfel reibt, gehts hin und her und her und hin; wenn man einen Putzlumpen *aus(w)ringt* und einen Gegner nieder*ringt* ebenso. Und nichts anderes macht man in einer Kurve und am allermeisten bei Kehren den Berg hinauf: Hin und her. Heutzutage denkt kaum einer mehr darüber nach. Weswegen die meisten sich auch gar nicht vorstellen können, dass man in Baiern noch vor wenigen Jahrzehnten zum Winker und Blinker an einem Auto scherzhaft *Reibendeuter* (sprich: *Reibndeiter)* gesagt hat. Der kam zum Einsatz, bevor man um eine *Reiben* gefahren ist und selbstverständlich braucht man ihn auch, wenn man eine *Scheiben* ausfahren muss. Tatsache ist: Eine solche gibts in Baiern nicht nur als *Fenster-, Beilag-, Knie-* oder *Brotscheibn*. Die *Scheibe*, bairisch *Scheiben* (sprich: *Scheibn)* bezeichnet im Allgemeinen etwas Flaches und eher Rundes – also auch eine große *Reiben* im Verkehr.

Reibndeiter

Scheib(e)n

Auch eine *Fensterscheibe* war einmal als *Butzenscheibe* flach und rund. Zu allem, was flach ist, sagt der Norddeutsche – und nur er – *platt*. Er sagt zum *flachen Land plattes Land* und weil eben Norddeutschland niedriger, flacher ist als der deutsche Süden, sagt er dazu *Plattdeutschland*, wo *Platt* geredet wird, Niederdeutsch eben, im Gegensatz zu unserem Hochdeutsch. Weil *Platte* also ein plattdeutsches Wort ist, müssen Hochdeutsche genaugenommen zu der *Tischplatte Scheibe* sagen – und tatsächlich: das tun sie. Wir haben ja weiter oben schon festgestellt, dass der bairische *Diesch* ein Verwandter ist von griechisch *diskos* (*diskos* = *Scheibe*, *Diskus!*). Zu der *disc*, der *Schallplatte* hat man eh immer schon auch *Scheibe* gesagt. So gesehen ist *Tischplatte* natürlich doppelt gemoppelter Unsinn. *Tisch* allein langt völlig.

Scheibe, Platte, Tisch

Scheibn allerdings ist im Bairischen nicht nur ein Gegenstand sondern auch eine Tätigkeit. Zum Beispiel das *Kegelscheibn* (= *Kegeln*). Dieses bairische *scheiben* für *rollen* hat mit *schieben* (s.o. *Mein lieber* Schieber) gar nichts zu tun, bringt uns aber

scheib(e)n

endlich wieder zur Kurve. In Teilen Ober- und Niederbayerns heißt die nämlich nicht *Reibn*, sondern *Scheibn*. Wenn man eine ganze Kurve ausfahren muss und nicht abschneiden kann, heißt es, man muss eine *Scheibn* ausfahren. Das Wort *Scheibe* ist, wie so viele bairische Wörter, uralten Ursprungs. Die bereits erwähnte indoeuropäische Wurzel *skei-* bedeutet soviel wie *schneiden, (ab)spalten, trennen, (aus)scheiden*. Die Sippe der Wörter, die damit zusammenhängen ist riesig: Der *Scheitel* gehört hierher, das *Scheitern* (im Sinn von *zerbrechen*), das *Scheiden* und die *Scheide*, auch der norwegische *Ski* genauso wie das *(Holz)Scheit*. *Skibo* heißt im Gotischen die von einem Baumstamm abgesägte flache Scheibe. Alles was rollt, kann auf bairisch *gescheibt* werden. Manchmal rundet sich etwas und geht perfekt zusammen wie ein Kreis. Wenn es das, im übertragenen Sinn, nicht tut, dann *scheibt sich nix*.

Scheibn

scheitern, scheiden, Scheitel, Scheit, Scheide

In althochdeutschen Zeiten ist aus der von einem Baumstamm abgeschnittenen oder abgespaltenen *skiba*, unserer heutigen *Scheibe*, noch ein anderes Wort geworden: der *scifer*. Der ist zwar immer noch flach, aber nicht mehr rund. Man kennt das *Schiefergestein* genauso wie den bairischen *Schiefer*, den *Schieferling* oder *Schiefing*, den sich der berühmte *Oasiedl von Bogn eizogn* hat.

Schiefer, Schiefing

Der Oasiedl vo Bogn, håt Hoizscheidl klobn
und håt si an Schiefing in n Årsch eine zogn.
Der Mesner vo Krailing, a kreizbrava Mo
der håd eahm den Schiefing vom Årsch aussa do.

Apropos: Auch das *Scheißen* (=aus-*schei*-den!) gehört zur Sippe der *Scheibe*. In diesem Sinn jedenfalls hat jeder Recht, der statt *Scheiße!* lieber *Scheibenkleister!* sagt.

Kein Western zu Ostern!

Nach dem Fasching kommt das Fasten – ganz streng in der Karwoche, der letzten Woche vor Ostern; und in dieser Woche wiederum fängt das allerstrengste Fasten nach altem Brauch am Gründonnerstag an. Jetzt glauben manche, dass dieser Donnerstag eben *Gründonnerstag* heißt, weil es da bloß was Grünes zum Essen gibt – die traditionelle Kräutelsuppe beispielsweise oder Spinat. Aber es könnte ja auch sein, dass es umgekehrt nur deswegen was Grünes zu essen gibt, weil der Gründonnerstag *Gründonnerstag* heißt. Das *Grün* von *Gründonnerstag* kommt von *greinen*. So erklärt man unter eingeweihten Kirchgängern den Tag. Greinen, also weinen, tut man an dem Tag, an dem Jesus seinen Henkern ausgeliefert worden ist. Aber so ganz logisch ist das nicht, weil dann der *Karfreitag* noch viel eher *Grünfreitag* heißen müsst oder der Donnerstag auch *Kardonnerstag* – so heißt es aber nicht. Die Vorsilbe *Kar-* übrigens hängt zusammen mit *karg* und heißt soviel wie *traurig, kümmerlich*.

Karfreitag

Aber bleiben wir beim *Gründonnerstag*. Das alte bairische Wort dafür lautet *Antlaßpfinzta. Pfinzta* ist, wie wir bereits wissen, das bairische Wort für Donnerstag, *Antlass* hängt zusammen mit *Entlassen*. Der *Antlass* ist nämlich das bairische Wort für *Ablass*, den *Ablass der Sünden*. Am Gründonnerstag, dem Tag des heiligen Abendmahls und später an Ostern sowieso, da möchte ein guter altbayerischer Katholik kommunizieren, also zur Kommunion gehen – und das darf man nicht ohne Sündenerlass. Der *Antlaßpfinzta* war also *der* klassische Beichttag vor den Feiertagen. Deswegen heißt er im Schriftdeutschen Gründonnerstag: Weil *grün* eben noch viel mehr ist als eine Farbe. *Grünen*, bairisch *groan*, englisch *to grow*, heißt *wachsen*, *gedeihen* und im Unterton dabei schwingt eben mit, dass da was Neues, Frisches heranreift.

Gründonnerstag

Antlass und Ablass

grünen, groan

So ist es auch, wenn man gebeichtet hat. Da hat man quasi eine frische, eine runderneuerte Seele. *Grün* kann deswegen auch die Bedeutung *gut* haben. Die *grüne* Seite, das ist die *gute* Seite, jemandem *grün* sein, das heißt einem *gut*, *gewogen* zu sein.

Dass die Bedeutung *gut* beim Gründonnerstag nicht abwegig ist, sieht man am englischen Wort für Karfreitag: *Good Friday.* Gut möglich auch, dass, wer an diesem Tag frisch, also grün, gebeichtet hat, und damit wieder ein *guter Mensch* war, nicht gleich mit dem Essen wieder sündigen wollte, sondern nur frisches, jungfräuliches Grünzeug zu sich genommen hat. Langer Rede kurzer Sinn: *Gründonnerstag* kommt also tatsächlich von *grün,* grün im Sinn von *frisch, gut.*

Übrigens die Eier vom Gründonnerstag, vom Antlaßpfinzta, die sogenannten *Antlaßoar*, sind seit eh und je besonders begehrt als Ostereier. Obwohl sich die nie richtig schälen lassen. Dafür nämlich sind sie viel zu grün. Schließlich ist Ostern schon drei Tag später.

Ostern

Ostern – schon wieder so ein Tag, bei dem man nicht weiß, wo sein Name herkommt. In nationalistischen und germanenseligen Zeiten hat man immer behauptet, *Ostern* käme von einer germanischen Frühlingsgöttin namens *Ostara.* Bloß dumm, dass eine solche Göttin nirgendwo bezeugt ist. Später hat man das ganze dann mit der griechisch-indoeuropäischen Göttin der Morgenröte *Eos* erklärt. Schließlich ist Christus ja am Morgen des Ostertags auferstanden. Es gibt auch die Meinung, das Wort *Ostern* komme aus dem lateinischen *haustrum*, was soviel bedeutet wie *das Geschöpfte.* Damit sei das Taufwasser gemeint gewesen, weil in der Osternacht traditionell der Tauftag war. Andererseits sagt man nirgends, jemand wird *geostert*, wenn einer getauft wird.

Weißer Sonntag

Aber es gibt noch eine dritte mögliche Erklärung: *Dies albae, weiße Tage*, hat die Osterwoche im Kirchenlatein früher geheißen. Den *Weißen Sonntag* eine Woche nach Ostern gibts ja heute noch. Weiß nämlich waren die Kleider, die sogenannten *Alben*, der an Ostern frisch Getauften. *Albus* ist im Lateinischen aber auch das helle *Morgenlicht*, die *Morgenröte.* Der Dreh zu Ostern geht so: Im Mittelalter hat man zu Ostern oft noch *pasche* gesagt, nach dem hebräisch-lateinischen *Pascha-Fest.* Das *pasche* allerdings hat man nicht ins Deutsche übersetzen können. Durchaus aber die *dies albae*, die weißen Tage. Allerdings hat der gute Übersetzer, vermutlich ein Mönch, die falsche Wortbedeutung erwischt und gemeint *dies albae* müsse *Tage der Morgenröten* heißen; und so ist er auf *Eostaran* gekommen.

Das erklärt auch, warum *Ostern* ein Mehrzahlwort ist wie *Hosen*. *Die* Ostern heißt es heute noch. Man wünscht sich *frohe Ostern*, weil ja ursprünglich mehrere Tage damit gemeint waren, die *weißen Tage* eben. Fazit: Auch die bairischen Mönche haben nicht immer recht gehabt und ab und zu einen rechten Schmarrn verzapft. Merken Sie sich bloß: *Ostern* war nie und zu keiner Zeit gedacht als das Gegenteil von *Western*. Niemals!

April, April!

Der Mai ist gekommen, die Bäume schlagen aus... Genau wie die *Maienzeit* in alten Volksliedern ein Synonym für den Frühling ist, kann auch der *April* für das Frühjahr, den *Lenz*, den *Auswärts* stehen. Denn es ist halt immer so, dass die Sprache gerade dann viele verschiedene Bezeichnungen für ein und dieselbe Sache kennt, wenn diese Sache besonders bedeutend ist. Und was könnte bedeutender sein, als der Frühling, das Frühjahr? Beide Wörter sind übrigens erst seit drei-, vierhundert Jahren im Gebrauch. Wobei das Wort *Frühling* im alten Baiern eher unbekannt war. *Frühling* sagen die Badener, Württemberger und Schweizer, aber auch die Egerländer, Sachsen und Brandenburger. *Frühjahr* dagegen ist eigentlich das standarddeutsche Wort im ganzen Norden und Westen Deutschlands, ebenso in der Mitte und als *Fruàhjåhr* sogar im bairischen Sprachraum. Aber da nur in den eher städtisch geprägten Gebieten um München, Ingolstadt und Landshut, beziehungsweise um Salzburg und Wien. Da überall hat sich der neuere Ausdruck *Frühjahr* durchgesetzt. Frühling und Frühjahr

Auf dem Land, in Niederbayern, der Oberpfalz, in Oberösterreich, Kärnten und der Steiermark, da gibt es dagegen ein spe-

Auswärts, Einwärts

zielles bairisches Wort: Den *Auswärts*. Als Gegensatz zum *Einwärts*, dem Herbst. *Auswärts* und *Einwärts* sind sprechende Namen, die vermutlich aus dem Hochmittelalter stammen. Tatsache ist, dass das wirklich alte bairische, ober- und mitteldeutsche Wort für *Frühjahr* ganz anders lautet: *Lenz*. Mundartlich heißt es heute noch in ganz Südbaiern, im Tirolischen bis hinüber ins Allgäu oft *Lassing, Langs, Langez, Lanzing*. Ihren Ursprung haben alle diese Bezeichnungen in lateinisch *longae dies, lange Tage*. Der altbairische *Langs*, der *Lenz*, ist also die *Zeit des wachsenden Tags*. Zumindest im hochdeutschen Süden des deutschen Sprachraums. Wie überhaupt die Ausdifferenzierung und Benennung der Jahreszeiten von den südlichen Ländern Europas ausgeht, wo es zwischen Winter und Sommer lange Übergangszeiten gibt. Im Norden, wie beispielsweise in Skandinavien, sind Frühjahr oder Herbst relativ kurz und deswegen eigene Bezeichnungen dafür bis heute nicht recht gebräuchlich.

Lenz

So, und mit Rücksicht auf die romanisch-südlichen Wurzeln Baierns fällt es uns jetzt auch leicht zu erklären, wo der *April* herkommt: Der April ist der *Aufmacher*. Der Matten und Felder und Wiesen vom Schnee befreit, auf gut bairisch *àper* macht. Jeder Skifahrer weiß, dass in den Alpenländern schneefreie Stellen *àpere* Stellen genannt werden. Lateinisch-romanisch *àper* heißt offen. Nichtbaiern kennen das Wort auch von den italienischen Tankstellen und Geschäften: Italienisch *aperto* heißt *geöffnet*. Das bairische *àper* heißt aber nicht nur *schneefrei*. Auch der Himmel kann *àper* sein – *wolkenfrei* und ein Mannsbild, wenn es *plattert* wird, wie der Baier sagt, wird auch *àper*. Und so gibts mit diesem schönen Wort auch für das alte, wegen der *Beine* nördlich klingende Sprichwort *Lügen haben kurze Beine* eine bairische Entsprechung: *Ibers Jåhr àpert ålls aus*. Will heißen: Auch was noch so verdeckt ist, liegt irgendwann einmal offen. Bloß beim *Ötzi*, da hat das Ausàpern etwas länger gedauert.

April

àper

Warum es den Rosé gibt, weiss nur der Herbst

Der Herbst gehört heutzutage unbestritten zu den vier Jahreszeiten. In früheren Zeiten aber, wir haben es schon erwähnt, da war er nicht so wichtig. Man hat vermutlich die Übergangszeiten zwischen Sommer und Winter und umgekehrt zwischen Winter und Sommer nicht so recht wahrgenommen, und die Bezeichnungen für die warme und die kalte Jahreszeit, *Sommer* und *Winter*, haben gelangt. *Frühjahr* und *Herbst* also sind erst wesentlich später dazugekommen, eine Erfindung der Römer, die in Baiern, das zu Römerzeiten bekanntlich zur *Diözese Italien* gehörte, selbstverständlich übernommen worden ist.

Heutzutage gibt es für *Herbst* kein anders hochsprachlich bairisches oder süddeutsches Wort mehr, sieht man einmal von den Regionen, ab, wo man den Einwärts kennt. Der heißt so, weil sich das Jahr jetzt wieder zurückzieht, weil der Saft aus den Bäumen wieder in die Erde hineingeht und sich schließlich auch die Menschen wieder weit öfter drin als draußen aufhalten.

Herbst

Das Wort *Herbst* jedenfalls war in Süddeutschland lange Zeit ein Monatsname. Der *Augsburger Kalender* von 1477 bezeichnet den Oktober als den *erst Herbstmon*, den November als den *ander Herbstmon*. Unter diesem Gesichtspunkt ist es interessant zu erfahren, was *Herbst* eigentlich heißt. Aus dem gotischen *harbista* ist es zu althochdeutsch *herbisto* und schließlich zu *Herbst* geworden. Damit aber war ursprünglich keine Jahreszeit gemeint, sondern die *Ernte*. Im Englischen hat sich diese alte Bedeutung voll erhalten. Das englische *harvest (= Ernte)* ist das gleiche Wort wie unser deutsches *Herbst*. In diesem Sinn muss man auch den Augsburger Kalender verstehen: *Herbstmond* heißt nichts anderes als *Erntemonat*. Besonders in den süddeutschen Weingegenden hat sich außerdem die Bezeichnung *Weinherbst* für *Weinernte* noch erhalten und es gibt den *Weißherbst*, einen Wein aus blauen Trauben, der wie Weißwein ohne Schalen vergoren wird.

Weinherbst

Laubreis

Aber es gibt außerdem ein altes bairisches Synonym für *Herbst*, das man ganz vereinzelt noch hören kann: *Laubreis*. Das Wort kommt davon, dass man früher das viel billigere Laub zum Einstreuen im Stall verwendet hat. Die Zeit, in der die Blätter fallen, *rieseln*, war die *Laubrise*.

Halten wir also fest: Das, wozu wir heute *Ernte* sagen, hat in Süddeutschland früher *Herbst* heißen. Und das, wozu wir heute *Herbst* sagen, war in Süddeutschland früher der *Laubreis*. Die Amerikaner sagen zu der Zeit, in der die Blätter fallen, *fall* – die *Zeit des Fallens*. *Harvest* dagegen ist bei ihnen die Ernte geblieben. Für unseren *Herbst* aber hat man im englischen Englisch den lateinischen *autumnus* als *autumn* eingeführt. Aber da sind wir überall in den Tiefen der Geschichte.

Hiagscht, Hiagst, Hiabst

Heutztage sagt eben auch der Baier *Herbst*, selbst wenn es hier ganz anders klingt: *Hiagscht*, *Hiagst* oder *Hiabst*. Im *Hiagscht* beispielsweise will der Boandlkramer den Brandner Kasper holen, weil dem der Sommer zum Sterben nicht passen will. Doch damit hat er beim Kaspar kein Glück, weil der da zum Jagern muss. Was ein lebenslustiger Baier ist, der stirbt halt zu keiner Jahreszeit gern.

Wenn der Rasen Wiese macht

Löwenzahn

Rund 1.000 verschiedene Arten gibt es von der sonnengelben Blume, die im Schriftdeutschen schlicht *Löwenzahn* heißt. Die Botaniker unterscheiden in ihrer Fachsprache allerdings in ein *Leontodon* und in ein *Taraxacum*, jeweils mit zahlreichen Unterarten, und man kann den Eindruck haben, sie wissen selbst nicht so genau, was denn eigentlich was ist. Sicher ist nur: Der Name *Taraxacum* kommt aus dem Arabischen *taraks-haqum*, was soviel wie *bitteres Kraut* bedeutet (Löwenzahn schmeckt bekanntlich bitter). *Leontodon* wiederum ist nichts anderes als die gelehrt-griechische Übersetzung von *Löwenzahn*, ein Wort, das sich eindeutig auf die scharfgezackten Blätter der Pflanze bezieht.

Noch verwirrender und regional höchst unterschiedlich sind

Weißherbst ist ein spezieller Roséwein, der nur von einer einzigen Rebsorte gekeltert werden darf. Herbst heißt ursprünglich Ernte (vgl. engl. harvest). Weil bei der Verarbeitung der roten Trauben das selbe Verfahren angewandt wird wie beim Weißwein, sagt man dazu Weißherbst.

die zahlreichen deutschen Namen des Löwenzahns: *Butterblume, Hundsblume, Kuhblume, Ringelblume* oder auch *Sonnenwirbel* wird er im Norden und Westen des deutschen Sprachgebiets genannt. In Altbayern und Österreich heißt er dagegen *Milischeckel, Milchdistel, Soachbleame* oder *Röhrlkraut*. Die Herkunft der meisten dieser Namen liegt auf der Hand, ob sie nun nördlichen oder südlichen Ursprungs sind. *Sonnenwirbel* bezieht sich auf die sonnengelbe Blüte, *Ringelblume* auf den Stengel, der sich ringelt, wenn er aufgespalten wird, *Butterblume* ist ein Reflex der Blütenfarbe und *Milchblume*, bairisch *Milibleame* oder *Milidistel* bezieht sich natürlich auf den weißen Stengelsaft und die distelartige Rosette der Pflanzenblätter.

Ringelblume, Milchdistel, Soachbleame, Röhrlkraut

Viel interessanter dagegen ist der bairische Ausdruck *Milischeckel*. Ein Wort gewissermaßen für den zweiten Blick: Die Milch vom Milischeckel macht nämlich auf der Haut braune Stellen – *Scheckl* oder *Merl*, wie der Baier dazu sagt; ganz ähnlich den *Summermerln* oder *Summerscheckln*, die auf schriftdeutsch *Sommersprossen* heißen. Das bairische *Merl* oder *Mirl* bedeutet ursprünglich soviel wie *Dreckspritzer*, lateinisch *merda* heißt der *Kot*, der *Schmutz*, *merdella*, der kleine *(Dreck-) Fleck*. Die *Scheck(e)ln* wiederum beziehen sich auf das schwarzweiß *gescheckte* Schachbrett. Das Schachspiel hat sich aus Arabien kommend im Mittelalter schnell in allen Ländern verbreitet. In *Schach* steckt der persische *Schah* (= *König*) drin. Schach ist also das königliche Spiel, das Spiel um den König. Im Italienischen wurde es zu *scacco*. Von den Schachbrettfeldern ist auch die viereckige *Schachtel* und das *Verschachteln* abgeleitet. Hochdeutsch umgelautet wird aus *scacco Schäck* oder *Scheck*.

Milischeckel

Summamerln, Summascheckln

Merl, Mirl

Scheckel, scheckig

Schach

Schachtel

Auch der Ausdruck *Soachbleame* erschließt sich recht schnell: *Taraxacum officinalis* ist nämlich eine Heilpflanze, die über eine ausgesprochen blutreinigende Wirkung verfügt. Schon seit dem 11. Jahrhundert wird Löwenzahnextrakt bei Leber-, Gallen-, Blasen- und Nierenleiden sowie Gelenkerkrankungen verabreicht. Nach der Anwendung spürt der Patient einen starken Harndrang. Deswegen sagt man zum Löwenzahn *Soachbleame* oder auch *Bettbrunzer*. Dessen zweiter Wortbestandteil

Soachbleame, Bettbrunzer

brunzen übrigens heißt wörtlich *einen Brunnen machen*. Leider sind alle diese schönen Namen heutzutage kaum mehr gebräuchlich. Bei *Löwenzahn* weiß jeder, was gemeint ist. Wobei *Löwe* eigentlich die schriftdeutsche Form ist. In Baiern hat der Löwe (lateinisch *leo*) bavaroromanisch auch *Leu* geheißen. Aber *Leu*, so sagen heute höchstens noch die Dichter. Ganz anders dagegen ist es mit der norddeutschen *Pusteblume*. Denn das niederdeutsche *Pusten* geht einem Baiern nach wie vor nicht recht über die Lippen. Wir brauchen einen *Blaserer*, mit dem wir die Samenfallschirme des Löwenzahns zum Schweben bringen.

brunzen

Leu

Für den kugeligen Samenstand des Löwenzahns haben die Baiern ihr eigenes bavaroromanisches Wort: *Ampel*. *Ampulla* heißt auf lateinisch die *kleine Flasche*. Die Ärzte kennen heute noch die *Ampulle* und in katholischen Kirchen gibts die *Ewig-Licht-Ampeln*, in denen rote Gläser mit Lampenöl stehen. Die Bezeichnung für dieses Lampennöl-Glas hat sich allmählich auf die ganze Leuchte übertragen; daher schließlich auch die *Verkehrsampeln*. Die sind billig elektrisch, die Ampeln des Löwenzahns dagegen leuchten silberkugelig im Kleinen, genauso wie die große Weltkugel im Sonnenglanz – wenn man sie lässt und sie nicht den zahlreichen Rasenfetischisten der Neuzeit zum Opfer fallen!

Ampel

Das waren schließlich Zeiten, als das Gras noch keine Zier war, sondern zum Gebrauch bestimmt. Da hat der Rasen übrigens auch anders geheißen: *Wasen*, bairisch *Wasn* oder *Wåsn*. *Wasen* ist im Deutschen rund dreihundert Jahre früher belegt als *Rasen*. Das Wort hängt vermutlich mit *wachsen* zusammen. Beim *Rasen* dagegen weiß man nicht genau, woher er kommt. Vermutlich ist er erst im Spätmittelalter dem Wasen aus einer lateinischen Wurzel nachgebildet worden. Lat. *rasum* heißt soviel wie *geschoren*, *gemäht*. Das Wort hat sich bei uns aber erst in jüngster Zeit eingebürgert. Noch um die Mitte des 19. Jahrhunderts war das Wort *Rasen*, wie Johann Andreas Schmeller schreibt, zwar bekannt, aber *weit weniger volksüblich als Wasen*. Dieses *Wasen* im eigentlichen Sinn bedeutet nicht

Wasen

Rasen

nur das Gras an der Oberfläche, sonder die ganze durchwurzelte Bodenschicht, egal ob auf einer Wiese oder im Moor. Im Niederdeutschen sagt man dazu *Torf*, ein Wort, das mit dem Slawischen *trawa* (=*Gras*) zusammenhängt. Der berühmte englische Rasen heißt in seiner britischen Heimat demzufolge *turf*. Den Torf aus dem Moor hat man in holzarmen Gegenden früher auch im Süden verheizt, dazu aber (beispielsweise im Allgäu) *Brennwasen* gesagt. Der Scharfrichter und Abdecker hat in Baiern früher auch *Wasenmeister* geheißen, weil er die Überreste von Hingerichteten und von Tieren einfach unter dem Gras verscharrt hat.

Torf

Wasen ist mitnichten nur ein bairisches Wort, sondern war einmal in allen hochdeutschen Sprachen gebräuchlich. Für die Volksfestbesucher in Stuttgart-Cannstatt beispielsweise ist der Wasen das, was für die Münchner die Wiesn ist. Halten wir also zunächst einmal fest. Auch wenn das Wort *Wasen* schon nahezu ausgestorben ist, eigentlich ist es das alte, das richtige und gleichzeitig das allgemeine Wort für den mit Gras bewachsenen Boden. Der Wasen, dessen Gras vom Vieh abgefressen wird, heißt *Wiese*. *Wiese* hängt zusammen mit *Weide*. Ein Wasen, der niemals beweidet, sondern nur *gemäht*, bairisch: *gmaht*, heißt *Mahd* oder im Hochgebirge *Matte*. Heut noch bekannt ist die *Wiesmahd*. Das ist eigentlich eine Weide, die extra abgemäht wird, damit eine Veranstaltung drauf stattfinden kann. Zum Beispiel das Oktoberfest. Merke: Wenn die Münchner auf die Wiesn und wenn die Stuttgarter auf den Wasen gehen, dann wirds feuchtfröhlich. Die Norddeutschen dagegen haben bloß einen Rasen. Der macht Arbeit. Daneben können sie höchstens in den Torf gehen. Da wirds vielleicht feucht, aber fröhlich bestimmt nicht.

Wiese, Weide

Mahd, gmaht, Matte

Herrschaftszeiten!

Das späte Frühjahr und der Frühsommer sind die Zeit hoher kirchlicher Feiertage: Ostern, Pfingsten, Christi Himmelfahrt, Fronleichnam. Wobei in der heutigen säkularen Welt der kirchliche Charakter dieser Feste immer seltener die Hauptrolle spielt. Egal aber ob Ostermarsch oder Vatertagsausflug – jetzt wird wieder vor die Tür gegangen. An Fronleichnam machen, wenn man so will, sogar die katholischen Kirchengemeinden einen Ausflug – in einer Prozession. Fronleichnam ist das jüngste Hochfest der Katholischen Kirche, bei dem der Leib des Herrn in der gewandelten Hostie verehrt wird.

Fronleichnam heißt eigentlich nichts anderes als *Leib des Herrn*. Ein Wort, das sich aus *Fron* und *Leichnam* zusammensetzt. *Fro* war im Mittelalter der *Herr*, die *Herrin* ist die *Vrou-we*, aus der unsere heutige *Frau* geworden ist. Der Dienst für den Herrn, den *Fro*, war dementsprechend der *Fron*-Dienst. Das Gefängnis, in das einen der Grundherr gesteckt hat, wenn man unbotmäßig war, das war die *Fron*-Veste und den Leib des Herrn, den hat man eben *Fron*-Leichnam genannt. Denn *Leichnam* hat im Mittelalter, ganz im Gegensatz zu heute, keinesfalls ein toter Körper, sondern ganz im Gegenteil ein lebendiger geheißen.

Fronleichnam

Fron, Frau

Auch *Leichnam* ist schon ein zusammengesetztes Wort. *Litz*, *Lick*, *Lich* oder *Leich* hat früher die *Erscheinung*, das *Aussehen*, das *Gesicht* geheißen. Im *Antlitz* steckt dieses *Litz* oder *Lich* noch drin; und im gotischen Wort *Licha*, *Lika-hamon* kommt im zweiten Teil das *hamon* vor, ein Wort, das mit dem hochdeutschen Wort *Hemd* verwandt ist, und soviel wie *Bekleidung*, *Behältnis* heißt. Der *Leichnam* also ist ursprünglich das *Behältnis für die Erscheinung eines Menschen*, schlicht das, was wir als unseren Körper kennen. Damit sind wir wieder beim Fronleichnam, dem lebendigen Leib des Herrn.

Leichnam

Antlitz

Hemd

In Baiern hat der Fronleichnamstag einen ganz anderen, viel weltlicheren, Zweitnamen: *Pranner-* oder *Prangertag*. Das Wort kommt natürlich von *prangen*. Der Johann Andreas Schmeller führt für *prangen* auf: *geschmückt, geziert sein, besonders bei fei-*

Prangertag, prangen

erlichen Anlässen, Hochzeiten, beim Herabfahren mit dem Vieh von den Alpen – Almabtrieb sagt man dazu heute. *Pranger gegangen* sind früher die Mädchen, die mit Kranzln und Bandln geziert bei der Prozession mitgehen. Heute noch ziehen die Erstkommunionkinder ihre Kleider und Kränze noch einmal extra für die Fronleichnamsprozession an.

Prangen oder *Prangazen* hat man früher auch in anderem Zusammenhang gesagt. Wenn einer sich am fremden Tisch *prangezt* hat, dann hat er sich *geziert*, hat *aus Ziererei nicht zugegriffen*. Einen *Pranger* hat man sich gegessen, wenn man eingeladen war und sich vorher schon den Magen vollgeschlagen hat, dass man sich beim Gastgeber später leichter zieren hat können.

Pranger, Prangser

Der *Prangser* war der *Zauderer*, der sich mit einer Entscheidung geziert hat, *umher prangern* hat auch soviel heißen können wie *vor lauter Nebensächlichkeiten trödeln*; und nicht zuletzt hat man auch gefragt *prangt sie schon?*, wenn man wissen wollte, ob eine Frau im Wochenbett schon für Besuche bereit ist. In diesem Sinn des (sich) Präsentierens war auch der *Pranger* zu verstehen, die Schandsäule, an die im Mittelalter die Leute zur Bestrafung gekommen sind.

Nicht weit weg von Fronleichnam, am 21. Juni, steht *Sommeranfang* im Kalender. Was genau aber dieses Datum bedeutet, darüber scheint es Unklarheiten zu geben. Was ist mit den Johanni- oder Sonnwendfeuern, die ja erst am Johannistag, dem 24. Juni brennen? Und was heißt eigentlich Sommeranfang? In Schweden und anderen skandinavischen Ländern wird doch jetzt schon *Mittsommer* gefeiert?! Schon Thomas Manns Romanfigur Hans Castorp hat auf dem Zauberberg das Problem gehabt, dass ihm die Jahre *ineinandergefallen* sind, weil just zu dem Zeitpunkt, wo der Sommer mit den längsten Tagen beginnen soll, die Tage schon wieder kürzer werden und das Jahr seinen Höhepunkt überschreitet. Am 21. Juni ist bekanntlich der längste Tag des Jahres, danach beginnt sich die Nacht wieder auf Kosten des Tags auszubreiten. Unser Begriff von der *Sommersonnenwende* sagt das astronomisch ganz korrekt.

Sie wird bei uns analog zur Wintersonnwende gefeiert. Am 21. Dezember ist der kürzeste Tag und die längste Nacht. Gefeiert wurde die Sonnwende aber seit ältesten Zeiten am 24. Dezember. Das war bei den Römern der Tag des unbesiegbaren Sonnengottes, bei den Christen schließlich umgedeutet in den Tag der Geburt Christi. Genau ein halbes Jahr vorher feiern wir deswegen den Tag des Vorläufers Christi, des heiligen Johannes des Täufers, der über den kommenden Messias gesagt hat: *Er muss wachsen, ich aber muss abnehmen* – genau wie die Tage, die ab Johanni wieder kürzer werden. Insofern kann einen der nordeuropäische Begriff *Mittsommernacht* ganz schön auf den Holzweg führen. Vielleicht ist das auch der Grund, warum Shakespeares berühmte Komödie *A Midsummer Night's Dream*, in Deutschland nur als *Der Sommernachtstraum* übersetzt wird.

Mittsommernacht

In uralten Zeiten hat man nur zwei Jahreszeiten gekannt: Winter und Sommer. Der Sommer und mit ihm das Jahr hat mit der Frühjahrs-Tag-und-Nachtgleiche angefangen, traditionell gefeiert am 25. März. Weswegen zum Beispiel der nach dieser Rechnung siebte Monat des Jahres heute noch *September* heißt, nach dem römischen Zahlwort *septem* für *sieben*. Der achte, lateinisch *octo*, ist der *Oktober*, der neunte, lateinisch *novem*, der *November* und der zehnte Monat, lateinisch *decem*, ist der *Dezember*. Der 24. Dezember galt als die Mitte des Winters, und der 24. Juni war die Mitte des Sommers.

Mittwinternacht

Später haben dann die Römer (und Baiern hat ja bekanntlich zum römischen Reich gehört) vier Jahreszeiten eingeführt und ihren Jahresanfang auf Januar umgestellt. Damit ist der 24. Juni von der Mitte des großen Sommerhalbjahrs an den Anfang eines neuen Sommervierteljahrs gerückt. Die Germanen dagegen, deren Traditionen am reinsten die Skandinavier vertreten, haben die Umstellung nicht mitgemacht. Schließlich sind im hohen Norden die Übergangs-Jahreszeiten Frühling und Sommer weniger zu spüren. Deshalb gibts dort *Mittsommer* oder *Mittsommernacht*. In Schweden ist *Midsommar* heute noch das nach Weihnachten zweitwichtigste Fest des Jahres.

Mitte, Mittler, Mittel, Metall

Die *Mitte*, *mit*, *mittels*, der *Mittler* und das *Mittel* – alles der gleiche Wortstamm wie beim *Mitt-* von *Mittsommer*. Im Gotischen, das ja großen Einfluss auf das Bairische gehabt hat, heißt die Mitte *medjon*, lateinisch *medium*. Sogar mit dem Wort *Metall* ist *mit* und *Mitte* verwandt. Schließlich steht das Werkzeug aus Metall in der Mitte zwischen dem Arbeiter und dem Werkstoff, der *mittels* des *Metalls* bearbeitet wird. Die deutsche *Sonnenwende*, bairisch *Sunnwend*, hängt mit *winden* zusammen: Das Jahr *dreht* sich und mit den kürzer werdenden Tagen gehts schon wieder *einwärts* obwohl der Sommer erst anfängt. Wer soll das bloß verstehen!

wenden, winden

Wenn die Staunsen aufmucken

Der Sommer wäre so schön, wenn bloß bei der Nacht nicht die Plaggeister wären, die sirrend daher kommen, sich irgendwo niederlassen und Blut saugen, die *Mucken, Schnacken* oder *Staunsen*. Jedes dieser Wörter hat seine ganz eigene Berechtigung – je nachdem, wo man herkommt und welche Sprache man spricht. Im alten Baiern, also in der Oberpfalz, in Ober- und Niederbayern sagt man oft noch *Stàuns* oder *Stànz*. Ein schönes altes Wort, das allerdings gegenüber den *Schna(c)ken* auf dem Rückzug ist, welche ihrerseits immer öfter den norddeutschen *Mücken* das Feld räumen müssen. Dabei meinen die Baiern, wenn sie im Frühjahr zuschauen, wie die *Mucken* tanzen, mit dem Wort ganz harmlose Fliegen, die niemandem was tun.

Mucke und Mücke

Halten wir also fest: Die bairische Mucke ist im Nord- und Niederdeutschen die Fliege. Und was im Norden die Mücke ist, ist im Süden der Stauns oder der Schnack. **Der** (und nicht niederdeutsch **die**) *Schnack*, *Schnagg* oder *Schnåk* ist fränkisch und schwäbisch, also nicht bairisch im eigentlichen Sinn. Das Wort hat germanische Wurzeln, *Snake* (vgl. engl. *snake* = *Schlange*) heißt da soviel wie die *Spitze*, der *Stachel*; und damit ist klar, was *Schnack* bedeutet.

Schnack

Stàuns, Stànz

Die Altbayern mit ihren romanischen Wurzeln sagen dazu *Stàuns* oder *Stànz*. Die Römer haben zu allen Fliegen auf lateinisch *musca*, also *Mucke* gesagt. Die Stubenfliege war die *musca domestica*, also *häusliche Fliege* und die Stechmücke hieß *musca stagnosa*, was soviel wie *Sumpffliege* heißt. In dem lateinischen Wort *stagnum* (= *Sumpf*) steckt das Wort *stare* (= *stehen*) drin. Wir sagen heute mit diesem lateinischen Fremdwort, dass etwas *stagniert*, wenn es nicht weitergeht, auch unser Wort *stauen*, der *Stau* hängt damit zusammen. *Stagnum* also ist gestautes, stagnierendes Wasser, Sumpf. Aus dem zweiten Teil der *musca stagnosa* ist dann ganz einfach der *Stànz* oder *Stàuns* geworden. Die *Stàunsen* heißen also nicht so, weil sie stanzen, sondern das *Stanzen*, dessen Herkunft sich die Sprachwissenschaftler bisher nicht erklären konnten, kommt vielleicht von der *Stàunse*.

stagnieren, stauen, stanzen

Im altbairischen Raum südlich und östlich von Salzach und Inn, im heutigen Österreich also, da gibt es noch ein anderes altes Wort dafür: Die *Gelse(n)* – ein altes bairisches Wort. *Gelsen* hängt mit *gellen* zusammen und hat einmal soviel geheißen wie *schreien*, *lachen*, *summen*. Das *s* in der Mitte der Gelsen ist eine kleine lautmalerische Zutat, wie sie so häufig ist im Bairischen: Es lässt die *Gelsssssen* richtig *sssssummen*.

Gelse(n), gellen

Besonders böse können Staunsen sein, wenn ein schöner Sommertag sich neigt, Wind aufkommt und ein Wetter naht – oder muss es richtig *Gewitter* heißen? Warum aber reden wir dann vom Wetterleuchten, müsste es nicht viel richtiger *Gewitterleuchten* heißen? Jeder weiß, dass es ein *Gewitterleuchten* genauso wenig gibt wie ein *Donnergewitter*. Jeder weiß, dass es *Wetterleuchten* und *Donnerwetter* heißt. Jetzt könnte man sagen, die Sprache ist halt nicht immer logisch. Richtig! Bloß im Bairischen stimmt es halt besser. Die im Schriftdeutschen fehlende Logik zwischen *Gewitter*, *Donnerwetter* und *Wetterleuchten* macht einem Baiern keine Probleme.

Wetter und Gewitter

Nur so versteht man das *Wetterleuchten* und das *Donnerwetter*, nur so versteht man, dass der blitzeschleudernde Zeus kein *Gewitter-* sondern der *Wettergott* ist und dass in Baiern *der Himmelvater wettert*, wenn man sagt, er *schimpft*. Kein Mensch würde im Süden Deutschlands auf die Idee kommen, eine *Gewitterkerze* anzuzünden und, mit Verlaub, auch eine *Gewitterhexe* gibt es nicht. In Baiern langt ein einziges Wort und jeder weiß, was gemeint ist: Man kann vom Wetter schwärmen *Heit is aber a Weda!* oder vor ihm warnen *Pass auf glei kimt a Weda!* Außerhalb Baierns hat man neben dem *Gewitter* sogar noch das *Unwetter* und, doppelt gemoppelt, sogar das *Ungewitter* erfunden, vollkommen überflüssiges Zeug, das kein Mensch brauchen kann. Oder heißt es *gebrauchen*?

Ungewitter

gebrauchen und brauchen

Im Gegensatz zum *Gewitter* und dem bairischen *Weda* gibt es zwischen *gebrauchen* und *brauchen* im Prinzip auch in der hochdeutschen Standardsprache einen Unterschied. Nur im Norden Deutschlands nicht. Dort und mittlerweile auch oft im Süden gebrauchen viele das Wort *gebrauchen* wenn sie *brauchen* meinen, wobei sie in den meisten Fällen nur *brauchen* bräuchten und auf die Vorsilbe *ge-* verzichten könnten. Da werden dann aus den schönen alten bairischen *Bräuchen* plötzlich *Gebräuche*, die in Baiern noch niemals Brauch waren; und es ist doch schließlich ein Unterschied, ob ein Pfarrer eine Köchin *braucht* oder …

Fazit: In Baiern gebrauchen wir *gebrauchen* nur für *benutzen* und gottseidank ist hierzulande das aus hochdeutscher Sicht durch und durch falsche *gebrauchen* für *benötigen* vollkommen ungebräuchlich. Genauso ungebräuchlich wie das *Ge-witter*. Wie heißt es in Baiern, wenn alles schon ganz *schweich* ist und *ausdirrt*: *Werds hålt båld wieder a Weda braucha, oder?*

Trag nur Schwammerl in dein Kammerl!

Der Spätsommer ist **die** Zeit für *Schwammerlsucher*, wie man in Baiern sagt. Freilich kennt man auch das Wort *Pilz* in Baiern, meistens ist das aber etwas, was man sich beispielsweise im Schwimmbad holt und weswegen man den Doktor aufsuchen muss. *Pilz* gilt in Baiern fast ausschließlich als Überbegriff für die ganze zwischen Pflanzen- und Tierreich rangierende Gruppe von Lebewesen und schließt sowohl den eigentlichen Pilz, das Myzel im Boden, wie auch den Fruchtkörper ein.

Pilz ist ein uraltes indoeuropäisches Wort. Alles was knollenartig ist, pocht und/oder irgendwo hervorschießt, hat in allen indoeuropäischen Sprachen das *b(u)l-* im Stamm. Der lateinische *Puls*, der Herzschlag, hängt auch damit zusammen. Beim Johann Andreas Schmeller ist das alte bairische Wort *pulzen* oder *puizen* verzeichnet, das *hervordrängen*, *hervorquellen* bedeutet. Auch der *Bolzen* gehört in diese Wortgruppe. Und obwohl es für den *Steinpilz* auch bairische Namen wie *Herrnschwammerl* gibt, ist dafür auch die bairische Form *Stoapuizl* gebräuchlich. Ob da der *Steinpilz* nur eingebairischt worden ist, oder aber es sich tatsächlich um ein Relikt des Wortes *puizen* handelt, ist nicht mehr zu klären. Tatsache ist, dass auch das *Stoapuizl* in Baiern ein *Schwammerl* ist.

Pilz

indoeuropäische Wurzel b(u)l-

Puls, Pilz, Bolzen

pulzen, puizen

Die Bezeichnung *Schwammerl* für essbare Pilze geht auf die Beobachtung zurück, dass die meisten essbaren Schwammerl zu den Röhrlingen gehören, also eine eher schwammartige Unterseite haben. Fast alle anderen haben Lamellen. Vor solchen hütet sich ein nicht besonders kundiger Schwammerlsucher, wenn er nicht die Schwammerl von unten anschauen will. Interessant ist übrigens das ganze Wortfeld von *Schwammerln* und *Schwamm*, das auf die indoeuropäische Wurzel *schw-* zurückgeht: *Schwemmen* gehört dazu und *schwimmen*, *schweifen*, *schweben*, *schwanken* und selbstverständlich das bairische *schwaiben* (sprich: *schwoam)*. Der *Schwamm* oder *Schwaim* ist beim Johann Andreas Schmeller der *schwebende* Schatten. Wenn es einem vor den Augen *schwimelt*, heißt das im alten Bairisch soviel wie dass einem *schwindlig* wird. Alles was tau-

Schwamm, Schwammerl

indoeuropäische Wurzel schw-

schwimmen, schweifen, schweben, schwanken, schwindeln, schwoam melt, unstet auf schwammigem Untergrund umherirrt, hat in Baiern früher *geschwaimelt*. Und der Schmeller überliefert folgenden Wirtshausspruch:

Iatz bleib i in Wirtshäusl
und schwamel aft z Haus;
vielleicht schlaf i d Liab
mitn Räuschal zgleich aus.

Und auch ein altes Hausfrauenvorurteil hat der Schmeller festgehalten: *S Beckabrout is gschwami, s Hausbrout is kirniga*, heißt es da. Ja, einen *Schwammerl* kann man in Baiern sogar in den Knien haben – nicht nur als Schwammerlsucher.

Was für ein schönes, handfestes Wort: Der Schwammerl! Um wieviel blutleerer und unanschaulicher dagegen der Pilz! Und weil wir schon dabei sind, gilt es noch eine Lanze zu brechen für einen ganz besonderen Schwammerl der – zumindest auf den bairischen Speiskarten – auszusterben scheint: Das *Reherl* oder der *Rehling*. Ein Schwammerl, den man außerhalb Baierns *Pfifferling* zu nennen pflegt und der sich als solcher mittlerweile aggressiv auch im deutschen Süden breitmacht.

Pfief und Pfiff

Dabei kann man *Pfifferlinge* schon aus dem Grund in Baiern nicht sagen, weil man dort keinen *Pfiff* kennt, sondern bloß einen *Pfief*, wie in der abschätzigen Bemerkung *Pfiefkas*. Genauso gibt es in Baiern kein norddeutsches *Badt*, sondern nur ein *Bad* mit langem *a*, kein *Radt*, sondern ein *Rad*, wieder mit langem *a* und *keinen Tisch*, sondern einen *Diesch* mit langem *i;* und auch der *Fisch* ist nicht *frisch*, sondern als *Fiesch* immer *friesch*. Solche Beispiele gäbs noch viele – merken Sie sich einfach: In Baiern kommt ein *Schwammerl aufn Diesch* und einen *Pilz* hat man, wenn überhaupt, ganz woanders.

Nur Lackeln steigen in Pfützen

Mit dem November kommt bekanntlich die nasskalte Jahreszeit, wo sich unter verschnupften Rotznasen, wenns ganz krawottisch hergeht, leicht einmal kleine *Lackerl* bilden können. Wobei man zugeben muss: Solche kleinen Flüssigkeitsansammlungen, wie man sie zum Beispiel häufig auch auf Straßen findet, werden auch von gestandenen Baiern mittlerweile gern *Pfütze* genannt. Dabei ist *Pfütze* kein bairisches Wort und gilt nicht einmal für alle Flüssigkeiten, die sich ansammeln. Sie können zum Beispiel niemals *Blutpfütze* sagen. Da muss es schriftdeutsch immer *Blutlache* heißen. Tatsächlich sind sämtliche kleinen trüben Flüssigkeitsansammlungen im hochdeutschen Süden ausschließlich *Lachen* oder *Lacken*.

Selbstverständlich schlägt auch bei der *Lache*, der *Lacke* das bavaroromanische Erbe der Baiern voll durch. Stichwort *Lago di Garda* oder *Lago Maggiore*: Italienisch *lago*, lateinisch *lacus* (= *See*). Ursprünglich heißt dieses *lacus* im Lateinischen aber gar nichts anders als *Vertiefung* oder *Grube* und ist auch verwandt mit unserem Wort *Loch*. In den Isarniederungen von München oder Landshut gibt es Stadtviertel, die heißen *Lehel* (= *Löchl*). In solchen Vertiefungen, mögen sie groß sein oder klein, sammelt sich natürlich das Wasser, bis schließlich ein mehr oder weniger großer See draus wird – von der *Lacke* bis zum *Lac Leman*, wie der Genfersee auf Französisch heißt. Das lateinische *lacus* hat sich über das ganze römisch-lateinische Weltreich verbreitet: Italienisch ist, wie gesagt, *lago* draus geworden, englisch *lake*, schottisch *loch* (Loch Ness!), französisch *lac* und bairisch eben *Lacka* oder *Lacha* – die schriftdeutsche Lache.

Lache, Lacke

Loch, Löchl, Le(c)hel

Die spezielle norddeutsche *Lake* ist aber nur über den Umweg des englischen *lake* zustande gekommen und bedeutet soviel wie *Salzwassertümpel*. Weswegen man manchmal einen Hering von der Nordseeküste in feiner *Salzlake* kaufen kann. Gebräuchlich für die Vertiefung, in der sich Flüssigkeiten sammeln, ist dagegen im Norden das Wort *Pfütze*. Das ist tatsächlich auch lateinischen und hochdeutschen, wenn auch nicht bairischen Ursprungs. Lateinisch *puteus* heißt der *Brunnen*, auf

Pfütze

italienisch heute noch *pozzo*. Und was macht man mit dem Wasser aus dem *pozzo*? Ja genau: *Putzen!* Ist ja logisch: *Putzen* heißt im alten Baiern *Wasser pumpen*, und dann eben auch *sauber machen*. Wenns dann sauber ist, dann ist geputzt. Der *Putz* im Sinn von Schmuck kommt daher. Der Christbaumputz genauso wie der Putz an einem Haus.

putzen

Dass das *p* in *Putz* nicht wie bei der *Pfütze* von der hochdeutschen Lautverschiebung betroffen ist, hat seinen Grund darin, dass es ein romanisches Erbe im Bairischen ist. Bis ins 10. Jahrhundert hat es in Baiern Romanen gegeben, die ihre alte Kultursprache weitergepflegt und sich erst allmählich mit den Nachbarn germanischen Ursprungs vermischt haben. Da aber hatten die Mechanismen der hochdeutschen Lautverschiebung schon jahrhundertelang zu wirken aufgehört. Unter anderem auch deswegen heißt es in Baiern *Bub* (von lat. *pupus = Knabe, Schüler*) und nicht *Bfub* (s.o. *Von Jungen, Buben und alten Knaben*). Das Wort *Pfütze* stammt, wie gesagt, von *puteus* ab; ein hochdeutsches Wort, wie man an der hochdeutschen Lautverschiebung (*p* zu *pf*) sieht. Aber hochdeutsch wurde es nicht in Baiern. Da hatte man ja schon die *Lacke*, respektive den *Putz* und das *Putzen*. Vermutlich stammt es aus dem Fränkischen oder Alemannischen. *Pfütze* ist deswegen in Altbayern bis heute völlig ungebräuchlich.

hochdeutsche Lautverschiebung greift nicht in jedem Fall

Was zwickt, kneift nicht

Erinnern Sie sich noch an Peter Alexanders Lied *Die kleine Kneipe in unserer Straße*? So hat das Lied nur in der Schallplattenausgabe für die Bundesrepublik geheißen. In Österreich hats eine Extra-Fassung gegeben mit dem Titel *Das kleine Beisl in unserer Straße*. Die Österreicher hätten sich eben nicht gern eine Kneipe für ein Beisl vormachen lassen und sind viel selbstbewusster als die Baiern in der Bundesrepublik. Das österreichische *Beisl*, respektive die altbayerische *Boaz(n)*, ist eindeutig ein Urwort der Alpenregion, das Kelten und Römer in ihre Sprachen aufgenommen haben und dann schließlich über die romanische Vermittlung bis heute in praktisch allen

Beisl, Boazn

Ländern rund um die Alpen gebraucht wird: *baita* (= *Hütte*). Die Schutzhütte war in den Alpen schon immer von elementarer Bedeutung. Kein Wunder, dass man das Wort bald auch im übertragenen Sinn gebraucht hat – für das kleine Wirtshaus, das manch armem Teufel Wohnzimmer sein kann, das aber von Bürgern mit eigener Stube stets nur mit gerümpfter Nase betrachtet wird. Vielleicht liegts daran, dass die *Boazn* mittlerweile so einen schlechten Beigeschmack hat, dass die Baiern die *Kneipe* längst in ihren Wortschatz aufgenommen haben. Die *Kneipe* ist ein ursprünglich studentisches Wort. Sie heißt so, weil man dort eng aufeinandersitzt, zusammengekniffen, wie der Nichtbaier sagen würde. Die bairische Entsprechung zu diesem gekniffenen *kneifen* heißt *zwicken*.

kneifen, kneipen

Zunächst zum *Kneifen*, das früher in Norddeutschland (ohne Lautverschiebung) *kneipen* geheißen hat. Es ist verwandt mit dem gleichbedeutenden litauischen *gnybti* und mit einer ganzen Reihe anderer Wörter wie *knapp*, *knautschen*, *knuddeln*, *knüllen*. Lauter Ausdrücke, bei denen einem rechten Baiern ziemlich unbehaglich wird (außer es handelt sich um *Knödel* – s.o. *Knödel klopfen*). Dieses *Kneifen* benutzt der Norddeutsche auch im übertragenen Sinn für *sich drücken*. Wenn der Hund seinen Schwanz *einzwickt* und abhaut, dann *kneift* er. Wichtig für alle diese Bildungen ist der *kn*-Anlaut, der das Zusammendrücken angibt.

zwei, zwicken, zwecken, zwacken

indoeuropäische Wurzel zw-

Auch im Bairischen und Hochdeutschen gibt es so eine Reihe. Die hat allerdings mit dem Wort *zwei* zu tun. *Zwicken* tut man auch heut noch mit *zwei* Fingern. Und deswegen haben die Wörter dieser Reihe alle *zw*- im Anlaut: *zwicken* und *zwacken*, der *Nasenzwicker*, zu dem die Norddeutschen logischerweise *Kneifer* sagen und der *Zwickel* (in der Hose zum Beispiel). Der *abgezwickte* oder *abgezwackte Zweck* oder *Zweckl* ist in Baiern ursprünglich ein Holzsplitter, den man sich einziehen kann, wie das Spreißl oder den Schiefer. Der Johann Andreas Schmeller überliefert den Vers:

Des is da Spãmacher võ Eck,
macht a Bur (= Bürde) Spã und drei Bür Zweck.

Mit so einem Zweck hat man früher auch einmal was angeheftet. Bei den Baiern ungebräuchlich ist zwar der *Reißzweck*, die normdeutsche *Reißzwecke*, mit der heute noch was angeheftet wird (sie sagen lieber Reißnagel dafür), aber der *Zweck* im Sinn von *Absicht, Nutzen, Ziel* ist ihnen durchaus geläufig. Mit einem Zweck nämlich markiert man sich das Ziel, auf das geschossen wird. Und natürlich gehören auch der *Zwack* und das *Zwacken*

Zwack

in diese Reihe: Der *Zwack* ist eng verwandt mit dem *Zweck* und bedeutet zunächst einmal einen *Schusternagel.* Später hat man dann den *Schusterbuben* so genannt, weil der Schuster als Lehrbuben oft Kleine und Schmächtige eingestellt hat, die zur schweren Arbeit nicht getaugt haben. Heute noch kann der Baier jede schmächtige kleine Person als *Zwack* bezeichnen. Ja, und schließlich das *Zwacken* und das *Zwicken*: *Wegzwacken* kann man was von einem Stück Holz, dann wird wie gesagt ein

Zweckl

Zweckl draus. Man kann einem ein *Zwickerbusserl* geben, also ein Busserl und einen gleichzeitig in die Wange zwicken. Wenn man sich das in übertragener Weise vorstellt, dann *zwickt* man jemanden *auf.* Selbstverständlich kann man sich auch *einzwicken* – alles mit dem Anlaut *zw-* für *zwei.*

indoeuropäische Wurzel bi-

beißen, bisserl, Bissen, bit

Es gibt aber noch einen anderen uralten Anlaut für zwei: *bi.* Das *bi-* steckt im *Beißen* drin, weil man da wie beim *Zwicken* mit zwei Fingern zwei Kiefer zusammendrückt. Und wenn man was *abgebissen* hat, dann ist das oft nur ein *Bisserl* oder ein *Bitzerl,* ein *Bissen* eben; auf englisch *bit.* Weil es in Norddeutschland diese Vielfalt so nicht gibt, müssen die eine *Beißzange Kneifzange* nennen. Und das ist doch interessant, dass sowohl der Norddeutsche als auch der Süddeutsche das jeweilige Wort auch im übertragenen Sinn kennt. Eine böse Frau ist eine *Beiß-* oder *Kneifzange.* Je nachdem.

Von Nikoläusen und Ungeziefer

Viele glauben heute, der Nikolaus und der Weihnachtsmann, die als Schokofiguren schon im Spätherbst im Laden stehen, seien schlicht dasselbe. Weil beide eine Rute dabei haben, weil beide Geschenke bringen, weil beide eine *Zipfelmütze* aufhaben, weil der Weihnachtsmann *Santa Claus* heißt – oder was für einen Unsinn man sonst noch hören kann.

An diesem Beispiel sieht man, wie weit wir dabei sind, unsere eigene, schöne alte Kultur herunterzuwirtschaften. Was den Unterschied zwischen Nikolaus und Weihnachtsmann angeht, scheint auf den ersten Blick die Sachlage ganz einfach. Erst bei näherem Hinsehen merkt man, dass es wohl doch so einfach nicht ist. Denn die simple Feststellung, der *Weihnachtsmann* sei nord- und der *Nikolaus* süddeutsch, trifft nämlich nicht ins Schwarze. Denn das Gegenstück zum Weihnachtsmann ist mitnichten der Nikolaus, sondern das Christkind.

Nikolaus, Christkind, Weihnachtsmann

Also: Was ist dran am Weihnachtsmann, beziehungsweise, wie schaut er aus, der Nikolaus? Zunächst einmal ein bisserl Heiligengeschichte: Der heilige Nikolaus war in der Spätantike Bischof von Myra in der heutigen Türkei. Der Legende nach soll er sich hauptsächlich um Kinder und Jugendliche gekümmert haben. Deswegen gilt er seit dem Mittelalter als Kinderfreund. Und weil der Nikolaus auch der Patron der Schiffsleute war (Nikolaus ist deswegen noch heute der Kirchenpatron zahlreicher Orte an bayerischen und österreichischen Flüssen und Seen), haben früher die Kinder am Namenstag des Heiligen, dem 6. Dezember, über Nacht kleine Schifferl ausgelegt, in die der heilige Bischof was *eingelegt* hat. Im 15. Jahrhundert zum Beispiel hat ein Tegernseer Kind so gereimt:

Heiliger sanct Nicolas
In meiner not mich nit verlas,
Komb heint zu mir und leg mir ein
In mein kleines schiffelein,
darbey ich Ewr gedenkhen kann,
Das ir seit ein frommer Man.

Martin Luther aber und die anderen Reformatoren haben im 16. Jahrhundert mit der Heiligenverehrung und damit auch mit der Nikolauslegende radikal aufgeräumt; weil aber auch die Protestanten einen Kinderbescherer brauchten, haben sie den

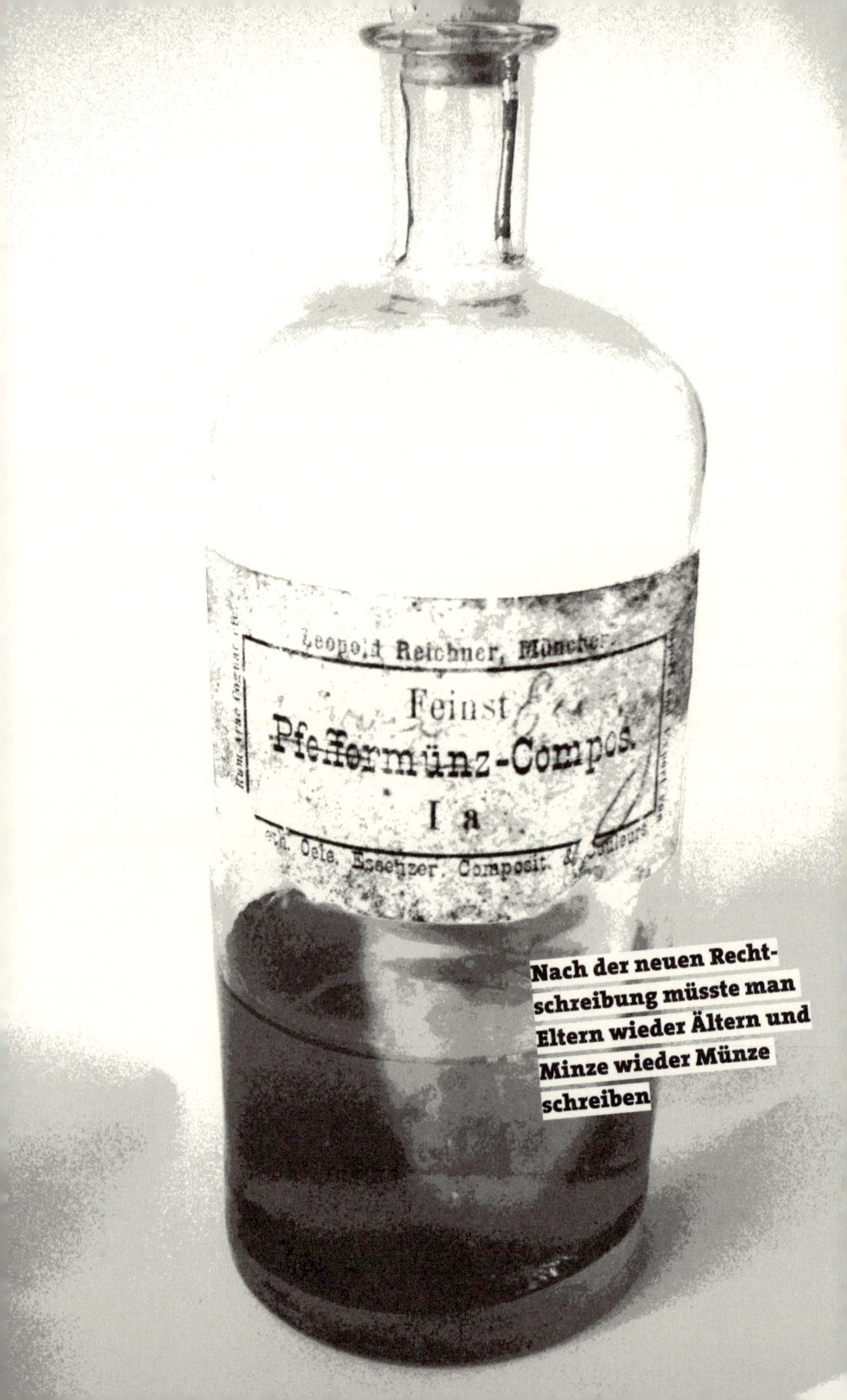

Nach der neuen Rechtschreibung müsste man Eltern wieder Ältern und Minze wieder Münze schreiben

Geschenktermin einfach vom 6. Dezember auf den 24. Dezember verlegt, auf den Vorabend des Christgeburtstags und das Geschenkebringen dem unsichtbaren Christkindl überlassen. Das hat schließlich auch den katholischen Baiern gut gefallen; und weil sie seit jeher fürs Feiern waren, kriegen die Kinder in Altbayern und Österreich seitdem zweimal was: Vom Nikolaus und vom Christkindl.

In Norddeutschland und anderswo, in England zum Beispiel, hat sich das Christkind nur schlecht durchgesetzt. Deswegen hat man da den Nikolaus als Helfer vom Christkind eingespannt: Daraus ist dann der *Santa Claus* geworden. In bestimmten Gegenden Norddeutschlands wurde jetzt ein früherer Helfer des heiligen Nikolaus zur Hauptperson: *Knecht Ruprecht*. Der Weihnachtsmann mit Sack und Rute ist damit eine unheilig-säkulare Mischung aus dem alten Heiligen Nikolaus und seinem dämonischen Begleiter.

Knecht Ruprecht

In Altbayern ist der Knecht Ruprecht, der hier (wie der ehemalige bayerische Kronprinz Rupprecht) mit kurzem *u* und *bb* ausgesprochen wird, eine Nebenfigur zum Nikolaus geblieben, vielerorts wird dieser haarige Gesell auch *Krampus* geheißen oder *Klaubauf*. *Klaubauf* hängt mit *klauben* zusammen; er ist es, der sich die bösen Kinder greift und in den Sack steckt. Und der typisch bairische *Krampus*, der hängt mit dem lateinischen *crampus* zusammen, zu deutsch: *die Kralle*.

Klaubauf

Krampus

Weil der Teufel aber im Detail steckt, muss man zugeben, dass der norddeutsche Weihnachtsmann eigentlich ein gebürtiger Baier ist. Der Münchner Maler Moritz von Schwind hat ihn 1847 für die „Fliegenden Blätter" entworfen. Als *Herr Winter* mit Mantel, Zipfelmütze und Christbäumchen in der Hand. Seine endgültige heutige Gestalt bekam der Weihnachtsmann schließlich ab den 1930er Jahren durch den amerikanischen Graphiker Haddon Sundblom im Auftrag von Coca Cola. An diese Kunstfigur glaubt man seit dem Krieg auch in Norddeutschland und zu diesem Glauben will man jetzt auch die Baiern bekehren. Da aber beißt es aus. In den letzten Jahren

Geburt des Weihnachtsmanns

hat man sich im deutschen Süden erfolgreich gegen die alldeutsche Weihnachtsmannübermacht aus Schokolade zur Wehr gesetzt. Manche haben im großen Stil echte Schoko*nikoläuse* aus Österreich, wo es sie immer noch gibt, importiert, andere haben Bausätze mit Mitra und Stab angeboten, um aus einem simplen Schokoweihnachtsmann einen Schokonikolaus machen zu können. Mittlerweile sieht man den Nikolaus auch wieder ganz regulär in deutschen Supermarktregalen – ein kleiner Beweis dafür, was kulturelles Selbstbewusstein zuwege bringen kann!

Christbaumverweigerer und andere Weihnachtskrüppel

Im Advent lässt sich unsere ansonsten säkulare Welt auch in ihren Konsumtempeln gern einmal ein paar religiöse Glanztupfer aufsetzen. Was wären die Wochen vor Weihnachten schon ohne Engerl zum Beispiel oder ohne (die eigentlich kirchlichen) Weihnachtslieder? Andererseits: Gleich nach Weihnachten ist das frommtuerische Brimborium, wie es scheint, nicht mehr so gut fürs Geschäft, und dann muss schnell umdekoriert werden. Vielleicht ist das der Grund, warum gerade rund um Weihnachten die Begriffsverwirrung so groß ist. Weihnachten hat es in sich. Das fängt schon mit der Frage an, von wann bis wann sie geht, die Weihnachtszeit.

Advent

In Amerika steht der Christbaum schon die ganze *Vorweihnachtszeit* und gleich nach Weihnachten wird er hinausgeworfen, um Platz zu schaffen für Luftschlangen. Dabei ist diese Zeit eigentlich der *Advent*, lateinisch *adventus*, zu deutsch *Anreise*, *Ankunft*, die Zeit der Erwartung des Herrn, und dann erst ist Weihnachten, auf das die *Weihnachtszeit* folgt. Nach neuem Brauch dauert die bis *Epiphanie*, also bis *Dreikönig*, nach altem aber bis *Lichtmess* am 2. Februar. Es gibt nicht wenige Leute in Baiern, die lassen Kripperl und Christbaum auch heute noch so lang stehen – oder muss es Weihnachtsbaum heißen?

Christbaum und Weihnachtsbaum

Ganz einfach: Im protestantischen Norden Deutschlands und überall, wo säkulares Denken weiter fortgeschritten ist, heißt es eher *Weihnachtsbaum*. Wobei, und das macht die ganze Sache kompliziert, *weih* das alte bairische Wort für lateinisch *sanctus* ist, für das also, was im Nord- und Niederdeutschen früher *heilig* geheißen hat. Wenn Sanctus Stephanus oder Sankt Stephan gemeint ist, dann hat man früher norddeutsch *Heilig Stephan* gesagt und bairisch *Weih Stephan*. *Weihenstephan*, *Weihmichl*, *Weihenlinden* – in alten bairischen Ortsnamen steckt dieses *weih* noch drin. Der norddeutsche *Heilig Abend* ist deswegen in Baiern die *Weihe Nacht*. Der bairische Spielmann Sperrvogel hat um 1170 folgendes Gedicht geschrieben, das in der berühmten Manessischen Liederhandschrift überliefert ist und zum erstenmal das Wort *Weihnacht* enthält.

Weihenstephan, Weihnacht

Er ist gewaltic unde starc
Der zur wihen naht geboren ward
Daz ist der heilige krist

Übrigens, auch das Wort *heilig* ist hochinteressant. Es steckt drin in den *Halligen* oder in *Helgoland* – lauter Nordeseeinseln, die wegen ihrer abgeschlossenen Lage (lat. *sanctus* bedeutet ursprünglich soviel wie *abgeschlossen*, eben *sakrosankt*) als heilig gegolten haben.

heilig

Aber zurück zu Weihnachten. Weihnachten (als Mehrzahlwort), das also sind die heiligen Nächte angefangen von der *Weihnacht* und dem dazu gehörenden *Weihnachtstag* über den *Stephanitag*, den *Johannistag*, den *Unschuldigen Kindleinstag* und den Tag des heiligen Papstes *Silvester*, beziehungsweise die *Silvesternacht* – lauter Heiligengedenktage also. Damit haben die Protestanten verständlicherweise nichts anfangen können. Deshalb ist in der Reformation aus dem Stephanitag der *zweite Weihnachtstag* und aus Weihnachten der protestantische *Christtag* geworden.

Bloß später, im stark säkularisierten Norddeutschland, war den Leuten das alles zu christlich und sie haben sich das alte Weihnachten wieder geholt. Der *Christbaum* wurde zum *Weihnachtsbaum*, der *Christkindlmarkt* zum *Weihnachtsmarkt* und das *Christkind* zum *Weihnachtsmann*. Der wohnt amerikanischen und nordeuropäischen Erkenntnissen zufolge am Nordpol und hat das Jahr über zusammen mit seinen Wichteln nichts anderes zu tun, als konsumgeilen Kindern so unverzichtbare Dinge wie Spielkonsolen zu basteln.

Die protestantischen Symbole Adventskranz und Christbaum haben im katholischen Altbayern erst im 19. Jahrhundert das alte *Paradeisl* abgelöst; ein pyramidenförmiges Gestell aus Holzstäben, die in Äpfel gesteckt und mit Kerzen gekrönt waren. Der 24. Dezember ist ja der katholische Festtag *Adam und Eva*; altbayerische Krippen zeigen an diesem Tag Adam und Eva im Paradies. Das wirkliche Weihnachtssymbol aber ist die Krippe, die der altbayerisch-barocken Freude am Theaterspielen gerade recht kommt. Diese Krippe ist ein Theater im Kleinen, die Miniaturausgabe des mittelalterlichen Weihnachtsspiels. So kommt es, dass unser modernes Theater und das bairische *Kripperl* die gleichen Wurzeln haben. Denn ein Satz hat immer schon gegolten: Ohne *Kult* gibt es auch keine *Kultur*.

Paradeisl, Paradies

Wo der Buttervogel schmettert

Die Geschichte Bayerns ist vor allem auch die Geschichte seiner europäischen Nachbarländer – eine in vielen Jahrhunderten aufregende und vielfach blutige Geschichte, deren Spuren sich bis heute in bairischer Kultur und Sprache finden. Ganz am Anfang steht beispielsweise die Auseinandersetzung der keltoromanischen Baiovaren mit den sogenannten Alpenslawen, die vor rund 1500 Jahren aus Mähren kommend zur Südseite der Alpen wanderten. Ihre Erben sind heute die Slowenen. Früh haben sich die Slowenen mit den Baiovaren gegen gemeinsame Feinde aus dem Osten verbündet. Auch die Böhmen pflegten jahrhundertelang gutnachbarliche Beziehungen über den Böhmerwald hinweg mit den Baiern. Das alles hatte zur Folge, dass zahlreiche slawische Ausdrücke ins Bairische kamen. Wobei man schauen muss, wo diese slawischen Ausdrücke erstmals erwähnt werden: Der bereits besprochene

Baiern und Slawen

Quark ist ein slawisches Wort, das über den polnisch-sächsischen Kontakt eingewandert ist – mit dem Bairischen also nichts zu tun hat. Ganz im Gegensatz beispielsweise zur ebenfalls schon erwähnten *Stranitze.*

Weil die slawischen Sprachen ebenfalls indoeuropäische Sprachen sind, gibt es hier wie dort zahlreiche gleichlautende Wortstämme. Dazu gehört auch der Wortstamm *schm-* oder *sm-*, der in allen möglichen Sprachen etwas *Schmieriges, Fettes* ausdrückt, wie im *Schmutz* oder im *schmunzeln* und im bairischen *schmutzen = fett grinsen* (vergleiche oben *Vor Fasttagen zeitweise umnachtet*). Dazu passt die *Schmeißfliege* (= *Fettfliege*) genauso wie das *Schmeißen:* Hauswände werden mit Putz beworfen, der anschließend verschmiert wird. Wer *schmeichelt,* der schmiert im übertragenen Sinn sein Gegenüber. Auch das *Schmecken,* der *Schmaus,* das *Schmelzen,* das *Schmalz* und der gute alte bairische *Schmarr(e)n* (als fette Speise und im übertragenen Sinn *fetter Unsinn*) gehören dazu.

indoeuropäischer Wortstamm schm- oder sm-

schmeißen

Nicht zuletzt geht auch der sogenannte *Schmant* oder *Schmand* auf die *schm-* Wurzel zurück. Schmant – dieses niederdeutsche Wort für *Sauerrahm* ist derart häufig in den Spezialdiäten einer in Hamburg erscheinenden Frauenzeitschrift erwähnt worden, dass schließlich auch süddeutsche Hausfrauen und Hausmänner danach verlangt und zuletzt auch süddeutsche Molkereien einen *Schmant* angeboten haben. Heutzutage glauben auch bairische Hasfrauen, der *Schmant* sei ein fetterer Sauerrahm – was natürlich völliger Unfug ist. Mit dem gleichen Argument könnte man behaupten, das schwedische *smørrebrød* (*smörrebröd;* wörtlich: *Schmierbrot*) sei prinzipiell ein anderes *Butterbrot* als das deutsche, nur weil die Schweden Knäckebrot statt Mischbrot als Unterlage verwenden. Halten wir fest: Es hat schon immer Sauerrahm mit unterschiedlichem Fettgehalt gegeben; *Schmant* ist lediglich ein anderes, ein nördliches Wort für Sauerrahm. Aber das nur nebenbei.

Schmant, Schmand

Zurück zum Wortstamm *schm-, sm-* in niederdeutsch *Schmant,* schwedisch *smörrebröd* oder in den hochdeutschen Wörtern

Schmer oder *Schmieren*. Auch im Tschechischen gibt es diesen Wortstamm als *smetana*, was nichts anderes als *Rahm*, *Fett* bedeutet. Nun grenzt die Oberpfalz, also der nordbairische Sprachraum, bekanntlich an Böhmen. Was zur Folge hat, dass man dort zwar auch keinen norddeutschen *Schmant* kennt, dafür aber ein tschechisches Fremdwort: den *Schmetten*. Auch der bedeutet nichts anderes als *Fett, Rahm*. *Schmetten* ist im Rest Baierns, auch im restlichen Hochdeutschen völlig ungebräuchlich – nicht aber eine Ableitung davon, die als solche in ganz Deutschland über Sommerwiesen flattert: der *Schmetterling* (wörtlich: *Fettling*). Er heißt so, weil er gerne an die Milch geht und an den Rahm. *Buttervogel* hat man ihn deswegen früher auch geheißen – auf englisch *butterfly*. Und was tut der Schmetterling? Er schlägt mit den Flügeln, richtig, er *schmettert*. Aber aufgepasst: Das *Schmettern* kommt nicht vom *Schmetterling*, sondern vom *Schmetten*. Wenn einer fett draufhaut, reinbläst oder singt, dann *schmetterts*.

smetana, Schmetten

Schmetterling, butterfly

schmettern

Parlez vous francais? I moa scho a!

Der Privatier Brezenbichler wohnt im Parterre und liegt nicht nur auf dem Kanapee oder auf der Chaiselongue. Er fahrt auch nicht allerweil mit der Chaisn. Manchmal geht er auch – auf dem Trottoir. Wenns regnet mit Paraplui, damits Schmiserl net nass wird und wenn die Sonn scheint, spannt seine Gattin, die Madam Brezenbichler, das Parasol auf. So wars einmal – eine versunkene Zeit! Aber französische Fremdwörter sind nicht unbedingt nur typisch für Baiern. Mindestens zweihundert Jahre lang, von etwa 1650 bis 1850, war Französisch die kulturelle Leitsprache im alten Europa.

Weil ja das alte Baiern mit der Pfalz auch ein Nachbar Frankreichs war und Frankreich bekanntermaßen immer wieder heftig hierzulande mitgemischt hat, hat auch das Französische hier seinen Niederschlag gefunden. Wenn auch in einer ganz anderen Ausprägung als im durch Jahrhunderte frankophilen Preußen. Denn die französischen Wörter, die ins Bairische eingewandert sind, sind zumeist durch und durch bürgerlicher

Natur. Ganz im Gegensatz zu den Usancen Preußens, wo vor allem Adel und Militär französisch parliert haben.

Eichstätter Bumser

Die große Zeit des französischen Einflusses auf das Bairische war die Wende vom 18. zum 19. Jahrhundert, als viele bayerische Bürger sich für die Ideale der Revolution begeisterten, als Bayern mit Napoleon verbündet war, Bayern schließlich Königreich wurde und ein Minister namens Montgelas (zu deutsch *Eisberg*) mit starker Hand regierte. Damals herrschte Eugène de Beauharnais, der Stiefsohn Napoleons, über das ehemalige Fürstbistum Eichstätt. Beauharnais forcierte bei der verarmten Bevölkerung dort den Anbau von Erdäpfeln, zu französisch *pommes de terre*, was von der Eichstätter Bevölkerung in *Bumser* verballhornt wurde. Noch heute kennt man diesen Begriff – aber nur rund um Eichstätt.

Baiern und Franzosen

Schmiserl, Trottoir, Paraplui, Salettl

Unter Bayerns König Ludwig I., der die Franzosen und alles Französische hasste, wurde in Bayern wieder von Amts wegen *eingeteutscht*, nur die Bürger behielten ihre liebgewordenen ausländischen Wörter bei: Das *Schmiserl* von *chemisette* (= das *Hemdchen*), das *Trottoir* (= *Gehsteig*), der oder das *Paraplui* (= *Regenschirm)* oder das *Salettl* (*salette* = *kleiner Saal*). Die Tendenz, vor allem *welsche*, also Fremdwörter aus romanischen Sprachen, auszumerzen, verstärkte sich im Lauf des 19. Jahrhunderts immer mehr. Zwischen 1870 und 1945 dann waren die Deutschen kurzfristig einmal so stark, dass praktisch alles Ausländische verpönt war. Die Bayern erinnerten sich mit ihren schönen alten französischen Fremdwörtern damals an eine vermeintlich *gute alte Zeit*, in der ihr Staat noch souverän und nicht von einem preußisch dominierten Reich abhängig war. Dann aber hat dieses Reich endgültig den Krieg verloren – nicht gegen den Napoleon diesmal, sondern gegen den Amerikaner Eisenhower. Seitdem ist auch in Bayern alles ok – ois klar!?

So ist es eben und wars schon immer; und so wirds vermutlich auch bleiben: Die Sprache ist ungeheuer sensibel dafür, wo die Stärkeren sitzen. Heute die Angloamerikaner, früher die Franzosen und noch viel früher, wie schon oft erwähnt, die Hochdeutschen. Ja genau: Alle deutschen Kaiser des Heiligen Reiches (das zu recht *römisch* genannt wurde, weil die Hochdeutschen nicht nur sprachlich Römererben sind) kamen aus dem Süden: Staufer genauso wie Wittelsbacher und Habsburger. Sogar die Hohenzollern stammen ursprünglich aus dem hochdeutschen Süden des Reichs. Hier hat eben die kulturelle Musik gespielt; und die war lateinisch-römisch geprägt. Das Wort *Musik* selbst ist das beste Beispiel: Die lateinische *música*, heißt auf englisch *músic* und auf bairisch: *Músi*.

Musi und Musik

Keine Frage: Die Römer haben das Wort *música* ganz Europa vererbt. Den Franzosen genauso wie den deutschen Stämmen oder auch den Briten. Und ursprünglich wurde dieses Wort eben, wie im Lateinischen üblich, auf der ersten Silbe betont: *Músik*. Die nicht bairischen, aber ebenfalls hochdeutschen Frankfurter beispielsweise essen immer noch ihren *Handkäs mit Músik*. Nur die Franzosen haben in Europa eine Ausnahme gemacht und die Betonung nach hinten rutschen lassen: *musíque*. Und weil die Norddeutschen das Wort erst als französisches Fremdwort eingeführt haben, betonen sie es wie die Franzosen: *Musík*. So hat sich das mittlerweile leider auch im Schriftdeutschen durchgesetzt.

Papa, Mama

Mit dem Papa ist es das Gleiche. *Pápa*, der lateinische *Vater*, wird überall in Europa auf der ersten Silbe betont. Nur die Franzosen sagen *oh mein Papá* und halb Deutschland glaubt, es auch heute noch nachmachen zu müssen. *Musík*, *Papá*, *Mamá*. Aber es kommt noch schlimmer: Die *Chemie*, der *Chines*, der *Chirurg* – all diese Wörter griechischen Ursprungs werden in Baiern so ausgesprochen, wie es sich gut lateinisch und richtig hochdeutsch gehört, mit *kh* und gerade nicht über den französischen Umweg *Schemie*, *Schirurge*, *Schinese*. Eben weil diese Wörter allesamt schon vor den Kriegen mit Frankreich da waren.

Bairisches ch

Wohlgemerkt: Bei der bairisch-französischen *Chaise – Schäsn* oder dem *Schmiserl* oder *Schmisettl*, da sagen auch die Baiern *sch*, weil es sich wirklich um französische Fremdwörter und nicht um eigentlich romanische Originale handelt. Und mit dem gleichen Selbstbewusstsein und der gleichen Konsequenz, mit dem sie bei der *Músi* und beim *Bábba* geblieben sind, haben sie die französischen Fremdwörter schließlich eingebairischt bis zur Unkenntlichkeit.

Die Geschichte von den *pommes de terre*, die zu *Bumsern* wurden, haben wir schon erwähnt. Ebenso das *Schmiserl* und die *Schäsn*. Dazu kommt aber auch das berühmte bairische *Botschambberl* (= *pot de chambre* = *Kammertopf*, *Nachthafen*). Botschambberl
Bloß davon ist heute nirgendwo mehr die Rede. Die Baiern sagen nicht einmal mehr *Trottoir*, sondern eben *Geh-* oder *Bürgersteig* und auch sonst schreitet die Nivellierung eines allgemeinen Mehr-schlecht-als-recht-Deutschen voran. Auch in Baiern wird mittlerweile vielerorts Nordsprech geübt. Ob das vielleicht daran liegt, dass der Freistaat Bayern längst nicht mehr so selbstständig und bedeutend ist, wie er gern wäre? Wir wissen ja jetzt, wie es den besetzten Völkern ergeht. Sie verlieren ihre Sprach, nach und nach.

Ist der Hotzenplotz ein Schmuser?

Der Räuber Hotzenplotz ist bekanntlich eine Erfindung des Kinderbuchautors Otfried Preußler. Aber *Hotzenplotz* ist auch der Name einer Stadt in Böhmisch Mähren – und *Hotzenplotz* Hotzenplotz
ist gleichzeitig ein jiddisches Wort, das nichts anderes als *Wiegen-Platz* bedeutet. Der Ort, wo ihre Wiege stand, war für die Juden des Mittelalters oft sehr weit weg, ein sagenhafter Ort. Und so sagen sie bis heute: *Der ist in Hotzenplotz*, was soviel heißt wie bei uns: *Der ist in Timbuktu* oder *Buxtehude*.

Weil der Räuber Hotzenplotz aus der Kindergeschichte der Großmutter vom Kasperl die Kaffeemühle gestohlen hat, war er auf gut jiddisch übrigens ein *ganew*, ein *Dieb*. Im wienerischen Bairisch kennt man das Wort immer noch: *Gannef*. Daraus ist Ganove, Gauner
das standarddeutsche Wort *Ganove* geworden, genauso wie der *Gauner*. Womit wir schon wieder bei einem anderen bairischen Wort sind: *Schmuser*. Der ist zwar normalerweise kein Ganove. Schmuser
Ein Gauner, im positiven Sinn, aber muss er sein.

schmusen, Schmus

Schmäh

Freilich ist der Schmuser auch so einer, zu dem man früher in Baiern auf gut französisch *Poussierer* gesagt hat. *Schmusen* und *poussieren* bedeutet das gleiche – und doch auch wieder nicht, denn *schmusen* kann in Baiern eben auch noch *handeln* und *kuppeln* bedeuten. Der Ursprung dieser Bedeutung ist ganz einfach und ebenfalls jiddisch. Hebräisch *schemuá* heißt da das *Gerede*, das *Gehörte*, das *Gerücht*, die *Neuigkeit*. Daraus haben sich dann gleich mehrere Wörter entwickelt. *Schmusen* im Sinn von *handeln, kuppeln* und der *Schmus* (= *Gerede*, *Geschwätz*). Im österreichischen Bairisch hat sich dieser *Schmus* zum berühmten Wiener *Schmäh* entwickelt und gesamtbairisch gilt ein *Schmuser* als einer, der viel herumkommt, einer, der es mit jedem kann und deswegen auch mit viel Schmäh zwischen allen vermitteln kann – wurscht ob es um ein Stückl Vieh geht oder um einen schneidigen Hochzeiter.

Schmugeld

schmuseln

So, und jetzt wissen Sie auch, was ein *Schmugeld* ist. Über das Schmugeld redet man nicht, man hat es, könnte die kurze aber treffende Definition heißen. Warum das so ist, erklärt sich wieder aus der Wortbedeutung. Das Wort *Schmu* im Jiddischen kann nämlich auch noch die Bedeutungen *Betrug*, *ungerechter Gewinn* haben. Die Baiern verwenden das Wort, wie das halt so ihre Art ist, ein bisserl freundlicher: Wenn jemand einen *Schmu* hat, dann ist das die ganz private kleine Handkasse, von deren Inhalt, ganz gleich welcher Herkunft, kein anderer was weiß und mit der man sich und vor allem auch den anderen ab und zu eine Freud machen kann. Früher hat es dem bairischen Sprachforscher Johann Andreas Schmeller zufolge auch noch das Wort *schmuseln* gegeben. Das hat entweder geheißen, dass man beim Kegeln auf Fehlen oder Treffen gewettet hat, oder dass man nach gemeinsamem Zechen im Wirtshaus geht und die andern zahlen lässt. So einen, der sowas macht, den wünschen wir doch gleich zum Hotzenplotz, oder?!

Mit dem Spass ist nicht zu spassen!

Jetzt wollen wir uns einmal mit der Neuen Deutschen Rechtschreibung befassen. Denn die wirkt – man mag kaum glauben, dass daran Bayern, Württemberger oder Österreicher mitgearbeitet haben – norddeutsch kolonisierend auf die süddeutschen Sprachen, auf das Hochdeutsche allgemein zurück. Ob Sie es glauben oder nicht: Die neue Rechtschreibung kennt keinen Spass!

Denn der *Spàss* mit hellem, kurzem *à* und Doppel-*s* ist amtlich falsch. Jedes Rechtschreibprogramm im Computer unterringelt ihn und der Duden kennt ihn nicht. Warum? Einfach und allein deswegen, weil im Norden nicht *Spàss* sondern *Spaß* gesagt wird, mit langem *a* – was wiederum nach der neuen Norm die Schreibung mit scharfem *ß* oder *sz*, wie man dazu in Norddeutschland sagt, erfordert. Deswegen lernen jetzt auch die bairischen Kinder in der Schule, dass man den *Spàss* mit scharfem *ß* **schreibt**, was zur Folge hat, dass sie, samt ihren Eltern und Lehrern, jetzt auch bloß noch *Spaaß* **sagen**.

Spàss und Spaß

Ein Blick auf die Wortgeschichte zeigt uns, was das für ein Schmarrn ist: Der *Spàss* kommt nämlich, genauso wie das italienische *spasso*, aus dem lateinischen *expassare* (= *sich ausbreiten, zerstreuen, vergnügen*) und *spasso* wie *expassare* spricht man halt einmal mit hellem *à* und scharfem *s*, wie unseren *Spàss*, und man schreibt ihn überall mit Doppel-*s*.

In der guten alten Rechtschreibung hat man bisher zu Recht keinen Unterschied gemacht, zwischen dem *Haß-ß*, dem *ß* am *Fuß*-Ende oder dem *ß*, mit dem der *Spaß* aufhört. Alle drei *ß* waren scharf. Jetzt aber soll man den *Hass*, weil das *a* kurz ist, mit Doppel-*s* schreiben, den *Fuß*, weil das *u* lang ist, mit scharfem *ß* und den *Spaß* genauso langweilig wie den *Fuß* – was freilich zur Folge hat, dass damit alle *Spàssetteln* aufhören; und eigentlich ist das scharfe *ß* damit vollkommen überflüssig geworden. In der Aussprache des *s* gibt es nämlich keinen Unterschied zwischen *Fuß* wie in *Fußball* und *Fus* wie in *Fusel*. Die vermeintliche Vereinheitlichung der Rechtschreibung unter dem Zeichen einer vordergründigen Logik hat nur neue Verwirrung und Ausgrenzung gebracht. Die Macher der alten Rechtschreibung haben sich doch damals was dabei gedacht, als sie das scharfe *ß* eingeführt haben, gewissermaßen als Dach für alle möglichen Aussprachearten.

Doch es geht noch weiter mit der Inkonsequenz. Dieselbe Neue Rechtschreibung, die den Süddeutschen ihren *Spass* austreiben will, schreibt vor, dass die bairische *Mass* weiterhin mit scharfem *ß* geschrieben wird und nicht mit *ss*. Weil die Nichtbaiern meinen, sie gehöre mit langem *a* ausgesprochen. So, mit langem *a* und *ß* steht sie im Duden drin, die *Maß*.

Maß und Mass

Was ein echter Baier ist, der besteht aber darauf, wenn er bestellt, dass er keine *Maaß*, sondern eine frische *Mass* kriegt, weil man bei dem kurzen *a* und dem scharfen *ß* die Frische schon spritzen hört; gleichzeitig aber besteht er darauf, dass sich an der (geschriebenen) *Maß* nichts ändert. Weswegen kein bairischer Wirt auf die Idee käme, die Maß, die er selbstverständlich *Mass* ausspricht, tatsächlich mit *ss* zu schreiben, obwohl das die Logik der Neuen Rechtschreibung eigentlich fordert.

Wir sehen: Bei der Sprache kann es sich um ein Minenfeld handeln, das allen, die es betreten, auch vermeintlichen Experten, gefährlich werden kann. Kaum auseinanderzuhalten sind hier Informationen von Fehlinformationen, Wahrheiten von Halbwahrheiten und richtige Richtlinien von falschen Ansprüchen. Ein Beispiel dafür ist der sogenannte *Duden*, das Wörterbuch aus dem Brockhaus-Verlag. Viele glauben, dieses Lexikon sei so etwas wie der Alleinvertreter in Sachen Sprache. Dabei handelt es sich um ein völlig ungerechtfertigtes Monopol.

Es ist einer der meistverbreiteten Irrtümer, der allerdings die Duden-Wörterbücher für ihren Mannheimer Verlag zu richtigen Goldeseln gemacht hat, dass der Duden verbindlich sei. Richtig ist: Konrad Duden hat 1880 ein *Preußisches Orthographisches Wörterbuch* veröffentlicht. Die Marke *Duden* ist seit-

Duden

dem sehr bekannt. Das alleinverbindlich richtige ist dieses Wörterbuch allerdings genauso wenig, wie das Papiertaschentuch der Marke *Tempo* das alleinig schneuzsichere. Schließlich kann man nicht einen einzigen Verlag zum Monopolisten in Sachen Sprache machen.

Keine Frage, dass man beim Duden da nicht so gern drüber redet und, ganz im Gegenteil, die Bekanntheit dieses Wörterbuchs, was die Ausgabe mit der Rechtschreibung angeht, auch noch auf andere Wörterbücher ausdehnen will. Da gibt es zum Beispiel eine Duden-Etymologie, also eine Wortgeschichte. Die ist allerdings so voller Fehler, dass sie kein Sprachwissenschaftler im Ernst zitieren mag; und es gibt ein Aussprache-Wörterbuch, das die alleinverbindliche Aussprache eines sogenannten *Hochdeutschen* festlegen will, auch wenn ihm dazu alle rechtlichen Grundlagen fehlen. Trotzdem halten sich Radio- und Fernsehanstalten an die Duden-Vorgaben und riskieren zunehmend Auseinandersetzungen mit Baiern, Österreichern oder Schweizern. Denn keine Frage: Das südliche Hochdeutsch wird von der Duden-Redaktion in unzähligen Fällen diskriminiert.

Ein alter, aber immer noch aktueller Streit dreht sich drum, wie richtig gesagt werden muss: *König Ludwig* oder *Könich Ludwich.* Keine Frage! wird der Baier sagen und genauso der Österreicher: *-ig* steht in beiden Fällen am Ende, also „Kön*ig* Ludw*ig*". Nein, sagte 1898 Theodor Siebs, gebürtiger Bremer und Erfinder der sogenannten *Deutschen Bühnenaussprache*: Es muss *Könich Ludwich* heißen. Tatsache ist: Im Norden Deutschlands, im niederdeutschen Sprachraum, heißt es *Könich*, *richtich*, *wenich*, *zwanzich* oder *Predicht* genauso wie *Tach*, *Berch* oder *Frache*.

Endungs -ig

Siebs

Im hochdeutschen Süden Deutschlands heißt es dagegen selbstverständlich *König*, *richtig*, *wenig*, *zwanzig*, *Predigt* und *Tag*, *Berg*, *Frage*. So wird es schließlich auch geschrieben und wer, wie man in Baiern sagt, *nach der Schreibe reden* will, müsste es auch so aussprechen. Siebs zufolge soll zwar der *Tag* als *Tag* und nicht als *Tach*, der *König* aber als *Könich* gesprochen werden – eine völlig willkürliche Ausnahme, die durch keinerlei sprachliche Begründungen gedeckt ist. Siebs hat lediglich gemeint, dass *-ich* sich in der Raumakustik eines Theaters möglicherweise besser macht als *-ig*. Für die offene Straße und das private Sprechen hat er nichts vorschreiben wollen; hätte er auch nichts vorschreiben können.

Auch für das Sprechen beispielsweise im Rundfunk wollte Siebs wohlweislich diese Vorgaben nicht gelten lassen. Siebs meinte wörtlich: *Das Verhältnis des Rundfunksprechers zur Sprache ist ein anderes als das des Schauspielers. Er spricht wie bei der natürlichen Gesprächssituation einerseits sehr in die Nähe, tatsächlich fast ohne Abstand in das aufnehmende Mikrophon. Er spricht aber auch den einzelnen Hörer unmittelbar und nahe im privaten Raum an. Seine Sprechweise braucht also nicht auf Fernwirkung berechnet zu sein.* Und weiter: *Eine mechanische Übertragung der Bühnenaussprache auf die Alltagsrede im Sinne der Umgangssprachen kommt nicht in Frage.* In seinem 1931 erschienenen Büchlein *Rundfunkaussprache* meinte Siebs sogar: *Die natürlich entwickelte Sprache sind die Mundarten; sie haben, wissenschaftlich beurteilt, alle die gleiche Daseinsberechtigung und den gleichen Wert; wir schätzen sie aus Liebe zur engeren Heimat, aus Freude an mannigfaltigem Ausdruck und im Streben nach sprachwissenschaftlicher Erkenntnis.*

Trotzdem propagiert heute der Aussprache-Duden ein unnatürliches Sprechen wie auf der Theaterbühne als *deutsche Hochlautung* in nahezu sämtlichen Sprechsituationen im privaten Raum, in Schule, Amt und Medien. Nur nebenbei: Einen richtigen Rheinländer oder Hessen ficht diese Frage überhaupt nicht an, denn dort heißt es *Könisch Ludwisch*. Selbst der große Johann Wolfgang von Goethe, der für die deutsche Standard- und Schriftsprache mehr getan hat, als alle Dudens und Siebs und Rechtschreib- und Sprachreformer zusammen, Goethe lässt in seinem *Faust I (Zwinger)* Gretchen so beten: *Ach neige, Du Schmerzenreiche, Dein Antlitz gnädig meiner Not. Neige/ Schmerzenreiche* reimt sich nicht, außer man weiß, dass Goethe als gebürtiger Frankfurter hessisch gereimt hat: *Ach neische, Du Schmerzenreische.*

Obwohl also ziemlich viel gegen das Endungs-*ich* spricht und, wenn überhaupt etwas, sehr wenig dafür, fordert es heute der Duden und erfährt kaum einen Widerspruch. Er fordert es genauso, wie er auch den *Cherubim* fordert, der in *China Chemie* (alles gesprochen mit *ch*) lernt, während die Süddeutschen selbstverständlich (ebenso wie die Italiener und zuvor schon die Römer) *Cherubim*, *China* und *Chemie* mit *kh* aussprechen; und selbstverständlich heißt es genauso *Chiemsee* und *Cham* – auch wenn ostdeutsche Damen von der Telefonauskunft regelmäßig Probleme haben, wenn man nach *Cham* fragt, weil sie unter *k* suchen. Wenn sie besonders findig sind, können sie allenfalls noch ein *Scham* unter *ch* anbieten. Da wenn man nicht mitdenkt!

Zungenspitzen-r

Es gibt einen Fall, wo es die Süddeutschen doch mit Siebs halten. Dann nämlich, wenn es um das Zungenspitzen-*r* geht. Siebs' Bühnenaussprache bevorzugt es und bis zur Mitte des 20. Jahrhunderts war es auch auf allen Bühnen gang und gäbe. Trotzdem aber schreibt der Duden neuerdings das norddeutsche Zäpfchen-*r* als *rchichtich* vor und so müssen jetzt süddeutsche Schauspieler und Rundfunksprecher anstrengend umlernen (außer ihnen ist wie dem Fr*ch*anz Joseph Str*ch*auß das Zungenspitzl angewachsen). Es gibt halt in Süddeutschland ein bisserl wenig Selbstbewusstsein.

HundertProCent falsche Freunde

Jetzt wollen wir uns einmal um etwas ganz Ausgefallenes kümmern: Um *Falsche Freunde*, um verkehrte etymologische Herleitungen und die daraus folgenden mehr oder weniger haarsträubenden Konsequenzen für die Sprache; für die gesprochene Sprache zumeist. Hundertprozentig deutsch nämlich sind die nächsten Wortkandidaten alle nicht. Trotzdem sitzen mittlerweile eine Menge Landsleute solch falschen Freunden auf, weil sie beispielsweise nicht wissen, *wo der Barthel den Most holt.*

wo der Barthel den Most holt

barsel

Moos

Amtsschimmel

Lang hat man vermutet, dass der Bartholomäustag am 24. August der Grund für diesen uralten Spruch ist. Da ist es bekanntlich noch zu früh zur Obsternte und damit zum Mostmachen; also wo hätte der Barthel den Most so früh herhaben sollen? So hat man sich das, wie gesagt, lang erklärt. Bis man draufgekommen ist, dass im Rotwelschen ein *barsel* ein *Eisen* ist, ein *Brecheisen* (*bar-sel* = wörtlich *Männ-lein*), und dass in dieser uralten Gaunersprache das *Moos* gradsoviel wie *Geld* bedeutet (hebräisch *maót*, jiddisch *móieß* = *Geld*). *Ich weiß, wo der Barsel das Moos holt*, heißt also *Ich hab genau ausgekundschaftet, wo ich mir einen Vorteil verschaffen kann*. Damit ist der gute heilige Bartholomäus als *Falscher Freund* entlarvt, wortgeschichtlich gesehen. Für solche Falschen Freunde gibt es zig Beispiele. Der *Amtsschimmel* beispielsweise, hat keineswegs was mit einem Ross zu tun. Im Königreich Bayern und vor allem in Österreich haben die amtlichen Formulare nämlich früher *simile* geheißen, vom lateinischen *similis* (= *ähnlich, gleich)*. Schließlich ist es der Sinn eines Formulars, dass eines dem anderen gleicht. Aus dem *Amtssimile* ist dann im Volksmund der *Amtsschimmel* geworden.

auspowern

Falsche Freunde aber gibt es nicht nur bei längst bekannten, uralten Ausdrücken der Vergangenheit. Auch in der Gegenwart trifft man immer wieder auf neue Wörter, die so tun, als ob ihre Herkunft eindeutig wäre, und uns damit in die Irre leiten. Das Wort *auspowern* (sprich: *auspauern*) ist so eins. Das hat nämlich mit dem englischen Wort *power* (= *Kraft, Macht*) überhaupt nichts zu tun. Vielleicht erinnern Sie sich: In alten Filmen oder aus dem Mund nobler alter Leute hört man das Wort zuweilen in anderer Gestalt: *auspovern* (sprich *auspowern*).

Ausgepowert heißt im übertragenen Sinn soviel wie *kraftlos, ausgeblutet, ohnmächtig geworden*. Eigentlich müsste es mit *v* geschrieben werden, denn es ist ein Import aus Italien: *Povero* ist italienisch und heißt *arm* – *ausgepovert* bedeutet also wörtlich *ausgearmt*, im übertragenen Sinn: *kraftmäßig ausgelaugt*. Gut, zugegeben: Das war schon vor gut hundert Jahren, als dieses Wort aufgekommen ist, keine direkte Fremdwortschönheit.

Der blanke Irrsinn ist aber, dass wir ein ursprünglich italienisches Fremdwort auf einen vollkommen unsinnigen und deswegen falschen englischen Freund zurückführen. Bloß weil heutzutage jeder bloß noch englisch und sonst kaum mehr was im Kopf hat! Womit wir bei unserem aktuellen Beispiel sind, dem Nachfolger des guten alten deutschen Pfennigs, dem *Cent*. Cent

Die überwiegende Mehrheit der Deutschen, einschließlich der Sprecher in Radio und Fernsehen, sagt heute auf gut amerikanisch *Sent*. Dabei ist der *Cent* nichts anderes als ein hundertstel Euro. Lateinisch *hundert* heißt *centum* (sprich: *zentum*), auf italienisch *cento* (sprich: *tschento*); weswegen der Italiener heute selbstverständlich zum kleinen Euro *centesimo* (sprich: *tschentesimo*) sagt und der Franzose genauso selbstverständlich *centime* (sprich: *santim*). Bloß wir meinen, den *Cent* amerikanisch *Sent* aussprechen zu müssen. Logischerweise müsste man dann auch gleich umstellen auf *Prosent*, auf *Säsar*, auf *Sisero* und *Sircus*.

Grad gut, dass es manchmal noch aufrechte bairische Frauen gibt, die *Zenzi* heißen oder *Zenta*. Aber eine *Crescentia* oder *Centa* (wenn überhaupt noch ein Mädchen so getauft wird) heißt leider heute eben auch bloß noch *Senta* (wie die Senta Berger); und so wird einem mittlerweile auch an jeder bairischen Supermarktkasse auf den europäischen Euro ein amerikanischer *Sent* herausgegeben. So ausgepowert ist unsere Sprache schon!

Kein Einser für die Eins

Dialekt macht schlau – mit diesem Satz kann man die neueste Erkenntnis der Sprachwissenschaftler zusammenfassen. Wer als Muttersprache einen Dialekt erlernt und erst in der Schule mit der Schriftsprache und dem gesprochenen Sprachstandard in Berührung kommt, entwickelt nämlich so was wie eine *innere Mehrsprachigkeit*, die die generelle Sprachkompetenz der Schüler stärkt. So erklärt es sich unter anderem, warum Schüler aus Dialektgebieten in der berühmten PISA-Studie sprachlich meist besser abschneiden als Kinder ohne Dialekt.

Einser und Eins

Sie kriegen im Deutschen schlicht mehr Einser und Zweier als die Kinder, die hauptsächlich Einsen und Zweien kriegen. Aber im Ernst: Wie muss es richtig heißen? *Einsen, Zweien, Dreien*, oder *Einser, Zweier, Dreier* – was ist richtig?

Ruder-Achter

Keine Frage: Der Einser, bairisch *da Oansa*, ist hochdeutsch, richtiges, echtes Hoch-, Standard- und Schriftdeutsch. Genauso wie *der Zweier*. Schließlich gilt: Es heißt nicht *die Ruder-Acht*, sondern *der Ruder-Achter*. Und auch in ihr Fahrrad können Sie keine *Acht* hineinfahren. Auch Geldscheine heißen *der Fünfer, der Zehner, der Zwanziger*, bis zum *Hunderter* und zum *Tausender*. Sie können keine *Fünfen, Zehnen, Zwanzigen* oder dergleichen Schwachsinn in Ihren Geldbeutel tun.

Süddeutsch und richtig hochdeutsch sind alle Zahlhauptwörter männlich, maskulinum: *Der Einser*, Mehrzahl: *die Einser, der Zweier* und *die Zweier, der Dreier* und *die Dreier* bis zum *Tausender* und *den Tausendern* und darüber hinaus. Norddeutsche Regionalsprache und erst jüngst ins Schriftdeutsche eingewandert sind *die Eins* und *die Einsen, die Zwei* und *die Zweien, die Drei* und *die Dreien* und das geht so weiter, aber nur bis *die Neun* und *die Neunen*. Die Mehrzahl von *die Zehn* (*die Zehnen*) können sie schon gar nicht mehr bilden. Sie ist einfach ungebräuchlich. Es wird aber sicher bald Leute geben, die meinen, sie müssen wahnsinnig korrekt reden und dann wahrscheinlich sagen: *Ich gab ihm zwei Zwanzigen und er gab mir eine Zehn heraus.*

Achterbahn

Schwarzer Einser

Dabei ist ja keinem Süddeutschen vorgeschrieben, dass er den nördlichen Zahlenschwachsinn mitmachen muss. Ein Schwachsinn, der sich letztlich auch nie ganz durchsetzen wird, weil eine *Achterbahn* nie eine *Achtenbahn* werden wird. Und was ein rechter Baier oder ein Österreicher ist, der wird statt einem *Achterl* wohl nie ein *Achtchen* Wein bestellen. Lieber bestellt er noch im höchsten Rausch die zungenbrecherischen *0,125 Liter*! Auch die schöne alte bayerische Briefmarke namens *Schwarzer Einser* wird nicht mehr umbenannt; und, mit Verlaub, auch eine *Flotte Drei* wird es niemals geben!

Bairisch ist eben im Gegensatz zu den nördlichen Regionalsprachen Deutschlands richtiges Hochdeutsch, darüberhinaus aber eine selbständige und eigenständige Sprache, die über eigene Laute verfügt, die der deutsche Sprachstandard nicht kennt. Der bekannteste davon ist das bairische *oa*, das auszusprechen und es vom *ei* auseinanderzuhalten Nichtbaiern sich so schwer tun. Der in Landshut geborene Literat Hans von Gumppenberg hat sich einmal mit folgendem Gedicht genau darüber lustig gemacht:

Bairischer Diphtong (Zwielaut) oa oder oi

O Berg, euch liab ich allezoat,
ja selbst im Winter, wenn es schnoat.
Ich grüaß den roanen Sunnenschoan
Und stoag ins stoale Gwänd hinoan.
Da wern mir wohl die Woadel hoaß:
Doch grüaßt mich zletzt oan Oadelwoaß.

Aber jetzt im Ernst: Warum lautet das schriftdeutsche *eins, zwei, drei* auf bairisch *oans, zwoa, drei* und nicht *oans, zwoa, droa?* Warum sagt man, wenn man etwas nicht weiß, *i woaßs net*, wenn man aber daheim seine Wände nicht weißt, *i weiß net*? Seltsam, oder? Dabei wissen die Altbayern südlich der Donau ganz genau, wann sie *ei* und wann sie *oa* und die Altbayern nördlich der Donau, wann sie *ei* respektive *oi* sagen müssen. Es handelt sich nämlich tatsächlich um zwei verschiedene Laute. Im mittelalterlichen Bairisch nämlich hat es ein *ei* und ein langes *i* gegeben. Das lange *i* ist im Neubairischen und im Neuhochdeutschen zu einem *ei* weiterentwickelt worden, während das mittelalterliche *ei* nur im Bairischen weiterentwickelt wurde – zu *oa* (im Nordbairischen in zweisilbigen Wörtern zu *oi*). So kommt es, dass wir zu den weißen Körnern, die lateinisch *risus*, italienisch *riso* und im mittelalterlichen Deutsch *ris* heißen, heute *Reis* sagen – auch auf bairisch. Wohingegen die *Reise*, die bairische *Roas*, mittelhochdeutsch *Reis* geheißen hat. Die *Reisigen* zum Beispiel waren die Landsknechte, die von einem Krieg zum andern gezogen sind.

oans, zwoa, drei

Reis, Roas

Bairisch ist halt eine systematische Sprache: Langes *i* wird zu *ei* und *ei* wird zu *oa*. Mittelalterlich *eins, zwei, dri* wird zu *oans,*

Aus Spanien wanderte das adios in die Niederlande, wurde dort zum adjuus und zum tjüs. Als tschüs schwappte es später hinüber nach Norddeutschland, von wo aus sich in letzter Zeit nach Süddeutschland ausgebreitet hat. In Baiern gibt's aber imme noch tschüssfreie Zone

zwoa, drei. Und weil die Baiern systematisch sind, haben sie das alte *ei*, das sie jetzt *oa* oder *oi* ausgesprochen haben, mit *ai* geschrieben, das neue dagegen mit *ei*. So liest man in alten Texten häufig, zum Beispiel *eins*, *Eier* oder *Getreide* mit *ai* oder *ay*: *ains, ayr* oder *Traid*. Genauso wie seitdem *Baiern* immer mit *ai* oder *ay* geschrieben wird; im Mittelalter hat man auch noch oft *Beiern* oder so ähnlich lesen können. Das ist auch der Grund, warum es bis heute im Schriftdeutschen ein *ei* mit *ei* und eins mit *ai* gibt, auch wenn es nicht mehr ganz logisch durchgehalten wird, weil halt die Nichtbaiern mit dieser Unterscheidung nichts anfangen können. Da kann es folglich auch leicht passieren, dass ein Jagdtourist auf die Idee kommt, einen Bock mit einem Riesentrumm *Gwoah* zu schießen – geht aber nicht. *Geweih* nämlich hängt mit *wiegen* zusammen, weswegen ein bairischer Jäger jede Menge *Gwichtl* an der Wand hängen hat. Und wenn die Touristen auf dem Oktoberfest meinen, dass die Fortsetzung von *oans* und *zwoa* nix anderes heißt als *gsuffa* – was wollens da machen?

hochdeutsches ai

ains, ayr, Traid

Geweih, Gwichtl

Und Tschüss!

Das *Tschüss* ist ein richtiges Reizwort in Baiern. Viele auch ansonsten relativ unkritische Bairischsprecher haben das Wort mittlerweile auf ihre ganz persönliche Abschussliste gesetzt: *Bei uns in Baiern sagt man so nicht*, ist oft zu hören. Tatsächlich: In Baiern stellt man mit *Pfia God* einen anderen unter den Schutz Gottes, bekundet mit *Habe die Ehre* Respekt oder bietet mit dem *Servus* untertänig-lateinische Dienste an. Aber *Tschüss* – was soll das denn heißen?

Pfia God

Es waren niederländische Seeleute, die das *Tschüß* erfunden haben. Die Niederländer kamen auf den Weltmeeren und im eigenen Land bekanntlich häufig mit Spaniern in Kontakt, jahrhundertelang waren die südlichen Niederlande ja auch unter spanischer Herrschaft; und die Spanier können so schön *Pfüagott* sagen! Das heißt, sie sagen natürlich *adios*. Die Niederländer ihrerseits haben aus diesem *adios adjuus* und *adjüs* gemacht und die niederdeutsche Sprachverwandtschaft in

tschüß

adios

Nord- und Nordwestdeutschland hat das übernommen: *atschüß*, und *tschüß*. In Bayern und Österreich, in Baden und Württemberg, wo echtes Hochdeutsch gesprochen wird, hat man sich gegen den saloppen Nordsprech lang gewehrt. Aber jetzt brechen die Fronten.

Dabei: Haben sie schon einmal einen Norddeutschen gehört, der ohne sich unsterblich zu blamieren *Pfü Gott* gesagt hat? Genauso blamiert unsereiner sich mit dem *Tschüss*. Das heißt im Norden nämlich richtig *Tschüs* oder *Tschüß* – jedenfalls mit langem *ü* und ganz ohne doppeltes *s*. Das allerdings ignorieren die bairischen *Tschüssler* selbstverständlich. Sie entrunden das *ü* auch noch und *tschissen*, was das Zeug hält.

Vergessen Sie Ihren Trachtenanzug!

Eine Aufmunterung als Nachwort

Weder Mieder noch Lederhose und schon gar nicht ein Dirndl-*Kleid* von der Stange machen aus dem farblosen Einheitsmenschen einen Baiern. Mag es zu Oktober- und sonstigen Volksfestzeiten hierzulande schick sein, sich nach außen hin einen bajuwarischen Anstrich zu geben – sobald der eine oder die andere den Mund aufmacht, schlägt die sprachliche Stunde der Wahrheit. Auch die schönste Tracht ist nichts anderes als im Wortsinn *Klamotte*, wenn die Sprache dazu nicht stimmt. Denn die Fähigkeit, sich mit Worten auszudrücken, macht den Menschen erst zu dem, was er ist. Und Baier ist nur, wer bairisch redet. Da aber tun sich vor allem in jüngster Zeit Abgründe auf.

Von Rügen bis Rosenheim bemächtigt sich ein garstiges Striezeldeutsch bairischer Kinder, und selbst die Alten sind vor den anbrandenden Wort-Wogen nördlich gefärbten Kauderwelsches kaum gefeit. Am wenigsten noch ist dabei der typisch bairische Tonfall gefährdet, eher schon die Grammatik und auf fast schon verlorenem Posten steht ein Gutteil des gewachsenen bairischen und süddeutschen Wortschatzes. Ein seltsamer Vorgang, wenn man bedenkt, dass es sich beim Bairischen um eine jahrhundertealte Kultursprache handelt, die nie nur vom einfachen Volk, sondern immer auch von den Großkopferten und den großen Kulturträgern hierzulande gesprochen wurde. Noch eigenartiger mutet dieses schleichende Aufgeben des Bairischen durch die Baiern an vor dem Hintergrund, dass Bairisch erklärtermaßen die beliebteste aller deutschen Regionalsprachen und Dialekte ist.

Wer Verantwortliche für diesen Kulturverlust sucht, wird auf den ersten Blick schnell fündig: Die Politik, die zu wenig für den Erhalt des Bairischen tut, und die Medien, die das Land mit ihrem Einheitsdeutsch überziehen. Auf den zweiten Blick aber erweisen sich derartige schnelle Schuldzuweisungen als unzutreffend. Bairisch ist weder Staats- noch Amtssprache und in einem Land wie Bayern, in dem nicht nur Baiern leben, kann Bairisch auch keine Rundfunksprache sein. Bairisch ist vorrangig die Muttersprache von Millionen Baiern in Bayern, Österreich und Italien; und da ist es, wo der Hund begraben liegt. Hans Well (Ex-Biermöslblosn) hat im Vorwort zu einer meiner Wortkunde-CDs geschrieben: *Eltern, die sich miteinander im breiten Dialekt unterhalten, reden mit ihren Kindern wie mit Ausländern, in einer Nicole-tu-das-nicht-tun-Sprache. Damit lernen die Kinder weder Bairisch noch Hochdeutsch. Was sprachlich dabei herauskommt, sind Menschen, die so reden wie Gewerbemischgebiete ausschauen, wie Landhaussiedlungen, an deren Haustüren oder Wänden dann volkstümliche Musikantenstadl-accessoirs stehen wie „Haxn abkratzen"*.

Wer verlernt, bairisch zu sprechen, wird verlernen, wie ein Baier zu denken und verliert schließlich seine Identität und seinen kulturellen Halt. Vielleicht wurde die bairische Sprache zu lange als folkloristische Zugabe zum Gamsbart gesehen und in die Komödienstadelprovinz abgedrängt. Dabei kann Bairisch durchaus modern und progressiv sein. Zukunft aber hat es nur, wenn die Baiern selbst an die Zukunft ihrer Sprache glauben. Was dazu nottut, ist das Bewusstsein der Baiern, dass sie mit ihrer Sprache einen kostbaren Schatz besitzen, und das Selbstbewusstsein, dieser Sprache wieder zu ihrem angestammten Recht zu verhelfen.

Also vergessen Sie Ihr Dirndl und Ihren Trachtenanzug! Sowas kann sich jeder überall kaufen. Die Fähigkeit, akzentfrei Bairisch zu reden allerdings, die ist für kein Geld der Welt zu haben!

Anhang

Literatur in Auswahl

Duden, Konrad, Vollständiges Orthographisches Wörterbuch der deutschen Sprache. Nach den neuen preußischen und bayerischen Regeln, Leipzig 1880, Reprint Mannheim 1980

Dudenredaktion, Deutsches Wörterbuch, auf der Grundlage der neuen amtlichen Rechtschreibregeln, 6. neu bearbeitete und erweiterte Auflage, Mannheim 2004

Ebner, Jakob, Wie sagt man in Österreich? Wörterbuch der österreichischen Besonderheiten, 3., vollständig überarbeitete Auflage, Mannheim/Leipzig/Wien/Zürich 1998

Härdl, Adam, Lateinische Überreste im bairischen Dialekt, Ingolstadt 1987/Istanbul 2003

Heydenreuter, Reinhard / Pledl, Wolfgang / Ackermann, Konrad, Vom Abbrändler zum Zentgraf. Wörterbuch zur Landesgeschichte und Heimatforschung in Bayern, München 2009

Huber, Gerald, Lecker derbleckt. Eine kleine bairische Wortkunde (Erstausgabe) Frankfurt a.M. 2008

Hubschmid, Johannes, Alpenwörter romanischen und Vorromanischen Ursprungs, Bern 1951

König, Werner, dtv-Atlas Deutsche Sprache, 16., durchgesehene und korrigierte Auflage, München 2007

Kollmer, Michael, Wesenszüge des Bairischen; nachgewiesen an der Mundart Niederbayerns und der südlichen Oberpfalz, insbesondere des Bayerischen Waldes, verfasst und herausgegeben zu J.A. Schmellers 200. Geburtsjubiläum, Prackenbach 1985

Kluge, Friedrich, Etymologisches Wörterbuch der deutschen Sprache, bearbeitet von Elmar Seebold, 24., durchgesehene und erweiterte Auflage, Berlin/New York 2002

Kronsteiner, Otto, Latin Light for Latin Lovers. Latein in der europäischen Wissensgesellschaft, 2. Aufl., Bukarest 2006

Lexer, Matthias, Mittelhochdeutsches Taschenwörterbuch, 36. Aufl., Stuttgart 1981

Leonhardt, Jürgen, Latein. Geschichte einer Weltsprache, München 2009

Maier, Bernhard, Kleines Lexikon der Namen und Wörter keltischen Ursprungs, München 2003

Merkle, Ludwig, Bairische Grammatik, 6. Auflage, München 1996

Meyer-Lübke, Wilhelm, Romanisches Etymologisches Wörterbuch, 7. Aufl., Heidelberg 2009

(Österr.) Bundesministerium für Unterricht, Kunst und Sport (Hg. im Auftrag d.), Österreichisches Wörterbuch, 37. Aufl. Wien 1990

Osman, Nabil (Hg.), Kleines Lexikon deutscher Wörter arabischer Herkunft, 4. Aufl., München 1993

Renn, Manfred und König, Werner, Kleiner Bayerischer Sprachatlas, München 2006

Rosten, Leo, Jiddisch. Eine kleine Enzyklopädie, Aktualisiert und kommentiert von Laurence Bush, Übersetzung und deutsche bearbeitung von Lutz-W. Wolff, München 2002

Riepl, Reinhard, Wörterbuch zur Familien- und Heimatforschung in Bayern und Österreich, 3. erweiterte Auflage, Waldkraiburg 2009

Schmeller, Andreas, Bayerisches Wörterbuch, 7. Nachdruck der von G. Karl Frommann bearbeiteten 2. Ausgabe München 1872-1877, München 2008

Schmid, Hans Ulrich, Bairisch. Das Wichtigste in Kürze, München 2012

Siebs, Theodor, Rundfunkaussprache. Im Auftrage der Reichs-Rundfunk-Gesellschaft, Berlin 1931

Stroh, Wilfried, Latein ist tot, es lebe Latein. Kleine Geschichte einer großen Sprache, Berlin 2007

Vossen, Carl, Mutter Latein und ihre Töchter, 14. Aufl. Düsseldorf 1999

Wahrig, Gerhard, Deutsches Wörterbuch, 7., vollständig neu bearbeitete und aktualisierte Auflage, neu herausgegeben von Renate Wahrig-Burfeind, Gütersloh 2001

Walde, Alois und Hofmann, Johann Baptist, Lateinisches Etymologisches Wörterbuch, hg. Johann B. Hofmann, 5., unveränderte Auflage, Heidelberg 1982

Zehetner, Ludwig, Bairisches Deutsch. Lexikon der deutschen Sprache in Altbayern, 3., überarbeitete und erweiterte Auflage, Regensburg 2005

Zehetner, Ludwig Basst scho! (Band 1) Wörter und Wendungen aus den Dialekten und der regionalen Hochsprache in Altbayern 2., korrig. Aufl., Regensburg 2009

Zehetner, Ludwig Basst scho! (Band 2) Weitere Streiflichter auf die deutsche Sprache in Altbayern, Regensburg 2009

Zehetner, Ludwig Basst scho! (Band 3) Eine neue Runde auf dem Spaziergang durch die Heimatsprache Altbayerns, Neuaufl., Regensburg 2010

Wortregister